中國學術思想 研究輯刊

十二編

林慶彰 主編

第 11 冊

《禮記》氣論思想研究（下）

賴昇宏 著

花木蘭文化出版社

國家圖書館出版品預行編目資料

《禮記》氣論思想研究（下）／賴昇宏 著 — 初版 — 新北市：
花木蘭文化出版社，2011〔民100〕
目 6+212 面；19×26 公分
（中國學術思想研究輯刊 十二編：第11冊）
ISBN：978-986-254-653-6（精裝）
1. 禮記 2. 研究考訂
030.8 100015769

ISBN-978-986-254-653-6

9 789862 546536

中國學術思想研究輯刊
十二編 第十一冊 ISBN：978-986-254-653-6

《禮記》氣論思想研究（下）

作 者 賴昇宏
主 編 林慶彰
總 編 輯 杜潔祥
出 版 花木蘭文化出版社
發 行 所 花木蘭文化出版社
發 行 人 高小娟
聯絡地址 新北市永和區中正路五九五號七樓
電話：02-2923-1455／傳真：02-2923-1452
網 址 http://www.huamulan.tw 信箱 sut81518@gmail.com
印 刷 普羅文化出版廣告事業
封面設計 劉開工作室
初 版 2011 年 9 月
定 價 十二編 55 冊（精裝）新台幣 90,000 元

《禮記》氣論思想研究（下）

賴昇宏　著

目次

第八章 〈樂記〉的禮樂氣化論

　　〈樂記〉的特色，乃以天道氣化論的角度詮釋「禮樂」之義，其理論展現在天道論、心性論與政治理想論等三方面，其以「天地之和」與「天地之序」論禮樂的天道義，由「人情之節」與「人心之感」論禮樂的心性義，由禮樂實踐以論成德，由「禮樂刑政」以論「揖讓而治」，乃《禮記》氣論思想的成熟理論。

第一節　「禮樂」的天地氣化義

　　先秦諸子論「樂」之義理甚少，惟《荀子‧樂論》篇及《呂氏春秋》數篇論「樂」之作較深入，〈樂記〉論「樂」本於「天地之和」，是由天道氣化義以論「樂」之由來，其說吸收陰陽氣化說及《呂氏春秋》論「樂」諸篇而來，以建立儒家論「樂」的天道理論，補充先秦儒家論「樂」天道義不足的問題。

一、樂者，天地之和

　　孔、孟多從文化與道德義言「樂」，孔子曰：「興於《詩》，立於禮，成於樂。」〔註1〕乃言文化義之涵養性情。又曰：「人而不仁，如禮何？人而不仁，如樂何？」〔註2〕是由禮樂之儀節，省思聖人制禮作樂之仁心，及後人實踐禮樂的仁心發抒。孟子曰：「仁之實，事親是也。義之實，從兄是也。智之實，知斯二者弗去是也。禮之實，節文斯二者是也。樂之實，樂斯二者，樂則生

〔註1〕《論語‧泰伯》（十三經注疏8，臺北：藝文印書館，1976年），頁71。
〔註2〕《論語‧八佾》（十三經注疏8，臺北：藝文印書館，1976年），頁25。

矣。生則惡可已也？惡可已，則不知足之蹈之、手之舞之。」〔註3〕孟子乃從仁義之道德義詮釋「樂」，「樂」乃從道德之欣悅而生，此論「樂」義，乃由其「性善」而發欣悅之樂。

荀子〈樂論〉可謂是儒家系統地論「樂」之作，其云：

> 夫樂者，樂也，人情之所必不免也。故人不能無樂，樂則必發於聲音，形於動靜；而人之道，聲音動靜、性術之變盡是矣。故人不能不樂，樂則不能無形，形而不爲道，則不能無亂。先王惡其亂也，故制雅、頌之聲以道之，使其聲足以樂而不流，使其文足以辨而不諰，使其曲直、繁省、廉肉、節奏，足以感動人之善心，使夫邪汙之氣無由得接焉。是先王立樂之方也，而墨子非之奈何！〔註4〕

荀子論「樂」由「人情之所必不免」處論，此論「樂」之必要性，乃立基於人性。人不能無樂，但人情有樂則又易流於亂。故先王制樂之道以導之，此乃論後天聖人制樂之義。故荀子論「樂」實由其「性惡」論而發。

孔、孟、荀之論「樂」，無論從文化、道德、善性、人情處論，皆尚無觸及天道論部分，皆視「樂」爲人文修養、人性、人情之事，皆屬人文層面之事。

〈樂記〉論「樂」本於「天地之和」，是由天道氣化義以論「樂」之由來，是試圖建立儒家論「樂」的天道理論，此由天道以論「樂」義之說，非承孔、孟、荀而來，乃有取於諸子之學。

《莊子‧齊物論》有「天籟」之說，或可視爲「天地之樂」的淵源，其云：

> 夫大塊噫氣，其名爲風。是唯無作，作則萬竅怒呺。而獨不聞之翏翏乎？山林之畏佳，大木百圍之竅穴，似鼻，似口，似耳，似枅，似圈，似臼，似洼者，似污者；激者，譹者，叱者，吸者，叫者，譹者，宎者，咬者，前者唱于而隨者唱喁。泠風則小和，飄風則大和，厲風濟則眾竅爲虛。而獨不見之調調、之刀刀乎？」子游曰：「地籟則眾竅是已，人籟則比竹是已。敢問天籟。」子綦曰：「夫吹萬不同，而使其自已也，咸其自取，怒者其誰邪！」〔註5〕

〔註3〕 《孟子‧離婁》（十三經注疏8，臺北：藝文印書館，1976年），頁137。

〔註4〕 〔清〕王先謙：《荀子集解‧樂論》（北京：中華書局，1981年），頁379。

〔註5〕 〔晉〕郭象注，〔唐〕成玄英疏：《南華眞經注疏》（上）（北京：中華書局，

此莊子借萬竅之聲以顯天籟之大和，萬竅即萬物之殊形，天地萬物森羅萬象，眾竅雖異，其聲亦各別，似乎各異，但此中有生生之道寓焉，即天道也，此即天籟也。故莊子所論非「樂」之義，乃凸顯天道之大，天籟之和，乃論天道本體義。但其借萬竅眾聲之說，卻提供「樂」義建立其天道根源義的線索。

《呂氏春秋‧大樂》篇有「樂本於太一」之說：

> 音樂之所由來者遠矣，生於度量，本於太一。太一出兩儀，兩儀出陰陽。陰陽變化，一上一下，合而成章。渾渾沌沌，離則復合，合則復離，是謂天常。天地車輪，終則復始，極則復反，莫不咸當。日月星辰，或疾或徐，日月不同，以盡其行。四時代興，或暑或寒，或短或長，或柔或剛。萬物所出，造於太一，化於陰陽。萌芽始震，凝寒以形。形體有處，莫不有聲。聲出於和，和出於適。和適先王定樂，由此而生。〔註6〕

高誘注：「太一，道也」，「兩儀，天地也」〔註7〕，《呂氏春秋》以「樂」本於「太一」天道，「太一」的內涵包括天、地、陰、陽、日、月、四時、萬物，此天道氣化之順時而生則為「和」，萬物之眾聲合於節則為「樂」，「和」屬天道之創生義，「樂」屬萬物之回應義，二者皆本天道氣化之順應而生。故《呂氏春秋》將「樂」本於「太一」，而云：「凡樂，天地之和，陰陽之調也。」〔註8〕是將「樂理」之的淵源，推本於天道之「和」與「樂」。此與先秦儒家論「樂」皆本於人文義的主張不同。

今〈樂記〉論「樂」乃由天地之氣化論，其云：

> 地氣上齊，天氣下降，陰陽相摩，天地相蕩，鼓之以雷霆，奮之以風雨，動之以四時，煖之以日月，而百化興焉。如此則樂者天地之和也。〔註9〕

鄭玄注：「百化，百物化生也。」孔穎達正義曰：「地氣上升，天氣降下，與地氣交合。摩，謂陰陽二氣相切迫。蕩，言天地之氣相感動。雖以氣生而物

1998 年），頁 25。

〔註6〕 陳奇猷：《呂氏春秋校釋》（臺北：華正書局，1988 年），頁 242。

〔註7〕 〔漢〕高誘注，〔清〕畢沅校：《呂氏春秋》（上海：上海古籍出版社，1996 年 12 月），頁 75。

〔註8〕 同註6，頁 256。

〔註9〕 《禮記‧樂記》（十三經注疏5，臺北：藝文印書館，1976 年），頁 672。

未發，故用雷霆以鼓動之，得風雨奮迅而出也。動之以四時者，言萬物生長，隨四時而動也。煖之以日月者，萬物之生，必須日月煖煦之，皆天地相蕩之事。言作樂者法象天地之和氣，故云『天地之和也』。

此論宇宙氣化生物之情狀，天地陰陽二氣交摩，雷霆風雨鼓蕩，四時日月煖煦，萬物乃生，此秉天地之和氣，乃天地之大樂。故曰「樂者，法象天地之和氣」，是以「樂」乃法天地之氣而來，乃由宇宙氣化義以詮釋「樂」之根源於天。

《呂氏春秋・孟春紀》云：「天氣下降，地氣上騰，天地和同，草木繁動。」〔註10〕《易・繫辭上傳》云：「剛柔相摩，八卦相盪。鼓之以雷霆，潤之以風雨；日月運行，一寒一暑。乾道成男，坤道成女。乾知大始，坤作成物。」〔註11〕可知〈樂記〉此文幾與《呂氏》之文全同，而與《易傳》之文小異，只是將「剛柔」、「八卦」改成「陰陽」、「天地」，表現出其受陰陽家之說影響。其次，〈樂記〉合《呂氏》與《易傳》而為文，取《呂氏》乃重其天地二氣之交動，取《易傳》乃以天地、陰陽、雷霆、風雨、四時，充實其天道論的內涵，並強調天道「化生萬物」之德。〈樂記〉云：「著不息者天也，著不動者地也。一動一靜者天地之間也。」〔註12〕則其論天道亦有「剛健不息」之德，實與《呂氏春秋》、《易傳》的天道觀十分相近，恐是一時代之語。惟〈樂記〉較不強調「剛健之德」，乃偏向以「和」論天地之道。

〈樂論〉「天地之和」乃對天道而言，指天道氣化順時化生，陰陽日月四時莫不相和以行。故曰：「天地之道，寒暑不時則疾，風雨不節則饑。」〔註13〕即天道氣化必順時而行，必合節而適。故「樂」之道即是氣化和順之道，其云：

> 天地訢合，陰陽相得，煦嫗覆育萬物，然後草木茂，區萌達，羽翼奮，角觡生，蟄蟲昭蘇，羽者嫗伏，毛者孕鬻，胎生者不殰，而卵生者不殈，則樂之道歸焉耳。〔註14〕

孔穎達正義曰：「此唯論樂之所感，不論禮之功用也。天地之氣蒸動，則天氣下降，地氣上騰。言體謂之天地，言氣謂之陰陽，天以氣煦之，地以形嫗

〔註10〕陳奇猷：《呂氏春秋校釋》（臺北：華正書局，1988 年），頁 2。
〔註11〕《周易・繫辭上》（十三經注疏 1，臺北：藝文印書館，1976 年），頁 143。
〔註12〕《禮記・樂記》（十三經注疏 5，臺北：藝文印書館，1976 年），頁 672。
〔註13〕同註 12，頁 678。
〔註14〕同註 12，頁 685。

之，是天煦覆而地嫗育也。草木據其成體，故云茂。區萌據其新生，故云達。鉤曲而生出菽豆是也。羽翼奮者，謂飛鳥之屬皆得奮動。角觡生者，謂走獸之屬悉皆生養。……諸物各順其性，由樂道始然，故云『樂之道歸焉耳』。」

此論「樂道」之義，「樂道」即「天道之和」，天道的內容為天地、陰陽、草木、鳥獸諸萬物，在氣化創造下萬物森然萬象，或為草木、或為鳥獸、或為蟄蟲，也許大小、長短形體不同、飛走之性亦有別，但在萬物眾形異性中，卻有「天道之和」順時適生以撫育萬物，此乃見萬物創生眾形異性之別中，又見其天地萬物同體之大和。此乃「樂道」之天道義，自天道之創生言，氣化萬物森然萬象，但在天地四時萬物之背後，有一順時生生，育養萬物，一體和諧的運行規律，是為「天道之和」。

孔、孟、荀之論「樂」，尚無觸及天道論部分，乃視「樂」為人文層面之事。〈樂記〉論「樂」，則從「天地之和」處論，以天地、陰陽、氣化、順時、化生萬物為天地之大和，是將「樂」義之根源推溯於天道本體。此天道的內容非抽象之形上玄思，乃為包括天地、陰陽、四時、鳥獸的氣化萬物萬性，但在此萬物形體、性情的差異性背後，〈樂記〉發現萬物豐富生機背後的一體和諧，是為「天道之和」，「天道之和」乃無形卻不斷順時創造的氣化作用，就像「樂」為無形之樂音，卻使眾人皆得聆聽而感喜悅之情。故〈樂記〉以無形的氣化「天道之和」作為「樂道」的最高理想，可謂儒家論「樂」思想之推展，而其非承自先秦儒家論「樂」之說，乃受到《呂氏春秋‧大樂》章及秦漢氣化思潮的影響而成。

二、禮者，天地之別

〈樂記〉論「禮」之由來，亦自天道氣化處論，以天地氣化成形萬殊，高下、大小、物群、性命各別，是天地有序別也。故禮者，來自於天地之序，是為「禮」的天道論依據。

> 天尊地卑，君臣定矣。卑高已陳，貴賤位矣。動靜有常，小大殊矣。
> 方以類聚，物以群分，則性命不同矣。在天成象，在地成形；如此，
> 則禮者天地之別也。〔註15〕

鄭玄注：「卑高，謂山澤也。位矣，尊卑之位象山澤也。動靜，陰陽用事。小

〔註15〕　《禮記‧樂記》（十三經注疏5，臺北：藝文印書館，1976年），頁672。

大，萬物也。大者常存，小者隨陰陽出入。方，謂行蟲也。物，謂殖生者也。性也，言生也。命，生之長短也。象，光曜也。形，體貌也。」此言「天地之別」有尊卑、貴賤、動靜、小大、性命、形象之群別。

孔穎達正義云：「山澤列在天地之中，故云『已陳』。貴賤，即公卿以下象山川而有貴賤之位也。鄭注《周易》云：『君臣尊卑之貴賤，如山澤之有高卑也。』，動靜，謂雷風也。小大，謂萬物也。小謂草木春生秋殺，及昆蟲夏生冬伏，大謂常存，不隨四時變化，故云殊也。鄭注《易》云：『動靜，雷風也。』，方謂走蟲禽獸之屬各以類聚，不相雜也。謂殖生草木物之屬各有區別，自殊於藪澤者也。行殖之物，既稟大小之殊，故性命夭壽不同。萬物各有群類、區分、性命之別，聖人制體，類族緣物，各遂性命也。成象者，馬融、王肅注《易》並云：『日月星』，鄭注《易》云：『成象，日月星辰也。』，成形者，馬融注：『植物、動物也。』，王肅注《易》云：『山川群物也。』，鄭注《易》云：『謂草木鳥獸也。』天地有別，聖人制禮有殊，是從天地之分別也。」

此言天地陰陽化生山川群物之情狀，且天地群物之生化乃有「序」在其中。由高低言，則天高必卑，山川群澤以次相隨；由動靜言，則天道長存，而陰陽氣化交動不止；由萬物言，則草木禽獸小大各殊、各以類相聚，所稟性情、夭壽不同也。故天地之間，天則有日月星之象，地則有山川群物之形，各有高低、動靜、大小、群分、性命不同，此為天地之別也，是為天地山川草木禽獸殊異之別也，是為天地自然之別也。

「天地之別」即為禮制之由來，「天尊地卑」乃別君臣之位，「卑高以陳」乃序分貴賤之等，故聖人制禮乃法天地之別也。王夫之云：「禮以法天地之體，而別尊卑，辨小大，連其類，分其等，各正其性命，而吉凶常變莫不行焉，皆因天地自然之別而立也。」〔註16〕「天地之別」屬有形的天地萬物之差異性，氣化生天地、山澤、風雨、草木、鳥獸、萬物，其外在之形體本不同，內在之性情亦異，甚至性命壽夭亦不同，此為天生自然之別也，此為「天地之別」的自然氣化的差異性。此自然氣化的差異性便是聖人「制禮之別」的天道根據，「禮」所表現的是人倫世界的差異性，但非聖人率意分限，其所據者便是「天地之別」，法天地自然之別，以為人倫世界合理之規範。

〔註16〕〔明〕王夫之：《禮記章句上・樂記》（臺灣：廣文書局，1967 年 7 月），頁824。

此外，〈樂記〉此文乃取《易・繫辭傳》而作，《易》云：

> 天尊地卑，乾坤定矣。卑高以陳，貴賤位矣。動靜有常，剛柔斷矣。方以類聚，物以群分，吉凶生矣。在天成象，在地成形，變化見矣。〔註17〕

此與〈樂記〉之文，除「剛柔」、「吉凶」小異，其餘幾全同。可知〈樂記〉乃借《易傳》之文以表「天地之別」，但《易傳》之重點在呈現氣化天道之「變化」之則，而〈樂記〉取之以呈現氣化萬物的差別性，以彰顯「天地之別」，作爲「禮」之天道根據，二者是有所不同的。

故〈樂記〉以「天地之別」論「禮」之由來，乃主有形之氣化天道生物之差別性，作爲人倫之禮的根據；「樂者天地之和」，乃主氣化天道背後無形的和諧運行性，二者皆由氣化天道之「差別義」與「一體義」，以論「禮」與「樂」的天道自然義的根據。故〈樂記〉以天地氣化之大和爲「樂」之本，以天地氣化之序別爲「禮」之本，可謂將儒家「禮樂」思想皆賦予天道氣化之表現義，使得儒家的禮樂思想也具備了天道義。

第二節 聖人作樂應天，制禮配地

「禮樂」由天地之「和」與「別」而來，故聖人明於天地之道，乃法象天地以制禮作樂，以應天地之氣化。

一、樂由天作，禮以地制

> 樂者，天地之和也；禮者，天地之序也。和故百物皆化；序故群物皆別。樂由天作，禮以地制。過制則亂，過作則暴。明於天地，然後能興禮樂也。〔註18〕

鄭玄注：「言法天地也。」孔穎達正義曰：「樂調暢陰陽，是天地之和也；禮明貴賤，是天地之序也。樂主於陽，是法天；禮主於陰，是法地。唯聖人識合天地者，則制作不誤。」言聖人制禮樂乃法天地，法天之陰陽氣化以爲「樂」，法地之萬物殊別以爲「禮」，故明天地乃所以興禮樂，禮樂乃法天地而作。

孫希旦曰：「天地之和，陽之動而生物者也，氣行而不乖，故百物皆化。

〔註17〕《周易・繫辭上》（十三經注疏1，臺北：藝文印書館，1976年），頁143。
〔註18〕《禮記・樂記》（十三經注疏5，臺北：藝文印書館，1976年），頁670。

天地之序，陰之靜而成物者也，質具而有秩，故群物皆別。樂者，法乎氣之行於天者而作，故動而屬陽。禮者，法乎質之具於地者而制，故靜而屬陰。」〔註19〕「天地之和」乃論天道之氣化順行，「天地之序」乃論天道成物之次。故「樂」者法天道氣化之和同，「禮」者法地道成形之殊異，言由天道之氣化流行，地道之成形殊別，以立人道之「禮樂」制度。

此論「禮樂」之興，孔子曰：「殷因於夏禮，所損益可知也；周因於殷禮，所損益，可知也；其或繼周者，雖百世可知也。」〔註20〕此由文化之相承論禮制之損益。荀子論「禮」，其云：「禮起於何也？曰：人生而有欲，欲而不得，則不能無求。求而無度量分界，則不能不爭；爭則亂，亂則窮。先王惡其亂也，故制禮義以分之，以養人之欲，給人之求。使欲必不窮於物，物必不屈於欲。兩者相持而長，是禮之所起也。」〔註21〕荀子論「禮」起於人生理與情性的合理滿足，並具不爭不亂之社會規範義。

但〈樂記〉論「禮樂」之興，卻非由文化義、情性義或社會規範義論，乃由氣化天道處論，所謂「明於天地，然後能興禮樂」，此為「法天地」之思想模式。天地之道即為「天地之和」與「天地之序」，析言之，法「天」之氣化曰「樂」，法「地」之殊別曰「禮」，此乃打破先秦儒家論「禮」的傳統，而由新的氣化天道角度詮釋「禮樂」之義。

> 天高地下，萬物散殊，而禮制行矣。流而不息，合同而化，而樂興
> 焉。春作夏長，仁也；秋斂冬藏，義也。仁近於樂，義近於禮。
>
> 〔註22〕

鄭玄注：「言樂法陽而生，禮法陰而成。」孔穎達正義曰：「天高地下不同，故人倫尊卑有異，萬物各散殊途。禮者別尊卑，定萬物，是禮之法制行矣。天地萬物，流動不息，合會齊同，而變化者也。樂者，調和氣性，合德化育，是樂興也。禮以制裁為義，樂以興作為本。仁主仁愛，樂主和同，故仁近於樂。義主斷割，禮為節限，故義近於禮。」

鄭氏由陰陽二氣之成與生，對應禮樂，是由氣化義論禮樂之作。孔氏正義重申其義，禮之別尊卑、定萬物乃法天地之殊別，屬陰而成物萬殊；樂之調和化德乃法天地之流行齊同，屬陽之大始興作，此從陰陽二氣以相應禮樂

〔註19〕〔清〕孫希旦：《禮記集解》（臺北：文史哲出版社，1990年8月），頁990。
〔註20〕《論語・爲政》（十三經注疏8，臺北：藝文印書館，1976年），頁19。
〔註21〕〔清〕王先謙：《荀子集解・禮論》（北京：中華書局，1981年），頁346。
〔註22〕《禮記・樂記》（十三經注疏5，臺北：藝文印書館，1976年），頁671。

之道。

「春作夏長，仁也；秋斂冬藏，義也」，是由天地之道以詮釋「仁義」之說。《呂氏春秋》「季春之月」云：「生氣方盛，陽氣發泄」〔註23〕，論「仲秋之月」曰：「殺氣浸盛，陽氣日衰」〔註24〕，是知春夏之月，陽氣漸盛，乃天地施生之時，是由陽氣之生養萬物，以言「天地之仁」；秋冬之月，陰氣浸盛，乃天地肅殺之時，是由陰氣之凝肅，以見「天地之義」，故《禮記‧樂記》由四時陰陽二氣之生養肅殺以論天地之仁義，此乃天地之道德意義。

孔子曰：「天何言哉？四時行焉，百物生焉，天何言哉？」〔註25〕是孔子於「四時行、百物生」中亦感受到天地之道，惟隱而未發耳。孟子曰：「仁，人之安宅也；義，人之正路也。」〔註26〕知「仁義」之事本為人文之道德範疇，故〈樂記〉由陰陽節氣之變化以論「春作夏長，仁也；秋斂冬藏，義也」，可知非循儒家仁義之傳統，乃受道家與《呂氏春秋》之影響，惟先秦儒家本有對天地之道的感受，故論天道的道德義，亦為先秦儒家之所包涵，此為〈樂記〉論「仁義」之新意。

「仁近於樂，義近於禮」，由內外而言：「仁」偏內在的道德本體，「樂」法天道之無形氣化，故「仁近於樂」；「義」偏外在之合宜行為，「禮」法地道之成物殊異，故言「義近於禮」，此由氣化天道的「內外」、「無形有形」以論「禮樂」之別。此外，由生殺言，「仁」主興作施生，近於「樂之和暢」，「義」主成物判別，近於「禮之別異」，是由生殺之別以論「禮樂之道」。

> 樂者敦和，率神而從天，禮者別宜，居鬼而從地。故聖人作樂以應
> 天，制禮以配地。禮樂明備，天地官矣。〔註27〕

「樂者率神而從天」，「禮者居鬼而從地」，乃從「鬼神之義」論禮樂之道。孫希旦曰：「率神者，氣之流行而不息，循乎神之申也。居鬼者，體之一定而不易，主乎鬼之屈也。率神則屬乎陽而從天，居鬼則屬乎陰而從地。」〔註28〕是「神」者陽氣之申也，故流行而不息，「樂」者循神氣之申而興作，故曰「率神」；「鬼」者陰氣之屈也，故凝氣而成體，「禮」者乃屬陰氣之屈而成形，是

〔註23〕 陳奇猷：《呂氏春秋校釋》（臺北：華正書局，1988年），頁121。
〔註24〕 陳奇猷：《呂氏春秋校釋》（臺北：華正書局，1988年），頁422。
〔註25〕 《論語‧陽貨》（十三經注疏8，臺北：藝文印書館，1976年），頁157。
〔註26〕 《孟子‧離婁上》（十三經注疏8，臺北：藝文印書館，1976年），頁132。
〔註27〕 《禮記‧樂記》（十三經注疏5，臺北：藝文印書館，1976年），頁671。
〔註28〕 〔清〕孫希旦：《禮記集解》（臺北：文史哲出版社，1990年8月），頁992。

以「居鬼」。

此「鬼神」之義已非上古意志天之鬼神，乃屬氣化義之「鬼神」，以陽氣之伸，流行不息爲「神」，「神」爲天之施生創造之性；以陰氣之屈，凝而成物爲「鬼」，故「鬼」爲生化成物之能，此言天道氣化之創生與成形的「鬼神」義。由此氣化之鬼神義，以詮釋「禮樂」之道，「樂」者循神而化同，「禮」者從鬼而別宜，此乃將「禮樂之道」通乎於鬼神。故云：「禮樂之極乎天而蟠乎地，行乎陰陽而通乎鬼神」〔註29〕，又曰：「明則有禮樂，幽則有鬼神。」〔註30〕是言「禮樂之道」乃順應鬼神之道。

> 大樂與天地同和，大禮與天地同節。和故百物不失，節故祀天祭地，
> 明則有禮樂，幽則有鬼神。如此，則四海之內，合敬同愛矣。禮者
> 殊事合敬者也；樂者異文合愛者也。禮樂之情同，故明王以相沿也。
> 故事與時並，名與功偕。〔註31〕

鄭玄注：「言順天地之氣與其數。」孔穎達正義曰：「天地氣和而生萬物，大樂之體順陰陽律呂，生養萬物，是與天地同和也。天地有高下大小爲限節，大禮辨尊卑貴賤，是與天地同節也。和能生成百物，故不失其性。節有尊卑上下，報生成之功，故祀天祭地。聖王於顯明之處，尊崇禮樂以教人，幽冥之處尊敬鬼神以成物，則四海之內和其敬同其愛矣。」

聖人禮樂之制作，乃法天地氣化之「和」與「節」，天地和同而普生萬物，故「樂」者法天地之和，君臣百姓一體同愛。天地有節限而裁成萬物，故「禮」者法天地之節，君臣有尊卑貴賤而別敬，故「禮樂」之制作乃上法天地、下敬鬼神之能，以成人倫世界之合敬同愛。

故天地順氣化之數以行，則能生成百物，爲天地之和氣，聖人制樂乃與天地之和相應。天地氣化成形有其小大之節限，故生百物而不失其性，則曰天地之節，聖人制禮乃與天地之節相符。故天地氣化以「和」與「節」，聖人法天地之「和」與「節」，制樂以和人之喜怒哀樂之偏，制禮以制人之貴賤親疏之別，此乃人道之「和」與「敬」也。

二、禮樂偵天地之情

合天道與人道之「和」與「節」曰「天地之情」。〈樂記〉云：「化不時則

〔註29〕《禮記・樂記》（十三經注疏 5，臺北：藝文印書館，1976 年），頁 672。
〔註30〕同註 29，頁 668。
〔註31〕同註 29，頁 668。

不生，男女無辨則亂升；天地之情也。」〔註32〕孔穎達正義曰：「樂以法天，化得其時則物生，不得其時則物不生，是天之情也。男女有別則治興，無別則亂成，是地之情也。」故合天道之時化與人道禮樂之別，則莫不合敬同愛，是爲「天地之情」。

　　　　禮樂偵天地之情，達神明之德，降興上下之神，而凝是精粗之體，
　　　領父子君臣之節。是故大人舉禮樂，則天地將爲昭焉。〔註33〕

鄭玄注：「偵，猶依象也。降，下也。興，猶出也。凝，成也。精粗，謂萬物大小也。領，猶理治也。」孔穎達正義曰：「禮出於地，尊卑有序，是偵依地之情也。樂出於天，遠近和合，是偵依天之情也。禮樂出於人心，與神明和會，故云『達神明之德』。禮樂與天地相合，用之以祭，故能降出上下之神，謂降上而出下也。能成就其萬物大小之形體，理治父子君臣之限節。樂主於和，聽之則上下相親。禮定貴賤長幼，是能領父子君臣也。」

　　故此言聖人制禮作樂以象天地之情，樂法天，禮法地，禮樂者法天地之情狀，故上可應天地鬼神之德，下則應人倫貴賤等差，以禮樂本於天地氣化之「和」與「節」，故禮樂之極致，可達天地神明之德，樂降天地之神，禮凝萬物之化，故天以神明之德，化精粗之體，聖人制禮作樂，以合同君臣父子之節，是「禮樂」乃者推其極致，乃彰顯天地之情，以爲人倫之情狀。

　　　　禮樂之極乎天而蟠乎地，行乎陰陽而通乎鬼神；窮高極遠而測深厚。
　　　樂著大始，而禮居成物。著不息者天也，著不動者地也。一動一靜
　　　者天地之間也。故聖人曰禮樂云。〔註34〕

鄭玄注：「言禮樂之道，上至於天，下委於地，則其間無所不之。」孔穎達正義：「此經盛論禮樂之大，雖取象於天地，功德又能遍滿於天地之間。」此言禮樂之功，推其至於天地之德。

　　孫希旦曰：「樂者陽之動，故氣之方出而爲物之大始者，樂之所著也。禮者陰之靜，故質之有定而爲物之已成者，禮之所居也。著不息者，天之動也。著不動者，地之靜也。一動一靜，充周乎天地之間，以始物而成物者，自然之禮樂也。惟天地之禮樂如此，故聖人之治天下，亦必曰『禮樂』云。」〔註35〕《易傳》曰：「乾知大始，坤作成物。」〔註36〕乃以「乾」、「坤」二卦象

〔註32〕《禮記・樂記》（十三經注疏5，臺北：藝文印書館，1976年），頁672。
〔註33〕同註32，頁685。
〔註34〕同註32，頁672。
〔註35〕〔清〕孫希旦：《禮記集解》（臺北：文史哲出版社，1990年8月），頁994。

天地生物、成物之德。〈樂記〉吸收其說乃以命「禮」、「樂」之義，此乃「禮樂」之天道義，是以天地陰陽氣化之「大始」為「樂」德之顯，以陰陽氣化之「成物」為「禮」德之顯，所謂「天地之禮樂」，是為「禮樂」之氣化天道義。

由上所述，可知〈樂記〉乃由「天地之和」以論「樂」，由「天地之序」以論「禮」；以「樂」象陽氣之申以生物，以「禮」論陰氣之凝以成物；以「樂」象天地氣化之和，以「禮」象天地成物之別。故聖人法天地之道制作「禮樂」，以治人情，以別尊卑貴賤。故禮樂之道，乃上應天地之情，下順人情之理，以降山川之神，以敬幽冥之鬼神，故天地陰陽萬物鬼神與人道，莫不和敬同愛，是為「天地之大和」與「天地之大節」。此〈樂記〉所論「禮樂」之氣化宇宙義，乃以陰陽氣化作為天道與人道的內涵，以「禮樂之道」成就天人萬物和敬同愛的價值，以為「天地之情」。

〈樂記〉論「禮樂」的氣化宇宙論，乃「法天地」之說，其說始於道家。老子云：「人法地，地法天，天法道，道法自然。」〔註37〕乃將人世之價值溯源於天道，以天道指導人道，而天道的內涵是「自然」，故主人當回歸自然。《易傳》云：「仰則觀象於天，俯則觀法於地，觀鳥獸之文，與地之宜。近取諸身，遠取諸物。於是始作八卦，以通神明之德，以類萬物之情。」〔註38〕此乃《易傳》「法天地」之說，當然此指卦爻之制作，乃法天地萬物之情狀，進而求「通神明之德，類萬物之情」，是其亦具道德義，可謂儒家「法天地」思想的先驅。

〈樂記〉論聖人「法天地」以制禮樂，此天地之道非道家之自然，亦非《易傳》剛健之德，乃天地之流行與殊別，法天地之一體流行而為「樂」，法天地之生化萬物而為「禮」，是此天地之道乃儒家的禮樂天道，是儒者為禮樂建立天道論，也以禮樂涵攝天道，成具禮樂義的天地氣化觀，可視為秦漢儒家禮樂思想的發展。

第三節　禮樂，和天性節人情

禮樂在心性論方面的主張，「樂」主人心之感，善音感發善心，「禮」主

〔註36〕《周易・繫辭上》（十三經注疏1，臺北：藝文印書館，1976年），頁144。
〔註37〕王卡點校：《老子道德經河上公章句》（北京：中華書局，1960年8月），頁102。
〔註38〕《易・繫辭下》（十三經注疏，臺北：藝文印書館，1976年），頁166。

人情之節，使節喜怒哀樂之發，故合禮樂使內有所感、外有所制，乃為成德之君子。

一、天性與人情

〈樂記〉由天性人欲論心性，所謂人之性受之於天，人得自天之所受曰「天性」，天性感於外物而動，所發之喜怒哀樂曰「人欲」。此以「靜」為性之本，以「動」為性之發，與荀子「血氣心知」之說相近。

人生而靜，天之性也；感於物而動，性之欲也。〔註39〕

夫民有血氣心知之性，而無哀樂喜怒之常，應感起物而動，然後心術形焉。〔註40〕

鄭玄注：「言性不見物則無欲。」「言在所以感之也。術，所由也。形，猶見也。」孔穎達正義曰：「自然謂之性，貪欲謂之情。」「此言人心不同，隨感而變。」孫希旦引朱子曰：「人受天命之中以生，純粹至善，萬理具焉，所謂性也。然有是性則有是形，感於物而動，則性之欲出焉，而善惡分矣。性之欲，即所謂情也。」〔註41〕朱彬引陳晉之云：「民生而靜，有血氣心知之常性，應感起物而動，無喜怒哀樂之常情。以有常之性，託無常之情，則心術之形，固非我也。」〔註42〕

〈樂記〉論心性，天生所性為血氣心知，即耳目感官之知覺，感物而動發為喜怒哀樂之情。故心是由血氣心知之性，物之所感，喜怒哀樂之情來表現，人之表現乃合內在之心與外在之物，感而為情，發而為行，固非一心而已。

此論人之血氣心知為性，乃取荀子之說。荀子云：「凡生乎天地之間者，有血氣之屬必有知，有知之屬莫不愛其類。」又云「有血氣之屬莫知於人，故人之於其親也，至死無窮。」〔註43〕言凡天地生物莫不有血氣知覺，而人乃其最靈覺者，乃以人之感官知覺為性。荀子不深究人之性是否所受於天，乃就人生之後論，而云「人生而有欲」。〔註44〕

〔註39〕《禮記・樂記》（十三經注疏5，臺北：藝文印書館，1976年），頁666。
〔註40〕同註39，頁679。
〔註41〕〔清〕孫希旦：《禮記集解》（臺北：文史哲出版社，1990年8月），頁984。
〔註42〕〔清〕朱彬：《禮記訓纂・樂記》（北京：中華書局，1996年），頁576。
〔註43〕王先謙：《荀子集解・禮論》（北京：中華書局，1981年），頁372。
〔註44〕王先謙：《荀子集解・禮論》（北京：中華書局，1981年），頁346。

　　〈樂記〉論「性情」則自「天性」與「人情」論，「天性」則重其本於天道之始，「人情」則以人耳目感官之知覺感應爲主。故〈樂記〉論人之性情，可謂結合天道之所予與人之所感物而動者，是天性乃本於氣化天道之本具，人情乃性感物而動之喜怒哀樂之情，此其論人之性情的內涵。

> 物至知知，然後好惡形焉。好惡無節於內，知誘於外，不能反躬，
> 天理滅矣。夫物之感人無窮，而人之好惡無節，則是物至而人化物
> 也。人化物也者，滅天理而窮人欲者也。於是有悖逆詐偽之心，有
> 淫泆作亂之事。是故強者脅弱，眾者暴寡，知者詐愚，勇者苦怯，
> 疾病不養，老幼孤獨不得其所，此大亂之道也。〔註45〕

鄭玄注：「節，法度也。知，猶欲也。誘，猶道也，引也。躬，猶己也。理，猶性也。」孔穎達正義曰：「好惡恣己之情，是無節於內。所欲之事，道誘於外，外見所欲，心則從之，是知誘於外也。不能自反禁止，本性滅絕矣。」又曰：「物既眾多，來感於人，無有窮已。人見物之來，所好所惡，無有法節。外物至而人化逐於物，人既化物，逐而遷之，恣其情慾，故滅其天生清靜之性，而窮極人所貪嗜欲也。」

　　此論心之好惡之情，隨物之所感而生，耳目感官見物之來，便生好惡之情，而物無窮，好惡之情乃無節，則人逐欲而滅天理，是以「強者脅弱，眾者暴寡，知者詐愚」，此乃大亂之道。心性本自天道氣化而來，物亦爲天道氣化之成形，故心、物之對應必有氣之相感通在其間，此爲心、物所感之內在本質義，是以心不能不與物有感通，心之感通也不能不有所興發之情，此乃氣化感通之必然規律，使乃性必感於物而發在本質上的必然性。

　　天道之氣化有「和」有「節」，人道之天性與人情，亦必有其「和」與「節」，乃不及亂。故天性與人情的「和」與「節」，正是聖人制禮作樂的內在原因，故〈樂記〉人性之天性與人情，「天性」承中庸、孟子而來，人情則可說承荀子而來，是以〈樂記〉論人之心性，確有融合孟、荀二家之說的趨向。〔註46〕

〔註45〕《禮記‧樂記》（十三經注疏5，臺北：藝文印書館，1976年），頁666。
〔註46〕大陸學者黃意明以爲：「《樂記》有不只一處的來源，有不同的學術淵源，而兩種人性觀的交涉，與先秦哲人以自然之氣、自然情欲說性（一般傳統）以及以道德情欲兼氣說性（以孟子爲代表），正好有重疊處，這應該反映出《樂記》試圖統一兩種人性觀的努力。這樣，《樂記》的時代顯然應在《樂論》之後了，而《樂記》對宋儒之理氣觀建立，也確實具有啓發意義。」（頁100）

先王本之情性，稽之度數，制之禮義。合生氣之和，道五常之行，使之陽而不散，陰而不密，剛氣不怒，柔氣不懾，四暢交於中而發作於外，皆安其位而不相奪也；然後立之學等，廣其節奏，省其文采，以繩德厚。律小大之稱，比終始之序，以象事行。使親疏貴賤、長幼男女之理，皆形見於樂，故曰：「樂觀其深矣。」〔註47〕

鄭玄注：「生氣，陰陽氣也。五常，五行也。密之言閉也。攝，猶恐懼也。」
孔穎達正義曰：「自然謂之性，念慮謂之情。稽，考也。既得人情，考之使合度數，裁制以禮義。陽主發動，失在流散；陰主幽靜，失在閉塞。陰陽剛柔，四者通暢於身，而發見於外，各得其所，是安其位也。不相侵犯，是不相奪也。」

人心感物而無節則爲亂，故聖人制作禮樂以治人情。聖人之心「合生氣之和，道五常之行，使之陽而不散，陰而不密，剛氣不怒，柔氣不懾，四暢交於中而發作於外」，是由陰陽氣化以論血氣心知的內涵，即人之性情乃包含陰、陽、剛、柔之氣性以成，是爲氣質情性之內涵，各人皆有所偏受，故有陽而散、陰而密、剛而怒、柔而攝之失者。

故聖人調和陰陽剛柔五行之常道，以爲禮樂之制，故「禮樂」可謂乃氣化之常道，亦惟氣化之常道乃得以正其氣化情性之偏陰陽剛柔者，故聖人調和氣化之情性以各安其位，發而爲樂理之聲律，以和民心。

〈樂記〉論人之天性人情，與荀子論「禮」的主張十分相近，其云：

禮起於何也？曰：人生而有欲，欲而不得，則不能無求。求而無度量分界，則不能不爭；爭則亂，亂則窮。先王惡其亂也，故制禮義以分之，以養人之欲，給人之求。使欲必不窮於物，物必不屈於欲。兩者相持而長，是禮之所起也。〔註48〕

〈樂記〉論聖人制禮樂，其對治之人心，正是荀子「欲求不得乃爭」之心，其皆自人性實然之情論，皆主禮義以治其心。但〈樂記〉論「禮樂之起」，不同於荀子。其乃先法天道，再論人情之治，其由「天地之和」與「天地之序」論「禮樂」之天道氣化義，也由人情氣化之陰陽剛柔，論人之喜怒哀樂之情。故〈樂記〉論人之性情，是在荀子「人生而有欲」的基礎上，再吸收氣論思

參見黃意明：〈《荀子·樂論》與《禮記·樂記》思想比較〉，〈戲劇藝術〉，2008年1月，頁100。
〔註47〕《禮記·樂記》（十三經注疏5，臺北：藝文印書館，1976年），頁680。
〔註48〕王先謙：《荀子集解·禮論》（北京：中華書局，1981年），頁346。

想以成其心性論，但對於人心感物之無窮，須聖人制禮義以治之的方向，即強調禮樂以和民性的作用，是與荀子的主張相同的。

二、樂者，人情之感

「音」本於人心，乃本性之所發，惟當從其正聲，感其順氣發而爲善，若從其姦聲，感其逆氣，則發而爲惡，故君子必愼其樂音。以樂音乃從天性而來，以和人情之發，其功爲大。

> 凡音之起，由人心生也。人心之動，物使之然也。感於物而動，故形於聲。聲相應，故生變；變成方，謂之音；比音而樂之，及干戚羽旄，謂之樂。〔註49〕

鄭玄注：「宮商角徵羽，雜比曰音，單出曰聲。形，猶見也。」孫希旦曰：「此論樂之所由起也，人心不能無感，感不能不形於聲。聲，謂凡宣於口者皆是也。聲之別有五，其始形也，止一聲而已。然既形則有不能自已之勢，而其同者以類相應。有同必有異，故又有他聲之雜焉，而變生矣。變之極而抑揚高下，五聲備具，猶五色之交錯而成文章，則成爲歌曲而謂之音矣。然猶未足以爲樂也，比次歌曲，而以樂器奏之，又以干戚羽旄象其舞蹈以爲舞，則聲容畢具而謂之樂也。」〔註50〕

此由心物之感通，論「樂」之所由生，蓋人生而靜，感物而動，發而爲聲，五聲交雜爲音，聲容畢具爲樂。故「樂」本於人心之感物而生，是以外物之來，耳目之所視聽，心之所感乃發爲聲情。故「樂音」是和「人心之情動」相連結的，其背後的理論依據爲「同者以類相應」，就聲音而言，樂音必與同宮調之音相應，就人心而言，同類之音亦與同類之情相對應，此爲「樂音」可感人心的氣論依據，故〈樂記〉論樂音是站在感通人心之情的角度言之。

> 樂者，音之所由生也；其本在人心之感於物也。是故其哀心感者，其聲噍以殺。其樂心感者，其聲嘽以緩。其喜心感者，其聲發以散。其怒心感者，其聲粗以厲。其敬心感者，其聲直以廉。其愛心感者，其聲和以柔。六者，非性也，感於物而后動。〔註51〕

鄭玄注：「言人聲在所見，非有常也。」孔穎達正義：「言樂初所起，在於人

〔註49〕《禮記・樂記》（十三經注疏5，臺北：藝文印書館，1976年），頁665。
〔註50〕〔清〕孫希旦：《禮記集解》（臺北：文史哲出版社，1990年8月），頁976。
〔註51〕《禮記・樂記》（十三經注疏5，臺北：藝文印書館，1976年），頁663。

心之感外境也。若哀感在心，其聲必踧急而速殺也。歡樂在心，故聲必隨而寬緩也。若喜悅在心，故聲必隨而發揚放散也。恚怒在心，則其聲粗以猛厲也。若嚴敬在心，則其聲正直而有廉隅，不邪曲也。若愛情在心，則聲和柔也。」

　　此論人心之所感者有六情，六情皆能感而成聲，哀心感則發聲踧急，樂心感則發聲寬緩，喜心感則發聲發揚，怒心感則發聲猛厲，敬心感則發聲正直，愛心感則發聲柔和。故曰：「凡音者，生人心者也。情動於中，故形於聲。」〔註52〕故聲音之本在於人心。

　　此亦沿襲《左傳》「天生六情」之說，即人心的內涵爲喜怒哀樂之情，惟〈樂記〉由心之所感、發而爲六聲之別論之，即不同之喜怒哀樂之情，會呈現出不同的聲情特色。換言之，吾人亦可由不同之音聲，來感發人心之情，此乃聖人作樂的內在原因，以「樂」可感發人心。

> 夫樂者樂也，人情之所不能免也。樂必發於聲音，形於動靜，人之道也。聲音動靜，性術之變，盡於此矣。故人不耐無樂，樂不耐無形。形而不爲道，不耐無亂。先王恥其亂，故制雅、頌之聲以道之，使其聲足樂而不流，使其文足論而不息，使其曲直繁瘠、廉肉節奏，足以感動人之善心而已矣。不使放心邪氣得接焉，是先王立樂之方也。〔註53〕

孔穎達正義曰：「言聲音隨分而作，以會其宜，足以感動善心而已。既節之以〈雅〉、〈頌〉，又調之以律呂，貌得其敬，心得其和，故放心邪氣不得接於情性矣。」此論「樂」于人心之感發的重要。蓋人心不能無感，感而不能不發，發則不能無亂，故先王作「樂」愼民之所感發，作〈雅〉、〈頌〉之音，使民感發善心，使放心邪氣不得接於情性，而民心得和敬。

　　此論聖人制〈雅〉、〈頌〉之音的用心，蓋〈雅〉、〈頌〉者，聖人感氣化之和節，因之所作之旋律，其根據爲天道氣化之和而不流，因人心感物而不能中節，往往流而爲亂。故聖人據天道之和節，制作人心之和節，即爲〈雅〉、〈頌〉之音。故〈雅〉、〈頌〉之音的意義，在使人心、物、情三者的感通抒發，所謂「使其聲，足樂而不流，使其文，足論而不息，使其曲直繁瘠、廉肉節奏，足以感動人之善心」，可以說是透過〈雅〉、〈頌〉之音的聆聽，感發

〔註52〕《禮記‧樂記》（十三經注疏5，臺北：藝文印書館，1976年），頁664。
〔註53〕同註52，頁670。

人之善心，防閑人之邪心，而〈雅〉、〈頌〉之音之所以能有此功，蓋其本於天道，故於人心物之氣化感通，亦得相應相感焉。

對人倫之對應而言，「樂」使君臣百姓上下莫不和敬，同感其氣化之和節，自然不能不樂焉。其云：「樂在宗廟之中，君臣上下同聽之則莫不和敬；在族長鄉里之中，長幼同聽之則莫不和順；在閨門之內，父子兄弟同聽之則莫不和親。」〔註54〕故樂者法天道之氣化之施，以爲人道樂心之合敬同愛，其功大矣，爲人情所不能免。

由聲可知情，知情可知民心，知民心可進一步知國政，是乃有治世之音與亂國之音。

> 凡音者，生人心者也。情動於中，故形於聲。聲成文，謂之音。是故治世之音安以樂，其政和。亂世之音怨以怒，其政乖。亡國之音哀以思，其民困。聲音之道，與政通矣。宮爲君，商爲臣，角爲民，徵爲事，羽爲物。五者不亂，則無怗懘之音矣。宮亂則荒，其君驕。商亂則陂，其官壞。角亂則憂，其民怨。徵亂則哀，其事勤。羽亂則危，其財匱。五者皆亂，迭相陵，謂之慢。如此，則國之滅亡無日矣。鄭衛之音，亂世之音也，比於慢矣。桑間濮上之音，亡國之音也，其政散，其民流，誣上行私而不可止也。〔註55〕

鄭玄注：「言八音和否隨政也。」孔穎達正義曰：「治平之世，君政和美，人心安樂，故樂聲亦安以樂也。禍亂之世，其民怨怒，故樂聲亦怨怒，由其政乖僻故也。亡國，謂將滅亡之國，民心哀思，樂音亦哀思，其人困苦故也。」

所謂「聲音之道，與政通矣」，此乃將樂之理與國政之盛衰連結，言樂之音乃攸關國政之大事，此處強調「興樂」的重要性。蓋荀子作〈樂論〉，乃駁墨子「非樂」之說；《呂氏春秋》論「樂」諸作，其云：「治世之音安以樂，其政平也；亂世之音怨以怒，其政乖也；亡國之音悲以哀，其政險也。凡音樂通乎政，而移風平俗者也。」〔註56〕更將樂與政之得失作連結，以明「樂」之不可廢，關此二家論樂之說，或與戰國末年，墨、法二家「非樂」的背景有關。故〈樂記〉承其說，以言聲與政通。

〔註54〕《禮記・樂記》（十三經注疏5，臺北：藝文印書館，1976年），頁670。
〔註55〕同註54，頁664。
〔註56〕陳奇猷：《呂氏春秋校釋》（臺北：華正書局，1988年），頁272。

故論「樂」由人心以至於國政，則人心之所感不可不慎，「樂」之所作，亦不可不慎，以其關乎民心之所發。故〈樂記〉云：「先王慎所以感之者。故禮以道其志，樂以和其聲，政以一其行，刑以防其姦。禮樂刑政，其極一也；所以同民心而出治道也。」〔註57〕是先王慎民之所感，故作樂以和其聲，乃和民心。

　　　樂者天地之命，中和之紀，人情之所不能免也。〔註58〕
鄭玄注：「紀。總要之名也。」孔穎達正義曰：「人感天地而生，又感陰陽之氣。樂感動於人，人感樂聲，自然敬愛也。」孫希旦曰：「天地之命，以其本於性者而言。中和之紀，以其發於情者而言，紀，言其各有條理也。」〔註59〕

　　此合天道、人情以論「樂」之功，「天地之命」者乃由天道氣化之和以論「樂」，所謂「樂者天地之和」，乃言「樂」之天道義，落實於人情則為天性人情之本，所謂「人情不能免」者，乃言天道氣化之和落實於人心陰陽剛柔之氣質，是為人之所本具，此言天人同體於氣化之和，「樂」既為天道氣化之和，亦為人心人情之和敬之音，故能貫穿天道與人道，「樂音」本天道之氣化，又能感人心之和敬，使人心與天道在樂音上自然相感通，有其一體義。

　　　凡姦聲感人，而逆氣應之；逆氣成象，而淫樂興焉。正聲感人，而順氣應之；順氣成象，而和樂興焉。倡和有應，回邪曲直，各歸其分；而萬物之理，各以其類相動也。是故君子反情以和其志，比類以成其行。姦聲亂色，不留聰明；淫樂慝禮，不接心術。惰慢邪辟之氣不設於身體，使耳目鼻口、心知百體皆由順正以行其義。〔註60〕
孔穎達正義曰：「逆氣，謂違逆之氣，即姦邪之氣也。人既感姦邪之聲，則有姦邪之氣來應，二者相合而成象，淫樂遂興。正聲感動於人，而順氣來應，二者相合而成象，則合樂興。是故君子反去淫溺之情理以調和其善志，比擬善類以成己身之美行，不使姦聲亂色留停於耳目，不使淫亂慝禮接於心術，則怠惰邪辟之氣無由來入，而知慮百事之體皆從和順，以行其正直義理也。」

　　此由氣化之感應以論正邪之氣感發善惡之情，其姦聲逆氣與正聲順氣皆可感人，姦聲逆氣則發淫樂，正聲順氣則發善志。故君子慎其所感，去姦聲以就正聲，去淫溺之情以發正直義理。「樂」乃正聲與順氣之合象也，故可感

〔註57〕《禮記·樂記》（十三經注疏5，臺北：藝文印書館，1976年），頁663。
〔註58〕同註57，頁670。
〔註59〕〔清〕孫希旦：《禮記集解》（臺北：文史哲出版社，1990年8月），頁1035。
〔註60〕同註57，頁682。

善類以成善行，使耳目鼻口心知無不得其順正矣。故人情之不流於淫，則「樂」必不能免。

「反情以和其志，比類以成其行」有其修養論意義，「反情以和其志」近孟子「反身而誠」，透過喜怒哀樂之發，以自覺性之四端，以養其善志之心：「比類以成其行」近荀子「親師友」以勸學之功，透過師友之善言善行，以化其惡行，故「樂」的修養在內外之感通以善，既有孟子內省之功，復有荀子轉化之成。

> 發以聲音，而文以琴瑟，動以干戚，飾以羽旄，從以簫管。奮至德之光，動四氣之和，以著萬物之理。是故清明象天，廣大象地，終始象四時，周還象風雨。五色成文而不亂，八風從律而不姦，百度得數而有常。小大相成，終始相生。倡和清濁，迭相爲經。故樂行而倫清，耳目聰明，血氣和平，移風易俗，天下皆寧。〔註61〕

孔穎達正義曰：「動發心志以聲音，文飾聲音以琴瑟，振動形體以干戚，裝飾樂具以羽旄，隨從諸樂以簫管。奮動天地至德之光明，謂神明來降也。感動四時氣序之和平，使陰陽順序也。著成萬物之道裡，謂風雨順，寒暑時，鬼神降福，萬物得所也。」

「樂」者包括天道之和與人道之和，天道之和包括天地、四時、陰陽氣序之和，使鬼神降福，萬物得所之天地之樂。人道之「樂」則由人心感物而動論起，心物之感通發爲喜怒哀樂之情，發而爲聲，飾以琴瑟，舞以干戚羽旄，隨以簫管諸樂，是乃「樂」之所生。心之感通於善惡之物，乃發善惡之情，故君子慎其所感，由情之發以自反其心之善，由師友之親以感發善情，是乃「樂」之修身，推而感通於君臣、父子、夫婦、兄弟、朋友之莫不同樂和敬，是乃「樂教」之教化，故論「樂」之諸義，近者爲人情之中和，遠則使民移風易俗、天下皆和，是爲「樂」之全體義，故涵天道與人道，使萬物四時順氣適生，使君臣父子同愛和敬，是爲「樂」之全體大用。

三、禮者，人情之節

天地氣化之道，有時有節，乃生化不已，故天生人情，感物而發，不能無爭，是以不能無節，故禮者人情之節度也。聖人制禮以節人情之發，乃有賓主飲酒、婚、喪、冠、笄之禮，以節其哀樂之情，使人情發而中節。

〔註61〕《禮記・樂記》（十三經注疏5，臺北：藝文印書館，1976年），頁682。

天地之道，寒暑不時則疾，風雨不節則饑。教者，民之寒暑也；教
不時則傷世。事者民之風雨也；事不節則無功。然則先王之爲樂也。
以法治也，善則行象德矣。夫豢豕爲酒，非以爲禍也，而獄訟益繁，
則酒之流生禍也。是故先王因爲酒禮，壹獻之禮，賓主百拜，終日
飲酒而不得醉焉；此先王之所以備酒禍也。故酒食者所以合歡也；
樂者所以象德也；禮者所以綴淫也。是故先王有大事，必有禮以哀
之；有大福，必有禮以樂之。哀樂之分，皆以禮終。樂也者，聖人
之所樂也，而可以善民心，其感人深，其移風易俗，故先王著其教
焉。〔註62〕

鄭玄注：「綴，猶止也。」張守節曰：「寒暑不時，則民多疾疫。風雨不時，
則穀損民饑。樂以氣和民心，如天地寒暑以氣生化，故謂樂爲民之寒暑。禮
以形教，故曰事。天地之以風雨奮潤萬物，猶以禮安治萬民，故謂禮爲民之
風雨。」

　　此由天地之「時」與「節」以論「禮」「樂」之功，天地之道以寒暑順時
而化生，以風雨知節而成穀。寒暑風雨之「順時」與「知節」即爲陰陽氣化
之功，此由氣化之「順」與「節」以言天道之化，亦由此以論人道之化，「禮」
與「樂」即爲人道之「節」與「時」，「樂」者爲「天地之和」，在人道爲人情
之和，故曰「可以善民心，其感人深，其移風易俗」。「禮」者爲「天地之別」，
在人道則爲人情之節度，以節人情之流爲禍，故制酒禮以備酒禍，哀樂之大
事，乃制喪凶之禮以節之。

　　此由天道氣化之節以論「禮」之人道義，由氣化之序別下落爲人情之節
度，故「禮」乃法天道氣化之節，以節其人情之感發，制法度行儀以別其男
女、貴賤、親疏之分，使民所行各適其宜，是乃法天道氣化之序以成人道之
「禮」。故〈樂記〉論「禮」之生，非本於文化傳承義、非政治義、非社會規
範義，乃由天道之氣化義言之。

是故先王之制禮樂，人爲之節：衰麻哭泣，所以節喪紀也；鐘鼓干
戚，所以和安樂也；昏姻冠笄，所以別男女也；射鄉食饗，所以正
交接也。禮節民心，樂和民聲，政以行之，刑以防之，禮樂刑政，
四達而不悖，則王道備矣。〔註63〕

〔註62〕《禮記‧樂記》（十三經注疏5，臺北：藝文印書館，1976年），頁678。
〔註63〕《禮記‧樂記》（十三經注疏5，臺北：藝文印書館，1976年），頁666。

鄭玄注：「言爲作法度，以遏其欲。」孔穎達正義曰：「禮有尊卑上下，故裁節民心，謂無不敬也。樂有宮商角徵羽及律呂，所以調和民聲也。政謂禁令，用禁令以行禮樂也。若不行禮樂，則以刑法防止之。此四事通達流行而不悖，則王道備矣。」

此言禮樂之作，乃就人道而言，禮之作在節人情以遏其欲，人有男女大欲，乃作婚姻冠笄之禮；有交接應對，乃作射鄉食饗之禮。是以禮調節民心，使上下有別，各適其情。其云：「禮者所以綴淫也。是故先王有大事，必有禮以哀之；有大福，必有禮以樂之。哀樂之分，皆以禮終。」值得注意者，〈樂記〉論聖人之制禮乃在「適情」，使無過與不及，「適情」既非老莊「寡欲」也非「縱情」，乃是合理的節制，此合理的節制曰「禮」，「禮」非聖人強制之，乃法天道氣化之有節，而以爲人情之有節，有其天人氣化之序作依據，此乃其合理性的依據。

由「人情之節」論「禮」，乃承荀子〈禮論〉之說，其云：「人生而有欲，欲而不得，則不能無求。求而無度量分界，則不能不爭；爭則亂，亂則窮。先王惡其亂也，故制禮義以分之，以養人之欲，給人之求。使欲必不窮於物，物必不屈於欲。兩者相持而長，是禮之所起也。」〔註64〕二者皆本喜怒哀樂之過情而言禮之節制，此言〈樂記〉論「禮」之起乃有承於荀子之說，但亦有所不同，即〈樂記〉論「禮」起於人情之節，何以「禮」節制人情？背後有天道氣化之節作爲依據，即天道氣化有節，人情之發亦當有節，此乃「禮」本天道之節而能節人情之本質義，皆本氣化之節而來，但荀子惟就人之血氣心知之節以論「禮」之起，故「禮」之節制人情惟得自於聖人之制作，而聖人之制禮雖亦本性情之節而生，畢竟稍隔一層。

　　樂者爲同，禮者爲異。同則相親，異則相敬，樂勝則流，禮勝則離。

　　合情飾貌者禮樂之事也。禮義立，則貴賤等矣；樂文同，則上下和

　　矣；好惡著，則賢不肖別矣。〔註65〕

鄭玄注：「同，謂協好惡也。異，謂別貴賤也。流，謂合行不敬也。離，謂析居不和也。」孔穎達正義：「樂者爲同，謂上下同聽，莫不和說。禮者爲異，謂尊卑各別，恭敬不等。無所間別，故相親。有所殊別，故相敬。樂和其內，是合情也。禮檢於外，是飾貌也。若行禮得其宜，則貴賤各有階級矣。若行

〔註64〕〔清〕王先謙：《荀子集解・禮論》（北京：中華書局，1981年），頁346。

〔註65〕《禮記・樂記》（十三經注疏5，臺北：藝文印書館，1976年），頁667。

樂文采諧同，則上下各自和好也。」

「禮」的另一個涵義就是「理」，條理人情之分，故〈樂記〉云：「樂也者，情之不可變者也。禮也者，理之不可易者也。樂統同，禮辨異，禮樂之說，管乎人情矣。」〔註66〕故此以人情之「同」與「異」論「禮」「樂」之別。

「樂」者統情，上下同聽，合悅敬愛，無所間別，故爲人情之「同」。但「樂」太過和同，則流於輕慢，須以「禮」條理其親疏遠近之儀，乃得復其親疏之敬，是「禮」爲外在儀節之「異」。但「禮」太過敬則彼此之親又疏矣，則須「樂」以和情上下，乃復和樂互愛。是以「禮」「樂」二者相互爲用，則民相互敬愛矣。

禮樂之「同」與「異」，又可由「平等性」與「差異性」言之，蓋「禮」者別其貴賤親疏遠近，是爲人倫關係中的差異性，蓋天道氣化之成形本自有其殊異性，表現在人倫界亦有其貴賤親疏遠近的差異性。「樂」者感人心之同愛和敬，使君臣父子夫婦男女同歡共樂，是爲人倫關係中的平等性。「差異性」乃人倫界氣質才性殊異之自然，使君臣父子夫婦男女各守其職、各盡其分而不亂。「平等性」使君臣父子夫婦男女在氣化之和音中，皆感其人心善情之喜樂，皆得其尊重，亦感同爲一體，感發善情之滿足。

「禮」「樂」又可以「外」、「內」言之，蓋「樂」主內在人情之和親，「禮」主外在尊卑貴賤之相敬。但二者實皆本於人情，「樂」乃人情之和，「禮」乃人情之理，皆爲人情的不同表現。故〈樂記〉云：「致禮以治躬則莊敬，莊敬則嚴威。心中斯須不和不樂，而鄙詐之心入之矣。外貌斯須不莊不敬，而易慢之心入之矣。」〔註67〕故以「樂」和內在之心，則鄙詐之心不得入；以「禮」嚴外在之身，則易慢之心不生矣。

> 簠簋俎豆，制度文章，禮之器也。升降上下，周還裼襲，禮之文
> 也。〔註68〕

> 中正無邪，禮之質也，莊敬恭順。禮之制也。〔註69〕

鄭玄注：「質，猶本也。」孔穎達正義：「此明文質不同，事爲有異。內心中

〔註66〕《禮記・樂記》（十三經注疏5，臺北：藝文印書館，1976年），頁685。
〔註67〕《禮記・樂記》（十三經注疏5，臺北：藝文印書館，1976年），頁696。
〔註68〕同註67，頁669。
〔註69〕同註67，頁670。

正，無有邪僻，是禮之本質也。外貌莊敬，謙恭謹慎，是禮之節制也。」

此論「禮」之「文」與「質」。「禮」法天地之序，應用於不同之事為，乃具不同之儀節與禮器之形，所謂「用於宗廟社稷，事乎山川鬼神」〔註70〕，是以簠簋俎豆獻物產，制訂典章法度，乃禮之器用也；屈伸俯仰，升降上下，乃禮之儀節進退也，故尊卑長幼有序，外貌恭敬，謙恭謹慎，此「禮」所呈現外在之儀文舉止也。

但「禮」非徒具外在之儀文，若如此，則為僵化之教條，故〈樂記〉曰：「干戚之舞非備樂也，孰亨而祀非達禮也。五帝殊時，不相沿樂；三王異世，不相襲禮。」〔註71〕鄭玄注：「言其有損益也。」乃知聖人之制禮樂，乃有斟酌損益之調節，是外在之禮器儀文，絕無萬世不易之理，乃因時順世而制，此乃「禮」之順時應變義。

「禮」外在之儀文可因時變通，但聖人制禮之心乃有常道，所謂「內心中正，無有邪僻」乃言聖人制禮之無私意過情之心，其心無私乃循天地氣化之別，以制人道之禮，此乃「禮」之質。故〈樂記〉云：「聖人作樂以應天，制禮以配地。禮樂明備，天地官矣。」〔註72〕故天道氣化之序別，人倫貴賤親疏男女之別，乃聖人制禮之常道，是由天道氣化之別以論制「禮」之內涵。

故〈樂記〉論「禮」之諸義，由天道氣化之序別以論「禮」之天道義，由人情之節度以論「禮」之心性義，由人倫親疏之異別以論「禮」之規範義，由祭祀器用儀節之順時應變以論「禮」之器用義，其內涵實為豐富。

合「禮」「樂」諸義而論，天地之序與天地之和為「禮樂」之天道義，人情之同愛與節欲為「禮樂」之心性義，由人倫之行而言，「禮」有婚喪燕饗宗廟山川鬼神之儀，「樂」則和君臣上下鬼神同敬合愛之歡。故「禮樂之制」乃順天地氣化之別與序，應人心之節與和，條理人倫之別，合敬人倫之歡，近以立身，遠以治民、安天下。

四、合禮樂以成德

「成德」乃儒家價值之主體，孔子以天下歸「仁」，〈中庸〉由「盡性」、「至誠」以論成德，孟子以「仁義」，荀子論「學」以為君子，〈樂記〉則合

〔註70〕《禮記‧樂記》（十三經注疏5，臺北：藝文印書館，1976年），頁670。
〔註71〕同註70，頁670。
〔註72〕同註70，頁671。

禮樂以論成德，由天道氣化以賦予「禮樂」新說，再將禮樂的實踐，落實在道德修養上，以言「成德」之義。

> 樂者，非謂黃鐘大呂弦歌干揚也，樂之末節也，故童者舞之。鋪筵席，陳尊俎，列籩豆，以升降為禮者，禮之末節也，故有司掌之。樂師辨乎聲詩，故北面而弦；宗祝辨乎宗廟之禮，故後尸；商祝辨乎喪禮，故後主人。是故德成而上，藝成而下；行成而先，事成而後。是故先王有上有下，有先有後，然後可以有制於天下也。〔註73〕

鄭玄注：「言禮樂之本，由人君也。禮本著成去偽，樂本窮本知變。」孔穎達正義曰：「此明禮樂各有根本，本貴而末賤，君子能辨其本末，可以有制於天下。行成則德成，德在內而行在外也。事成則藝成，在身謂之藝，所為謂之事。」

此論禮樂之本，黃鐘大呂、尊俎籩豆，乃禮樂之末節，此為禮樂表現之形式。禮樂之本在德與行，在藝與事，對人身而言，德成於內而行之於外，是以人道之德行為上，為本；對事物而言，辨曉知習謂之藝，所為而成謂之事，故成就事業為下，為後。故曰黃鐘大呂樂之末節，尊俎籩豆禮之末節。蓋禮樂以成德為本，以藝事為末節，此論明禮樂之本末，勉人當守禮樂之本以成德，但並無輕忽末節之意，蓋有本方得盡其末，有德乃更能敬其業。

此外，禮樂以成德的表現乃內外行事表現之整體，內在的誠心、技藝、行為、事功，是皆為成德之內容，故「成德」是儒家的核心價值，禮樂非徒黃鐘大呂、尊俎籩豆，此乃禮樂外在之形式而已，行禮樂形式之目的，在養成君子「德、藝、行、事」之全體，此為君子之成德義。

故禮樂的最終目的即在成就道德義的君子，而此君子不僅止於內在心性之善，而是內在德性與外在表現的合一，禮樂雖是一種外在的表現，而其實為內在德性的自然抒發而成，故「禮樂以成德」有其內外心事合一之整體表現義。

> 禮樂皆得，謂之有德。德者得也。是故樂之隆，非極音也。食饗之禮，非致味也。清廟之瑟，朱弦而疏越，壹倡而三歎，有遺音者矣。大饗之禮，尚玄酒而俎腥魚，大羹不和，有遺味者矣。是故先王之制禮樂也，非以極口腹耳目之欲也，將以教民平好惡而反人道

之正也。〔註74〕

鄭玄注：「教之使知好惡也。」孔穎達正義：「玄酒、腥魚、大羹。非極口腹也。朱弦疏越，非極耳目也。所以教民均平好惡，而反歸人道之正也。」孫希旦云：「禮樂皆得，則惟實體其理於身者能之，又非僅知之而已，故謂之有德。」〔註75〕此言禮樂非徒外在之形式，乃具內在道德之內涵，故禮樂之價值乃在其作爲人道之價值主體。

此言先王制禮樂之意，非盡耳目視聽之樂，乃「教民平好惡而反人道之正」。故「德」者禮樂皆得，其非逐視聽之極樂，蓋樂以和情，禮以節欲，情太過則流爲欲，欲不節則生亂，故制禮樂以節人情，以同上下，而此情之好惡之節，乃本於人情氣化之理，與天地氣化之理同，此乃體禮樂之實理於身者。此由天道氣化之理以成人道之正，由天道氣化之節以成人道之好惡，乃非情欲之好惡無方，而爲義理之好惡有節。故曰：「君子樂得其道，小人樂得其欲。以道制欲，則樂而不亂；以欲忘道，則惑而不樂。」〔註76〕

此反覆強調「禮樂」非徒口腹耳目之欲，乃在口腹耳目之餘，有遺音、遺味也，此弦外之遺音者，是爲聖人制禮樂之用心，所謂「教民平好惡而反人道之正」，「平好惡」者即在和情性、節人情，此爲「禮樂」對個人心性之修養，「反人道之正」者乃指人倫關係的合理對應，則是人我關係的和諧有序，故「禮樂以成德」包括個人內在心性之平好惡，包括人倫關係之合理對待，此乃聖人制禮樂之深意，使人民能透過「禮樂」以修身，透過「禮樂」以爲人倫之間合理之規範，此乃合禮樂以成德之內外一體義。

> 君子反情以和其志，廣樂以成其教，樂行而民鄉方，可以觀德矣。德者性之端也。樂者德之華也。金石絲竹，樂之器也。詩言其志也，歌詠其聲也，舞動其容也。三者本於心，然後樂氣從之。是故情深而文明，氣盛而化神。和順積中而英華發外，唯樂不可以爲僞。〔註77〕

鄭玄注：「方，猶道也。」孔穎達正義云：「反己淫欲之情，以諧和德義之志，寬廣樂之義理，成就其政教之事，正樂興行，而民歸鄉仁義之道。人君如此，可以觀德矣。德在於內，樂在於外，故樂爲德之光輝也。志起於內，

〔註74〕《禮記・樂記》（十三經注疏 5，臺北：藝文印書館，1976 年），頁 664。
〔註75〕〔清〕孫希旦：《禮記集解》（臺北：文史哲出版社，1990 年 8 月），頁 982。
〔註76〕同註 74，頁 682。
〔註77〕《禮記・樂記》（十三經注疏 5，臺北：藝文印書館，1976 年），頁 682。

思慮深遠，是情深也。情由言顯，是文明也。志意蘊積於中，故氣盛。內志既盛，則外感動於物，動天地，感鬼神，經夫婦，成孝敬，是也。思念善事日久，是和順積於心中，言詞聲音發見於外，是英華發於身外。若心惡而望聲之善，不可得也。」此論君子成德，內而情深，外而文明，以成樂教，使民歸嚮仁義之道。

　　孫希旦曰：「德具於心，發而爲三者，而後樂器從而播之。情深者，謂喜怒哀樂之中節。氣盛者，謂陰陽剛柔之交暢。文明者，文采著明，五色成文而不亂，八風從律而不姦也。化神者，行乎陰陽，通乎鬼神，窮高遠，測深厚，而無所不至也。情深而氣盛者，德也，和順之積中者也。文明而化神者，樂也，英華之發外者也。」〔註78〕

　　此論「樂」由成德以成樂教，由「情、氣、文、神」論之，蓋「情」者喜怒哀樂之情發，「氣」者陰陽剛柔之合暢，「文」者聲、容、樂、舞之表現，「神」者民之樂其教而爲善。故由己之立身而言，「君子反情以和其志」，乃由喜怒哀樂之情以自反其心，以得其發而中節之善情曰「志」，故「志」爲「情」之德，此曰「性之端」，似受孟子「四端之心」說的影響。由喜怒哀樂之感以「反己之善」，得其性之德，必發而爲聲、容、舞、樂之行，以感通民心，使民嚮其善，此曰樂教，故內以和其情，外以感民心，此爲「君子之德」。

　　〈樂記〉論「成德」，所謂「情深而文明，氣盛而化神，和順積中而英華發外」，必合內外以論「樂」之德，「情深」者由內在喜怒哀樂之情而言其中節，「氣盛」者乃內在心氣之和暢，所謂「陰陽剛柔之交暢」，則氣性自不偏於陰陽剛柔之一隅，而得發爲中和之情。「文明」者，有德者必有容，有德者必發其樂音，「容」、「音」皆爲德性抒發的表現，其「和順之積中」，必有「英華之發外」的聲與容，是爲成己之德。「文明而化神」者，此乃就「樂」之成教而言，「英華之發外」即由個人本心氣化之和，影響及於他人心氣之變化，此爲「氣化相感相應」之作用，故可移風易俗，化民爲善，乃成「樂教」之教化義，是爲君子之德化。

　　　君子曰：禮樂不可斯須去身。致樂以治心，則易直子諒之心油然生
　　　矣。易直子諒之心生則樂，樂則安，安則久，久則天，天則神。天
　　　則不言而信，神則不怒而威，致樂以治心者也。致禮以治躬則莊敬，

〔註78〕〔清〕孫希旦：《禮記集解》（臺北：文史哲出版社，1990年8月），頁1006。

莊敬則嚴威。心中斯須不和不樂，而鄙詐之心入之矣。外貌斯須不
莊不敬，而易慢之心入之矣。故樂也者，動於內者也；禮也者，動
於外者也。樂極和，禮極順，內和而外順，則民瞻其顏色而弗與爭
也；望其容貌，而民不生易慢焉。故德煇動於內，而民莫不承聽；
理發諸外，而民莫不承順。故曰：致禮樂之道，舉而錯之，天下無
難矣。〔註79〕

鄭玄注：「善心生則寡於利欲，寡於利欲則樂矣。志明行成，不言而見信如天
也，不怒而見畏如神也。樂由中出，故治心。禮自外作，故治身。」孔穎達正
義曰：「樂由心起，故感動於內；禮從外生，故發動於外。樂感人心，故極盡於
和；禮以檢貌，故極盡於順。內和，色見於外，故不爭；外貌和順，故民不生
易慢。樂以和心，故德煇美發動於內，而民莫不承奉聽從也。禮以治貌，故
理發見於外，而民莫不承奉敬順也。」此由內外以言禮樂之修身、治民。

孫希旦引真德秀云：「樂之於人，能變化其氣質，消融其渣滓，故禮以順
之於外，而樂以和之於中。此表裏交養之功，而養於中者實為之主，故聖門
之教，立之以禮，而成之以樂。」〔註80〕「樂」可感心之義理，使心循氣化
之和，發而中節，以成其文采之行，乃能變化氣質，消融渣滓。

禮以治身者，以嚴正之氣辟邪慢之行。故「禮」「樂」之道，內以治心，
外以治身，內以引發心之善氣，發為易直子諒之心，外以嚴正之行，防邪慢
之氣，使身循氣化之正以行，由根源義言，此可上達不言而信之「天」，即與
天道氣化之道相應。由教化義言，由禮樂以治身自有「不怒而威之神」，此乃
教化百姓之影響力，故合內外、天人、人我而為禮樂之善，是為禮樂成德之
全體大義。

近人歐陽禎人論《樂記》的性情思想，以為「(樂記)它一方面注重超驗
的"天之性"，在陰陽大化流行、生生不息的天人之際把握人之所以為人者，
另一方面又密切關注現實生活中的血氣心知之性，在與外境(物)交接之後
的各種反應，既避免了只注重天道而造成的虛玄和空想，也避免了只重視經
驗層面而帶來的性情偏枯，談天而不離人，說性而不離欲，"血氣心知"與
"易直子諒"互補，德性之端與英華之氣並茂。」〔註81〕乃主其天人、內外

〔註79〕《禮記・樂記》(十三經注疏5，臺北：藝文印書館，1976年)，頁698。
〔註80〕〔清〕孫希旦：《禮記集解》(臺北：文史哲出版社，1990年8月)，頁1030。
〔註81〕歐陽禎人：《先秦儒家性情思想研究》(武漢：武漢大學出版社，2005年7

合德之義。

故〈樂記〉論「禮樂成德」之義，乃承孔子：「興於《詩》，立於禮，成於樂。」〔註82〕之說，孔氏以《詩》、《書》、禮、樂成就文化義之君子，〈樂記〉由籩豆升降之禮，鐘鼓琴瑟之樂，進一步提出禮樂形式的內在本質義，其遺音、遺味者，便是禮樂背後的氣化之和的合理根據，「人之成德」的核心在人內在的道德價值，內在心氣的和諧是〈樂記〉所提出對「禮樂」的新詮釋，「禮樂」乃內在德性的英華發外，君子以樂治心，由禮治身，合內外以成德，故「德、藝、行、事」皆爲成德之整體，由禮樂以成己德，復由禮樂之抒發以影響及於他人，與他人以善之相感相應，使他人之心氣亦得其合暢，其最高理想便是以禮樂錯之天下，此乃人道禮樂之理想，而與天道氣化之和相呼應者，故合內外、人我、天人是爲禮樂以成德之整體義。

第四節　揖讓以治天下

此論〈樂記〉之政治理想義，乃以「禮樂刑政」以治國家，以禮樂使君臣有分、臣民上下和樂相親，以刑政使賞罰得其所，舉賢良禁邪暴，如此則人君自能「揖讓以治天下」。

一、先王禮樂之道

「法先王」乃儒家傳統，有子曰：「禮之用，和爲貴。先王之道斯爲美。」〔註83〕禮樂文化正是先王之美者。〈樂記〉以禮樂乃先王示其喜怒之具，惟聖王喜怒之則乃在天地之命，是將先王之道連結於氣化天道之正。

> 夫古者，天地順而四時當，民有德而五穀昌，疾疢不作而無妖祥，此之謂大當。然後聖人作爲父子君臣，以爲紀綱。紀綱既正，天下大定。天下大定，然後正六律，和五聲，弦歌詩頌，此之謂德音；德音之謂樂。《詩》云：『莫其德音，其德克明。克明克類，克長克君，王此大邦；克順克俾，俾於文王，其德靡悔。既受帝祉，施於孫子。』此之謂也。〔註84〕

月），頁280。

〔註82〕《論語‧泰伯》（十三經注疏8，臺北：藝文印書館，1976年），頁71。

〔註83〕《論語‧學而》（十三經注疏8，臺北：藝文印書館，1976年），頁8。

〔註84〕《禮記‧樂記》（十三經注疏5，臺北：藝文印書館，1976年），頁691。

鄭玄注：「此有德之音，所謂樂也。德正應和曰莫。照臨四方曰明。勤施無私曰類。教誨不倦曰長。慶賞刑威曰君。慈和徧服曰順。擇善從之曰比。言文王之德，皆能如此，故受天福，延於後世也。」

朱彬引方性夫曰：「天氣下而地不應，地氣上而天不應，非所謂天地之順也。春或雪霜大摰，夏或草木零落，非所謂四時之當也。五穀昌，以時和歲豐也。疾疢，則災加之於人也。妖祥，則災加之於物者。疾疢不作而無妖祥，則天地之間至纖至悉無不當於理矣，故曰『此之謂大當』。」〔註85〕

此記子夏答魏文侯論「樂」之說，引文王之德以證。先論順天地氣化之行，民德而物豐，疾疢災祥之不作，此謂「大當」，乃天地氣化之當。聖人感此，制禮以為綱紀，以安君臣父子，然後作樂，以和六律五聲，此為人道之當理。故惟文王之德乃能明類順比，法天地之「大當」，以為人道之禮樂，以養天下萬民，是以「樂」者，謂之「德音」。

此論先王制禮作樂乃發德音，有三點特色：一、此由天道氣化義論禮樂之所始，表現法天地氣化的特色，此乃受氣化思想的影響。二、以禮樂之作起於先王，乃承禮樂悠遠之文化義，此亦孔子「殷因於夏禮，所損益可知也；周因於殷禮，所損益，可知也；其或繼周者，雖百世可知也。」〔註86〕之義。三、文王制禮作樂所呈現的是「德音」，此將「禮樂」與「聖人之品德」結合，乃強調禮樂文化的道德義。

禮樂的文化義，是先秦儒家重周文的傳統，但〈樂記〉論「樂」的文化義外，又吸收氣化之說，以成其禮樂之天道義，於是禮樂不再只是簡單的復古而已，它是順適天道氣化的表現，乃有德之聖人體察天地之道而制禮作樂，它不僅是天道在人道上合理的表現，更是人道價值上成德的彰顯，於是禮樂文化更增其天道義與道德義的內涵。

> 夫樂者，先王之所以飾喜也，軍旅鈇鉞者，先王之所以飾怒也。故
> 先王之喜怒，皆得其儕焉。喜則天下和之，怒則暴亂者畏之。先王
> 之道，禮樂可謂盛矣。〔註87〕

鄭玄注：「天子之於天下，喜怒節之以禮樂，則兆民和從而畏敬之。禮樂，王者所常興則盛也。」孫希旦曰：「先王之喜怒，惟義理之所在，而己不與焉。

〔註85〕〔清〕朱彬：《禮記訓纂‧樂記》（北京：中華書局，1996年），頁590。
〔註86〕《論語‧為政》（十三經注疏8，臺北：藝文印書館，1976年），頁19。
〔註87〕《禮記‧樂記》（十三經注疏5，臺北：藝文印書館，1976年），頁701。

故喜則飾之以羽、旄、干、戚,而天下莫不和;怒則飾之以軍、旅、鈇、鉞,而天下莫不畏。先王之喜怒,非禮樂不足以達之,禮樂達而天下莫不和且畏焉,其道豈不盛乎!」〔註88〕

此論禮樂乃飾先王之喜怒,言先王發政,喜則飾以羽、旄,施以恩澤,天下以和;怒則飾以軍旅,威以刑殺,天下不敢為惡,故禮樂者,先王喜怒之飾也。先王之「喜怒」非人情之喜怒,乃依義理之正否而行,故先王論政,不以己意為喜怒之正,而以義理為依歸。

蓋義理者,天地氣化之順逆,順氣化之道而行則義,反之則惡。故先王施政發刑,臣民行義則喜,行惡則怒,是喜怒乃順義理之正否而發。禮樂者,喜怒發而成形者,是喜則為羽、旄、干、戚,而天下以和;怒則為軍、旅、鈇、鉞,而天下以畏,是先王之道,禮樂為盛。

此言先王禮樂之道,不僅是表面羽旄之裝飾,儀節之形式,而有其更深的意義,乃先王施政之判準。即禮樂乃先王施惠刑殺之準則,是為先王喜怒之表現,有其政治意義。此準則非人情之好惡,更有其義理的內涵。此義理則來自於天道,是具天道義。

故〈樂記〉論「禮樂」在先王之道上,可謂是彰顯其多層次的內涵來詮釋。是禮樂在先王之道的意義上,不僅是復古義,以禮樂為美,更具重要的政治意義,以及在天道義上的必要性,是以「禮樂」的實用性加強,故曰:「致禮樂之道,舉而錯之,天下無難矣。」〔註89〕禮樂之道最重要者,便在於錯之天下而無難。

> 是故樂在宗廟之中,君臣上下同聽之則莫不和敬;在族長鄉里之中,長幼同聽之則莫不和順;在閨門之內,父子兄弟同聽之則莫不和親。故樂者審一以定和,比物以飾節;節奏合以成文。所以合和父子君臣,附親萬民也,是先王立樂之方也。故聽其雅、頌之聲,志意得廣焉;執其干戚,習其俯仰詘伸,容貌得莊焉;行其綴兆,要其節奏,行列得正焉,進退得齊焉。故樂者天地之命,中和之紀,人情之所不能免也。〔註90〕

此文引荀子〈樂論〉,言先王禮樂文化,施及於宗廟、鄉里,以至於閨門之內,

〔註88〕 〔清〕孫希旦:《禮記集解》(臺北:文史哲出版社,1990 年 8 月),頁 1035。

〔註89〕 《禮記‧樂記》(十三經注疏 5,臺北:藝文印書館,1976 年),頁 699。

〔註90〕 《禮記‧樂記》(十三經注疏 5,臺北:藝文印書館,1976 年),頁 700。

可謂遍及家、國、天下，而具普遍性。使君臣、長幼、父子、兄弟和敬同親，別其尊卑親疏之分，合其尊卑親疏之親。故使民以雅、頌之聲發其志，執干戚俯仰以嚴其容，按節奏進退以得其正，此先王禮樂之美，故云「樂者天地之命，中和之紀，人情之所不能免也。」

值得注意者，《荀子·樂論》云：「樂者，天下之大齊，中和之紀也，人情之所必不免也。」〔註91〕「天下之大齊」乃荀子針對人情之為亂而言，其云：「先王惡其亂，故制雅、頌之聲以道之，使其聲足以樂而不流。」〔註92〕故荀子論「樂」，乃立論於人情之規範調和處。

「樂者，天地之命」則為《禮記·樂記》之所加，必有其深意焉。即〈樂記〉之作者承荀子之說，認同荀子所論，「樂」在條理人情的重要作用，但也更深一層的觸及，何以「樂」可以調和人情？是以吸收陰陽氣化之說，以「樂」來自於天地氣化之和，故可以條理形氣之人情，於是「樂」在氣化理論下，具備了天道義，而言「樂者，天地之命」。故〈樂記〉此說乃在荀子論「樂」主人情，本先王之道的基礎上，又推進一層，而具特色。

二、禮樂刑政之治

「禮樂刑政」為〈樂記〉具體的政治主張，「禮樂之治」可謂是〈樂記〉最終的政治理想，乃漢儒面對時代變局，重新詮釋禮樂之義，而建立具儒家特色的政治主張。

> 故禮以道其志，樂以和其聲，政以一其行，刑以防其姦。禮樂刑政，其極一也；所以同民心而出治道也。〔註93〕

> 禮節民心，樂和民聲，政以行之，刑以防之，禮樂刑政，四達而不悖，則王道備矣。〔註94〕

孔穎達正義曰：「用禮教道其志，用樂諧和其聲，用法律齊一其行，用刑辟防其凶姦，則民不復流僻也。」又曰：「禮有尊卑上下，故裁節民心，謂無不敬也。樂有宮商角徵羽及律呂，所以調和民聲也。政謂禁令，用禁令以行禮樂也。若不行禮樂，則以刑法防止之。此四事通達流行，而不悖，則王道備具矣。」

〔註91〕〔清〕王先謙：《荀子集解·樂論》（北京：中華書局，1981年），頁380。
〔註92〕同註91，頁379。
〔註93〕《禮記·樂記》（十三經注疏5，臺北：藝文印書館，1976年），頁663。
〔註94〕同註93，頁667。

此論王道之治，須禮、樂、刑、政四者。此乃對人君而言，禮以導民之志，以別尊卑親疏，樂以和民情，使上下合同愛敬，政以發其行，以施禮樂之道，刑以防其姦，以禁其惡。

禮樂刑政之說，可謂乃孔子：「道之以政，齊之以刑，民免而無恥；道之以德，齊之以禮，有恥且格。」〔註95〕之說的發揮，「政」與「刑」爲外在的強制約束，「禮」與「樂」則爲人心的教化與規範。對孔子而言，「禮」與「德」更甚於「政」與「刑」。但〈樂記〉身處戰國秦漢之際，儒者必深知徒「禮樂」不足以實踐理想，是以孟子主「仁政」，荀子隆「禮法」，無非參酌時勢之修正。故〈樂記〉「禮樂刑政」以治王道之說，「禮樂」與「刑政」並無孰輕孰重的問題，此亦順應時勢而倡。

> 刑禁暴，爵舉賢，則政均矣。仁以愛之，義以正之，如此，則民治行矣。樂由中出，禮自外作。樂由中出故靜，禮自外作故文。大樂必易，大禮必簡。樂至則無怨，禮至則不爭。揖讓而治天下者，禮樂之謂也。暴民不作，諸侯賓服，兵革不試，五刑不用，百姓無患，天子不怒，如此，則樂達矣。合父子之親，明長幼之序，以敬四海之內，天子如此，則禮行矣。〔註96〕

孫希旦曰：「好惡者，刑爵之本；刑爵者，好惡之用。仁以愛之，而有惻怛之實。義以正之，而得裁制之宜，又所以爲禮樂刑爵之本者也。民治行者，言以此治民而民無不治也。」又曰：「樂至則無怨者，神人治而上下和也。禮治則不爭者，上下辨而民志定矣。必易必簡者，禮樂之所以立乎其本；無怨不爭者，禮樂之所以達乎其用。如此則第相與揖讓以行禮樂，而天下自治矣。」〔註97〕

此論仁義與禮樂刑政之關係，仁主愛，義主正，仁的內涵爲惻怛之心，義的內涵爲裁斷之心，是皆爲人心之義理。樂爲合同之親，則近仁；禮爲尊卑之敬，則近義；刑禁姦邪之氣，則近義斷；政舉賢德之才，則近親仁，是仁義爲禮樂刑政之本，乃言仁義之心發而爲禮樂刑政，以成王道之治。

此〈樂記〉試圖將儒家仁義的道德內涵，灌注入禮樂刑政之說，是禮樂刑政之主張，不僅具氣化義之支持，更承襲先秦儒家重道德仁義的主張，使

〔註95〕《論語·爲政》（十三經注疏8，臺北：藝文印書館，1976年），頁16。
〔註96〕《禮記·樂記》（十三經注疏5，臺北：藝文印書館，1976年），頁667。
〔註97〕〔清〕孫希旦：《禮記集解》（臺北：文史哲出版社，1990年8月），頁987。

禮樂刑政之王道理想，成為具道德內涵的政治理想。「揖讓以治天下」正可謂〈樂記〉政治理想的象徵，乃希望建立為君臣父子長幼和親有序，揖讓而升的禮樂之治。

第五節　結　語

傳統儒家論「禮樂」在天道方面較欠缺，孔子從文化義論禮，孟子從道德義論禮，荀子則從社會之規範義論禮。〈樂記〉論「禮樂」則在天道論上有建樹，其吸收陰陽氣化之說，以「樂」為天地氣化之和，「禮」為天地氣化之序，是「禮樂」乃具天地氣化之根源義，此與先秦孔、孟、荀論「禮樂」的思考角度不同，即〈樂記〉從氣化天道論「禮樂」之源，論聖人制禮作樂之回應義，此乃儒家「禮樂」思想在漢代的進展。

〈樂記〉的氣論思想特色，理論展現在天道論、心性論、修養論與政治理想義等方面：

天道論方面，〈樂記〉的天道觀乃將自然義的氣化天道觀，賦予禮樂之道的道德義。其云：「地氣上齊，天氣下降，陰陽相摩，天地相蕩，鼓之以雷霆，奮之以風雨，動之以四時，煖之以日月，而百化興焉。」〔註98〕又云：「天尊地卑，君臣定矣。卑高已陳，貴賤位矣。動靜有常，小大殊矣。方以類聚，物以群分，則性命不同矣。在天成象，在地成形。」〔註99〕和《易傳》所呈現的剛健不息的宇宙論極為相似，只是「《易》有太極」〔註100〕為天道本體，但〈樂記〉的天道主體義不明顯，其所呈現的氣化天道觀有整體之和諧規律義，是曰「天地之和」，此為「樂」之根源。氣化天道觀亦有尊卑高下、條理分明之次序義，是為「天地之序」，此為「禮」之根源。故〈樂記〉所呈現的是由陰陽五行所表現的自然氣化論，但〈樂記〉取自然義氣化論中的一體義與秩序義，作為「禮樂之道」的主體根源，進而闡明「禮樂之道」的必要性，聖人乃「作樂應天，制禮配地」，「禮樂之道」的根源在氣化天道的內涵，於是禮樂乃具氣化之天道義，因此〈樂記〉的天道觀，可謂是賦予禮樂義的氣化天道觀。

在心性論方面，〈樂記〉由天性與人情論「心性」，其云：「人生而靜，天

〔註98〕《禮記·樂記》（十三經注疏5，臺北：藝文印書館，1976年），頁672。
〔註99〕同註98，頁672。
〔註100〕《周易·繫辭上》（十三經注疏1，臺北：藝文印書館，1976年），頁156。

之性也;感於物而動,性之欲也。」〔註101〕其心性論實吸收諸家之說而成一家之言,其主人之性情來自於天道之氣化,而性情的內涵為喜怒哀樂好惡之情,喜怒哀樂之性太過則無節,故人之性情需「和」與「節」,「樂」主人情之和,「禮」主人情之節。「禮」不僅是外在之儀節,更內在為人情之節理,「樂」則不僅是鐘鼓樂音,更內在為人心之和諧,是儒家論傳統禮樂的文化義外,更深化至內在的心性義,此或孔子「禮云禮云!玉帛云乎哉?樂云樂云!鐘鼓云乎哉?」〔註102〕問題的回答,即禮樂不僅是外在的玉帛鐘鼓,更有內在心性論上的和諧與節制之義。

其次,〈樂記〉論「禮樂以成德」之修養與教化,結合心性論與天道論之說,蓋「樂」乃治心,感發易直子諒之善心,以《詩》言志,以歌詠情,以舞為行,乃成「情深而文明」之德象,此象上應天地剛柔之氣化,以達神明之德。「禮」則主外在之治身,內在以節其情,外在以莊重威嚴為行,以辟邪慢之氣,是上應天地氣化之序別,以理尊卑親疏之情分。是以內以治心,外以治身,立己以成德,行己以成教,由內而外,由己而人,透過氣化之和與節,成其內外天人之合德,此乃其特色。故〈樂記〉論「禮樂成德」之說,乃承儒家重「禮樂」之文化傳統,又賦予「禮樂」以新的心性義與天道義,是以氣化理論重新詮釋的禮樂成德論。

〈樂記〉的政治理想,正是要成就「禮樂之治」,此可謂孔子「克己復禮,天下歸仁」〔註103〕理想的實踐,此乃秦漢間儒者吸收《荀子‧樂論》、《呂氏春秋》論樂諸篇,又吸收《管子》「刑德說」及鄒衍陰陽家之說,乃成其「揖讓而治天下」的禮樂之治,其吸收諸家學說的特質,正反映戰國末期的學術特色。

〈樂記〉雖博雜諸家,但有其一貫主張,即「禮樂之治」的政治理想。此「禮樂之治」的內涵,自天道氣化而言,乃聖人法「天地之和」與「天地之序」而來,乃天道之則以為人道之禮樂。自心性論而言,則「禮樂」本於天性之靜,外在以節度人情之發,內在則感人心之善,故實踐禮樂乃成就人身之德。自政治論而言,則以禮樂刑政治國,禮樂以治民之身,刑政以舉賢禁暴,使君臣父子各適其位,乃得揖讓以治天下。〈樂記〉「禮樂之治」的主

〔註101〕《禮記‧樂記》(十三經注疏5,臺北:藝文印書館,1976年),頁666。

〔註102〕《論語‧陽貨》(十三經注疏8,臺北:藝文印書館,1976年),頁156。

〔註103〕《論語‧顏淵》(十三經注疏8,臺北:藝文印書館,1976年),頁106。

張，實爲漢儒苦心之作，其遠承儒家重周文的禮樂傳統，但深知「禮樂之制」當與時俱進，否則難與當時道、法、陰陽諸家競爭，如《呂氏春秋》提出「貴公」之說，主張「天下非一人之天下也，天下之天下也。」〔註104〕《淮南子》主張「無爲而治」〔註105〕之說，皆爲一家之言，是〈樂記〉提出「揖讓而治天下」的「禮樂之治」的政治理想，蓋有其深意焉。

〔註104〕陳奇猷：《呂氏春秋校釋》（臺北：華正書局，1988 年），頁 44。
〔註105〕「人主之術，處無爲之事，而行不言之教。」劉文典：《淮南子·主術訓》（臺北：文史哲出版社，1992 年），頁 269。

第九章　〈禮運〉、〈禮器〉、〈郊特牲〉的氣化論

　　〈禮運〉者，記「禮」乃承天之道，以治人之情，以達天下國家之「大順說」；〈禮器〉者，言禮當以「時、順、體、宜、稱」爲節，而歸本於忠信，是與〈禮運〉相爲表裡，論禮之內外義；〈郊特牲〉者，雜記郊、社、冠、昏之禮，乃禮之運用於天下國家者，是爲〈禮運〉與〈禮器〉之實踐，而多以陰陽氣化釋其義。故三篇在氣化思想上有其相承性，先由天以論人，由外以論內，由理論以至實踐，可視爲一家之言，有其完整之氣化論，故合而論之。

第一節　承天之道

　　〈禮運〉、〈禮器〉、〈郊特牲〉的氣化思想可分爲三部分：「承天之道」、「治人之情」、「達之天下國家」三個層面。其云：

　　　孔子曰：「夫禮，先王以承天之道，以治人之情。故失之者死，得之者生。《詩》曰：『相鼠有體，人而無禮；人而無禮，胡不遄死？』是故夫禮，必本於天，殽於地，列於鬼神，達於喪、祭、射、御、冠、昏、朝、聘。故聖人以禮示之，故天下國家可得而正也。」
　　　〔註1〕
鄭玄注：「聖人則天之明，因地之利，取法度於鬼神，以制禮，下教令也，既

〔註1〕　《禮記‧禮運》（十三經注疏5，臺北：藝文印書館，1976年），頁414。

又祀之，盡其敬也，教民嚴上也。鬼者精魂所歸，神者引物而出，謂祖廟、山川、五祀之屬。」孫希旦云：「承天之道者，本其自然之秩序，禮之體所以立也。順人之情者，示以一定之儀則，禮之用所以行也。……法於天地鬼神者，所以承天之道，達於天下國家者，所以治人之情。」〔註2〕

此引孔子之言，可作爲〈禮運〉、〈禮器〉、〈郊特牲〉三篇之綱領。乃從氣化而言，論禮之根源本於天地，禮之對象在治人之情性，禮之目的乃在施行於國家天下。故禮乃法於天地，通於鬼神，聖人作喪、祭、射、御、冠、昏、朝、聘之儀節，以正於天下國家，以此爲綱領，可通貫於三篇之意旨。

一、論「大一」之名義

「大一」即「太一」，《楚辭·九歌》有「東皇太一」之名，王逸注：「太一，星名，天之尊神，祠在楚東，以配東帝，故云東皇。」〔註3〕又《史記·天官書》云：「中宮天極星，其一明者，太一常居也。」張守節正義云：「泰一，天帝之別名也。劉伯莊云：『泰一，天神之最尊貴者也。』」〔註4〕故「太一」之名源於楚地，本星名，爲天神之最尊者。戰國末期，「太一」之名，其義乃變。

《莊子·天下》篇論「關尹、老聃之學」曰：「以本爲精，以物爲粗，以有積爲不足，澹然獨與神明居，古之道術有在於是者。關尹、老聃聞其風而悅之，建之以常無有，主之以太一，以濡弱謙下爲表，以空虛不毀萬物爲實。」〔註5〕成玄英疏：「太者，廣大之名，一以不二爲稱，言大道曠蕩，無不制圍，括囊萬有，通而爲一，故謂之太一也。」則「太一」在關尹、老聃之學中，成爲包涵萬有，廣大無二之天道本體之名，故「太一」成爲天道本體，具哲學內涵，乃出於老、莊道家之說。

戰國晚期《呂氏春秋》云：

太一出兩儀，兩儀出陰陽，陰陽變化，一上一下，合而成章，渾渾

〔註2〕〔清〕孫希旦：《禮記集解》（臺北：文史哲出版社，1990年8月），頁585。

〔註3〕《楚辭·九歌》（臺北：大方出版社，1979年6月），頁34。

〔註4〕〔漢〕司馬遷：《史記·天官書》（臺北：藝文印書館，據武英殿影印本），頁509。

〔註5〕〔晉〕郭象注〔唐〕成玄英疏：《南華眞經注疏·天下》（北京：中華書局，1998年），頁615。

沌沌，離而復合，合而復離，是謂天常。天地車輪，終則復始，極
則復反，莫不咸當，日月星辰，或疾或徐，日月不同，以盡其行，
四時代興，或暑或寒，或短或長，或柔或剛，萬物所出，造於太一，
化於陰陽，萌芽始震，凝寒以形。〔註6〕

《呂氏春秋》云：「道也者，至精也，不可爲形，不可爲名，彊爲之謂之太一。」
〔註7〕「太」者名其極，「一」者強調其絕對性，「不可爲形」以其具無所不在
的普遍性，「不可爲名」表其不能以名言限定，它是宇宙最高的創造主體。高
誘注：「太一，道也」，「兩儀，天地也」〔註8〕，是「太一」乃天道本體，能
創生天地，具陰陽二氣，二氣相合相離乃造就日月星辰、四時寒暑，其周而
復始，萬物乃相生不息，此即天地運行之常道「天常」。

　　呂氏「太一」之義，乃吸收道家之說以爲天道本體，但又豐富其內涵，
即吸收陰陽家之說作爲天道的內容，成爲太一、天地、陰陽、四時、創生萬
物，週而復始的宇宙創生學說。故戰國末期以至於秦，「太一」的天道內涵更
豐富，宇宙創生的理論更完整。

　　《禮記・禮運》論「禮」本於「大一」，將「禮」之根源義連結於天道，
其云：

夫禮必本於大一，分而爲天地，轉而爲陰陽，變而爲四時，列而爲
鬼神。其降曰命，其官於天也。夫禮必本於天，動而之地，列而之
事，變而從時，協於分藝，其居人也曰養，其行之以貨力、辭讓：
飲、食、冠、昏、喪、祭、射、御、朝、聘。〔註9〕

鄭玄注：「大音泰」，又云：「聖人象此，下之以爲教令。大音泰。管猶法，此
聖人所以法於天也。」孔穎達正義曰：「大一者，謂天地未分，混沌之氣也。
極大曰大，未分曰一。元氣既分，輕清者爲天在上，重濁者爲地在下，制禮
者法之，以立尊卑之位也。」〔註10〕則孔氏以「大一」爲天地未分前，混沌
一氣也，既而氣化而生天地，而有尊卑之位，故聖人法天地以制禮，而有飲、
食、冠、昏、喪、祭、射、御、朝、聘之禮。

〔註6〕陳奇猷：《呂氏春秋校釋》（臺北：華正書局，1988年），頁255。
〔註7〕同註6，頁256。
〔註8〕〔漢〕高誘注，〔清〕畢沅校：《呂氏春秋》（上海：上海古籍出版社，1996
　　　年12月），頁75。
〔註9〕《禮記・禮運》（十三經注疏，臺北：藝文印書館，1976年），頁437。
〔註10〕同註9，頁438。

　　此言聖人制禮乃法天而作，天之本體曰大一，當天地未分，乃一混沌之元氣而已，既分天地，氣清者爲天，氣濁者爲地，乃有高下，聖人法之，乃立尊卑之位。此言禮之根源於「大一」，「大一」是天道本體，此乃將人文義之制禮，推其源於天道義之「大一」。

二、〈禮運〉論「禮，必本於太一」

　　將儒家論「禮」上溯於「太一」天道，又見於荀子。《荀子·禮論》云：「禮有三本：天地者，生之本；先祖者，類之本；君師者，治之本。」又曰：「凡禮，始乎棁，成乎文，終乎悅校。故至備，情文俱盡；其次，情文代勝；其下復情以歸大一也。」〔註11〕近人梁啓雄云：「《大戴禮記解詁》：『復，反也。復情以歸太一，爲反本修古不忘其初者也。』」〔註12〕荀子言「禮」本於天地、先祖、君師三者，其所重乃「禮」之「反本貴始」義，即天地乃生之始，先祖乃人之始，君師乃教化之始。此乃荀子反省「禮」衰之故，而上溯「禮」之根源義，以重振「禮」之復興。

　　故荀子雖受「太一」影響，而上溯「禮」之根源義於「太一」，但並沒有以「太一」作爲天道本體，也沒有吸收陰陽五行之說，以發展儒家的「太一」天道論。以荀子所重在人道，在禮義的教化施行。

　　漢儒吸收「太一」之說及陰陽家之說，作爲其天道論的內涵，則可見於《禮記·禮運》，其云：「夫禮必本於大一，分而爲天地，轉而爲陰陽，變而爲四時，列而爲鬼神。」〔註13〕王夫之論「大一」云：

> 天地陰陽四時鬼神皆大一之所函，函則必動，體有闔闢，而天地定矣，氣有噓吸而陰陽運矣，變通相禪四時成矣，由是而生化之機出焉，伸以肇天下之有則，神也，屈以歸固有之藏，則鬼也，莫不彙合於大一之中，以聽自然之推盪，而高卑之位，剛柔之德，生殺之序，幽明之效，皆於是而立則，禮之所本也。〔註14〕

《禮記·禮運》將「禮」之義上溯於「太一」天道，可謂承襲荀子論禮「反

〔註11〕〔清〕王先謙：《荀子集解·禮論》（北京：中華書局，1981年），頁235。

〔註12〕梁啓雄：《荀子簡釋·禮論》（臺北：木鐸出版社，1988年9月），頁256～259。

〔註13〕《禮記·禮運》（十三經注疏，臺北：藝文印書館，1976年），頁437。

〔註14〕〔明〕王夫之：《禮記章句上·禮運》（臺北：廣文書局，1967年7月），頁511。

本」之學。「太一」乃為天道之本體，內涵天地陰陽四時鬼神，天地乃太一之開闔，陰陽乃氣之噓吸消長，而生春夏秋冬之四時變換，其生化之肇機曰神，生化之消散歸藏曰鬼，是天地陰陽四時鬼神皆「太一」本體，因不同之作用變化而有天地陰陽四時鬼神種種異名。故其高下、尊卑、剛柔、生殺、幽冥之別，乃為禮制之所本。故〈禮運〉云：

> 故聖人作則，必以天地為本，以陰陽為端，以四時為柄，以日星為紀，月以為量，鬼神以為徒，五行以為質，禮義以為器，人情以為田，四靈以為畜。〔註15〕

鄭玄注：「天地以至於五行，其制作所取象也。」孔穎達正義曰：「聖人作法，必用天地為根本也。」孫希旦曰：「以天地為本者，道之大原出於天，聖人之所效法，莫非天地之道也。」〔註16〕以「太一」為最高之天道本體，故為聖人制禮作則之所法，此乃「法天地」思想。

但此「法天地」非道家「道法自然」之說，乃儒家「禮法太一」天道之意，是為漢儒嘗試吸收道家、陰陽家之說，以建立儒家新的天道論，賦予儒家禮樂新意的新說法。

三、政教之本：「法天地」新說

天道本體為「大一」，其內容為天地、日星、陰陽、四時、五行之運行，此乃戰國末期陰陽家之說，漢儒吸收其說，主聖人法天地，以為禮樂政教之則。

> 天秉陽，垂日星；地秉陰，竅於山川。播五行於四時，和而后月生也。是以三五而盈，三五而闕。五行之動，迭相竭也，五行、四時、十二月，還相為本也；五聲、六律、十二管，還相為宮也；五味、六和、十二食，還相為質也；五色、六章、十二衣，還相為質也。〔註17〕

鄭玄注：「天持陽氣，施生照臨下也，言地持陰氣，出內於山川，以舒五行於四時，此氣和，乃后月生而上配日，若臣功成進爵位也。一盈一闕，屈伸之義也。必三五者，播五行於四時也。一曰水，二曰火，三曰木，四曰金，五

〔註15〕《禮記·禮運》（十三經注疏，臺北：藝文印書館，1976年），頁432。

〔註16〕〔清〕孫希旦：《禮記集解·禮運》（臺北：文史哲出版社，1990年8月），頁612。

〔註17〕《禮記·禮運》（十三經注疏，臺北：藝文印書館，1976年），頁431。

曰土，合爲十五之成數也。」孔穎達正義曰：「五行四時者，以金、木、水、火各爲一行，土無正位，分寄四時。故云「播五行於四時」，日月行度差錯，失於次序，則月生不依其時，若五行氣和，則月依時而生也。」此乃承陰陽家之說，天秉陽氣，地持陰氣，陰陽相交，五行之德交迭，乃爲天地之時令，順之則和，逆之則失。

王夫之云：「天之用陽也，而陽不亢，於日星而垂其光輝暄和，以施於地，而作其生之德。地之用陰也，而陰不閉，因山川之竅墟，蒸爲風雨霜雷以承天之陽，而終其生之德，是天地之道，皆以其升降會合而施生者爲德也。五行，地之翕聚而成材者，四時，天之運行而起化者，五行之化氣，合離融結，彌綸於地上，而與四時之氣相爲感通，以爲生物之資，是亦天地陰陽相交之所成也。」〔註18〕是天用陽氣以成日星，地持陰氣以成風雨霜露，天地相交，陰陽合和，乃成四時之運，乃聚五行之材，陰陽五行感通乃生化萬物。

《禮記・禮運》以「太一」爲本體，以分天地，以陰陽二氣運行，以成四時、五行，以生化萬物。此宇宙論模式乃承道家與陰陽家而來，和《管子》、《呂氏春秋》、《禮記・月令》所展現的宇宙創生模式相似。但《禮記・禮運》的天道論模式，顯然較爲簡略，它無上述諸篇將天帝、方位、屋室、服色、施政等等，作鉅細靡遺的附會，只取太一、天地、陰陽、五行、四時、萬物等重要材料，此反映漢儒也不是全盤接受陰陽家之說，儒者們只取其天道觀之大意，他們要建立自己儒家特色的天道論。

> 以天地爲本，故物可舉也；以陰陽爲端，故情可睹也；以四時爲柄，
> 故事可勸也；以日星爲紀，故事可列也；月以爲量，故功有藝也；
> 鬼神以爲徒，故事有守也；五行以爲質，故事可復也；禮義以爲器，
> 故事行有考也；人情以爲田，故人以爲奧也；四靈以爲畜，故飲食
> 有由也。〔註19〕

鄭玄注：「物，天地所養生。情以陰陽通也，事以四時成，事以日與星爲候，興作有次第。藝，猶才也。十二月各有分，猶人之才各有所長也。山川守職不移。事下竟，復由上始也。考，成也，器利則事成。奧，猶主也，田無主

〔註18〕〔明〕王夫之：《禮記章句上・禮運》（臺北：廣文書局，1967 年 7 月），頁 503。
〔註19〕《禮記・禮運》（十三經注疏，臺北：藝文印書館，1976 年），頁 432。

則荒。由，用也，四靈與羞物為群。」

孔穎達正義曰：「天地生養萬物，今本天地而有政教，故萬物可舉而興也。人情與陰陽相通，今法陰陽為教，故人情無隱，所以可賭見也。生長收藏，隨時無失，故民不假督勵，而事自勸成也。日中星鳥，敬授民時，無失早晚，故民事有次第也。聖人隨人才而教，則人竭其才之所長而為功。事無失業，故有守也。周而復始，運迴無窮，故云『可復』。禮義是器之利者，故所治之事行必有成也。上人是人民，下人是聖人，聖人以為田主，則情不荒廢也。靈是眾物之長，長既為聖人所畜，則其屬並隨其長而至。」

天地以生養為德，法天地而政教以興。人情不出乎陰陽二端，故持陰陽為端則人情可賭見。以四時為序，則農事不失。以日星為次第，則諸事可列。月以為量，則各月有其分限，不相逾越。通幽明鬼神之理，則有所循以守。五行循環更迭，則事之已終者，可得而復也。以人情為田，以禮義為器，則事利而功成。四靈為群物之長，靈為聖人所畜，則群物畢至，飲食不乏矣。

此見《禮記・禮運》「法天地」之意，天地取其生養為德，以為政教之本，陰陽落實於人情兩端，四時乃敬授人時，以為農事。日月乃為記事之列，以待功成有序。五行乃為復事之質，鬼神乃通幽明之守。故聖人以天地為政教，以陰陽探人情，以四時日月記事之列，以五行為材質，以鬼神為事守，以人情為田，以禮義為器，以群物為畜，以教化萬民為意。王夫之云：「言先王本天道以治人情，故禮行政立而無不宜也。」〔註20〕此為《禮記・禮運》「法天地」之新意。

故《禮記・禮運》「太一」天道，其內容實較荀子「禮之本於天地」有進一步發展，其特色如下：一、「太一」為天道本體義，以其至極故曰「太」，以其無二故曰「一」，是為宇宙之最高本體義，此乃吸收老、莊道家之說。二、此本體包涵萬物、創生萬物，內涵天地陰陽四時鬼神之能，能動態生生不息，具生養萬物之大德，此則吸收戰國陰陽家之說。三、聖人制禮當法天道之行，天道有天地陰陽四時五行鬼神，則以天地生生為政教之本，以陰陽為人情之端，以四時日月以列事功成，以五行為事之質主，循鬼神之理行事有守，以立人道之教化。〈禮器〉云：「禮也者，合於天時，設於地財，順於

〔註20〕〔明〕王夫之：《禮記章句上・禮運》（臺北：廣文書局，1967 年 7 月），頁508。

鬼神，合於人心，理萬物者也。」〔註 21〕此乃漢儒消化道家、陰陽家之天道論，建立富儒家政教義的新天道觀。四、〈禮運〉吸收「太一」本體，以天地、陰陽、日月、四時、五行、鬼神爲新天道觀的內涵，並以此新天道觀作爲「禮」之所本，此可謂承〈樂記〉：「禮者，天地之序」的進一步具體呈現，〈樂記〉的天道主體義不明顯，〈禮運〉在天道論的內涵上顯然大大補充了「天地之序」的內涵，「禮」的天道根據越具體，則對應的人道規範便可越詳盡。

第二節　治人之情

〈禮運〉由「天地之德，陰陽之交，鬼神之會，五行之秀氣」以論人之爲貴，乃由氣化天道以論人之性情，在心性論方面主張「七情」與「十義」之說，即在喜怒哀樂之情中表現仁義禮智之德，故有「以人情爲田」之說，而主「修禮、行義、講學、禮樂」之功以成德的修養工夫。

一、〈禮運〉論「人」之新義

先秦儒家論人，多由文化義與道德義論之。如孔子云：「克己復禮爲仁。一日克己復禮，天下歸仁焉。」〔註 22〕強調在視聽言動上克己復禮，以爲成仁之君子。孟子則強調人與禽獸之別，以凸顯道德價值，故曰：「人之所以異於禽獸者幾希，庶民去之，君子存之。舜明於庶物，察於人倫；由仁義行，非行仁義也。」〔註 23〕荀子論人，則由物種之別論之，表現其重理性的特色，所謂：

> 水火有氣而無生，草木有生而無知，禽獸有知而無義，人有氣、有生、有知，亦且有義，故最爲天下貴也。力不若牛，走不若馬，而牛馬爲用，何也？曰：人能群，彼不能群也。人何以能群？曰：分。分何以能行？曰：義。故義以分則和，和則一，一則多力，多力則彊，彊則勝物；故宮室可得而居也。故序四時，裁萬物，兼利天下，無它故焉，得之分義也。〔註 24〕

〔註 21〕《禮記・禮器》（十三經注疏，臺北：藝文印書館，1976 年），頁 449。
〔註 22〕《論語・顏淵》（十三經注疏 8，臺北：藝文印書館，1976 年），頁 106。
〔註 23〕《孟子・離婁下》（十三經注疏 8，臺北：藝文印書館，1976 年），頁 145。
〔註 24〕〔清〕王先謙：《荀子集解・王制》（北京：中華書局，1981 年），頁 164。

荀子將物種區分爲：有氣之水火、有生之草木、有知之禽獸及人，人具水火之氣、能生、有知覺、能知義理，故人之所以貴，具材質義與價值義兼備，尤其在知義分而能合群，故合眾人之力而爲強。故荀子對人的肯定，強調人能明義理、知義分、能合群、理職分。是荀子雖由理性區分人與物類之別，但其所重仍在義理，惟人能知義理，故最爲貴。

〈禮運〉論人，由人之根源義始，論人之形質神發之所由來，其說可謂承先秦儒家重仁義價值之傳統，又吸收陰陽氣化之說，重形質感官之能，而成其論人之特色。

故人者，其天地之德，陰陽之交，鬼神之會，五行之秀氣也。〔註25〕
鄭玄注：「言人兼此，氣性純也。」鄭氏由「氣」與「性」論之，以人得氣、性之純者釋之，但「氣」與「性」究指何物？卻無詳論。

孔穎達正義云：「天以覆爲德，地以載爲德，人感覆載而生，是天地之德也。陰陽之交者，陰陽則天地也，據其氣謂之陰陽，據其形謂之天地，獨陽不生，獨陰不成，二氣相交乃生。五行之秀氣者，秀謂秀異，言人感五行秀異之氣，故有仁義禮知信，是五行之秀氣也。故人者天地之德，陰陽之交，是其氣也；鬼神之會，五行之秀，是其性也。故注云兼此氣性純也。」〔註26〕
孔氏承鄭氏以氣、性爲義，但解釋較詳，天地以覆載生養萬物爲德，陰陽二氣相交乃生人之形，賦五行之秀氣乃知仁義禮智信。故天地之德、陰陽之交，乃生人之氣形；鬼神之會、五行之秀氣乃賦人之情性。故人者具血氣之形體，能知仁義禮知信之德義，乃得氣、性之純者，此論人之形氣義與價值義。

故人者，天地之心也，五行之端也，食味、別聲、被色而生者也。

〔註27〕
鄭玄注：「此言兼氣性之效也。」孔穎達正義曰：「天地高遠在上，臨下四方，人居其中央，動靜應天地，如人腹內有心，動靜應人也。故云『天地之心也』。王肅云：『人於天地之間，如五臟之有心矣，人乃生之最靈，其心，五臟之最聖也。』」端，猶首也。萬物悉由五行以生，人最得其妙氣，明仁義禮智信爲五行之首也。五行各有味，人則並食之。別聲者，五行各有聲，人則含之皆有分別也。被五色者，五行各有色，人則被之以生也，被色謂人含

〔註25〕 《禮記‧禮運》（十三經注疏，臺北：藝文印書館，1976 年），頁 431。
〔註26〕 《禮記‧禮運》（十三經注疏5，臺北：藝文印書館，1976 年），頁 432。
〔註27〕 同註 26，頁 434。

－229－

帶五色而生者也，五行有此三種最爲彰著，而人皆稟之以生，故爲五行之端者也。」孔氏人之性能明仁義禮智信，是爲生之最靈，人之形氣稟受五行之味、聲、色諸質，是以具食味別聲被色感官之能，亦他物所不能備，故爲天地之心。

孫希旦云：「天地之心，謂天地所主宰以生物者也，即上文『天地之德』也。人物各得天地之心以生，而惟人之知覺稟其全，故天地之心獨於人具之，而物不得與焉。端，緒也。五行之性不可見，自人稟之，以爲仁義禮知信，然後其端緒可見也。五味、六和，物不能備也，而人則盡食之；五聲六律，物不能辨也，而人則能別之；五色六章，物不能全也，而人則兼備之。天地之心，五行之端，溯其有生之初，而言其稟義理之全。食味別聲被色而生，據其既生之後，而言其得形氣之正也。不言陰陽鬼神者，五行一陰陽也，而陰陽之良能即鬼神也，言五行則陰陽，鬼神在其中矣。」〔註28〕孫氏之說，乃續上文「人者，其天地之德，陰陽之交，鬼神之會，五行之秀氣也」而論，以「天地之心」即「天地之德」，天地以生養萬物爲德，故人物皆稟天地之心而生，而惟人得其知覺之全，能食味、別聲、被色，故言惟人得形氣之正；又惟人得知仁義禮知信之理，故人亦稟義理之全，此乃論人之形氣義與性理義。

因此〈禮運〉論人，乃由氣性義入手，論人之根源於天地之德，人之形質感官來自陰陽、五行之氣化，惟人之感官知覺，最得形氣之正，能食味別聲被色；人之性靈則得自五行之秀氣，能知仁義禮知信之理，故稟義理之全。是以人源於天，有形氣之質，具感官之能，稟心知之靈以知性理，此爲人之全體。

故《禮記‧禮運》之論人，強調天道之根源，陰陽之成形，稟五行之秀氣等，顯然是受到陰陽家之說的影響，它補強先秦儒家論人之根源義不足之處。此外，其亦較先秦儒家更重視人本身材質義部分，即人感官之能與情欲之好惡，可謂受荀子學說的影響，但〈禮運〉之論人，仍不違儒家之傳統，即強調道德性乃人之所以爲人之可貴之處。

二、「七情」與「十義」

以喜怒哀樂爲人情之說，遠可溯及《左傳》昭公二十五年：

〔註28〕〔清〕孫希旦：《禮記集解‧禮運》（臺北：蘭臺書局，1973 年），頁 612。

> 民有好惡、喜怒、哀樂，生于六氣，是故審則宜類，以制六志。哀
> 有哭泣，樂有歌舞，喜有施舍，怒有戰鬥；喜生於好，怒生於惡。
> 是故審行信令，禍福賞罰，以制死生。生，好物也；死，惡物也。
> 好物，樂也；惡物，哀也。哀樂不失，乃能協于天地之性，是以長
> 久。〔註29〕

「民有好惡、喜怒、哀樂，生于六氣」，杜預注：「此六者，皆稟陰陽、風雨、晦明之氣。」此由天之陰陽、風雨、晦明六氣，生人之好惡、喜怒、哀樂六情，是由天之六氣以論人之六情，此時陰陽尚未脫離風雨、晦明爲二氣，只爲六氣之一，可謂原始之氣化說，亦可謂早期由氣化以論人性之說。

《左傳》言民有六情，荀子亦云天生六情，但其說又不同：

> 天職既立，天功既成，形具而神生。好惡、喜怒、哀樂臧焉，夫是
> 之謂天情；耳、目、鼻、口、形，能各有接而不相能也，夫是之謂
> 天官；心居中虛，以治五官，夫是之謂天君……聖人清其天君，正
> 其天官，備其天養，順其天政，養其天情，以全其天功。如是，則
> 知其所爲，知其所不爲矣，則天地官而萬物役矣。其行曲治，其養
> 曲適，其生不傷，夫是之謂知天。〔註30〕

荀子論天曰：「列星隨旋，日月遞炤，四時代御，陰陽大化，風雨博施，萬物各得其和以生，各得其養以成，不見其事，而見其功，夫是之謂神。皆知其所以成，莫知其無形，夫是之謂天功。」〔註31〕此乃氣化之天道觀，是荀子亦受陰陽氣化之說影響，只是荀子雖然承認天道氣化之運行，但存而不論，故曰「唯聖人爲不求知天」。〔註32〕

荀子以人之心、性、情乃得自於天，故以「好惡、喜怒、哀樂」爲「天情」，「耳、目、鼻、口、形」之感官爲「天官」，心爲天情、天官之主宰，謂之「天君」。荀子認同人之心性情得之於天，但不深究其是否得之於六氣或陰陽？因爲既是天情、天官、天君，表示乃天之所賦，無法改變，只能面對事實，深究也無意義，重要的是人稟此心、性、情要如何條理、安頓？故荀子對此天道氣化生成人之性情的部分，略而不論。他重視的是現實人生之後，心、性、情的條理。故云：

〔註29〕《左傳》（十三經注疏，臺北：藝文印書館，1976年），頁891。
〔註30〕〔清〕王先謙：《荀子集解·天論》（北京：中華書局，1981年），頁309。
〔註31〕同註30，頁308。
〔註32〕同註30，頁309。

> 從人之性，順人之情，必出於爭奪，合於犯分亂理，而歸於暴。故
> 必將有師法之化，禮義之道，然後出於辭讓，合於文理，而歸於治。
> 用此觀之，然則人之性惡明矣，其善者偽也。〔註33〕

荀子以天生人情無法改變，但放縱人之性情，必流於爭奪暴亂，此乃亂世紛爭之源，故必待後天聖人「師法之化，禮義之道」，人與人乃得辭讓而循禮而行，人世乃治，此荀子禮義之道之所以存在的重要理據。

《禮記・禮運》論「人情」有「七情」與「十義」之說。「七情」為喜怒哀懼愛惡欲，「十義」為父慈、子孝、兄良、弟弟、夫義、婦聽、長惠、幼順、君仁、臣忠。是「七情」為天生人情，「十義」為後天教化，但二者非截然二分，〈禮運〉由氣化成形以論七情之生，由氣化之理以論十義之制，是二者皆本氣化而來。

> 何謂人情？喜怒哀懼愛惡欲七者，弗學而能。何謂人義？父慈、子
> 孝、兄良、弟弟、夫義、婦聽、長惠、幼順、君仁、臣忠十者，謂
> 之人義。講信修睦，謂之人利。爭奪相殺，謂之人患。故聖人所以
> 治人七情，修十義，講信修睦，尚辭讓，去爭奪，舍禮何以治之？
> 飲食男女，人之大欲存焉；死亡貧苦，人之大惡存焉。故欲惡者，
> 心之大端也。人藏其心，不可測度也；美惡皆在其心，不見其色也，
> 欲一以窮之，舍禮何以哉？〔註34〕

鄭玄注：「言人情之難知，明禮之重。」孔穎達正義：「言人君欲誠懇專一，窮盡人美惡之情，若舍去其禮，更將何事以知之哉？有事於中心，貌必見於外，若七情美善，十義流行，則舉動無不合禮。若七情違辟，十義虧損，則動作皆失其法，故云：『舍禮何以哉』。」

孔氏此言天生人情，具喜怒之七情，乃不學而能者，如飲食男女，人之大欲；死亡貧苦，人之大惡，人若窮其美惡之欲，則不免於爭奪相殺。故聖人修十義，使講信修睦，尚辭讓，去爭奪，以禮而治之。

孫希旦云：「情者，心之所發；心者，情之所具。情雖有七，而喜也、愛也，皆欲之別也；怒也，哀也，懼也，皆惡之別也。故情七而欲惡可以該之，故曰：『欲惡者，心之大端也』。人心之欲惡不可見，而惟禮可以窮之。蓋見其所為之合禮，則知其情之美矣；見其所為之悖禮，則知其情之

〔註33〕〔清〕王先謙：《荀子集解・性惡》（北京：中華書局，1981 年），頁 434。
〔註34〕《禮記・禮運》（十三經注疏 5，臺北：藝文印書館，1976 年），頁 431。

惡矣。窮之而後能治之，情治則人義無不脩，信睦之風敦，而爭奪之患息矣。」〔註35〕

孫氏析分心爲情發之主，情爲心之內容，七情可歸爲欲、惡之別，欲惡二端皆藏於心，人之心情隱而不見，故待十義以節，使各得其情分，此即爲「禮」。故合禮之情則美，否則爲惡，如此則爭奪之患不生。

〈禮運〉言人之氣性由「天地之德，陰陽之交」契入，論人情則曰：「喜怒哀懼愛惡欲七者，弗學而能」，又云：「以陰陽爲端，故情可睹也」，是論人情，亦由陰陽氣化以論天生七情，可謂承《左傳》之說，但不言「六氣」，而言「陰陽之交」，顯是受到陰陽家之說的影響。

至於論「七情」與「十義」，則受到荀子之說的影響，其云：「講信修睦，謂之人利。爭奪相殺，謂之人患。」乃承荀子「性惡」之論，而荀子言先天性情待聖人「師法之化，禮義之道」，〈禮運〉則具體明確以「父慈、子孝、兄良、弟弟、夫義、婦聽、長惠、幼順、君仁、臣忠」之「十義」申說其義，擴展至於父子、兄弟、夫妻、群我、君臣之道，可謂荀子「禮義之道」說的發展。

故〈禮運〉論天生人情，乃就人喜怒哀樂、耳目感官論，乃承荀學論人性之發展。但荀子以好惡喜怒哀樂爲天情，卻切割了天與人，強調人道的「禮義之道」。〈禮運〉則重新以陰陽氣化之說連結天人之間，以人情來自天地陰陽之交，以人情之根源本於天道，使天人關係重新有連結。其次，〈禮運〉亦承荀子之說，以人情不得放縱而行，須待人文之禮義以導正，故倡「十義」，是所重仍在儒家禮義之道，可謂荀子「禮義之道」的發展。

三、以人情爲田

人之七情得自陰陽氣化，放縱則爭奪相殺以爭，是待聖人以禮義之道治之。故〈禮運〉視人情猶田，田本身無關善惡，種善種則收善果，反之，則得惡果。故人情爲田，關鍵在如何治之？

> 故聖王修義之柄、禮之序，以治人情。故人情者，聖王之田也。修禮以耕之，陳義以種之，講學以耨之，本仁以聚之，播樂以安之。〔註36〕

〔註35〕〔清〕孫希旦：《禮記集解・禮運》（臺北：蘭臺書局，1973 年），頁 608。
〔註36〕《禮記・禮運》（十三經注疏 5，臺北：藝文印書館，1976 年），頁 439。

鄭玄注：「治者，去瑕穢，養菁華。合其剛柔，樹以善道，存是去非類也，感動使之堅固。」鄭氏以人情須有所去、有所養，去其「瑕穢」者，去其爭奪相殺之惡；養其「菁華」者，養其辭讓修睦之善。故「禮」者調和其剛柔之性，「義」者以善道爲立身之方，「學」者辨明事之是非，「仁」者爲善積德之聚，「樂」者堅定歡喜之心。

孔穎達正義曰：「聖人以禮耕人情，正其上下。耕田以善種種之，聖王以善道教之，農夫勤力耘耡，去草養苗則善，聖人以善道教民，又講說學習以勸課之，存是去非則善也。農夫既勤耘耨，苗稼成孰，本此仁愛之心，聚集所收，勿令浪費。聖王勸課行善，本此仁恩，聚集善道，使不廢棄也。播，布也，收穫既畢，布其歡樂之心，以安美之。聖王既勸民善道，又說樂感動，使其勤行善道，保寧堅固也。」孔氏承鄭氏之說，但主論聖人以禮耕人情，勸善施仁，教化安民之德惠。

孫希旦云：「人情不治則荒穢，脩禮以治人情，猶農夫用耒耜以耕，所以墾闢荒穢也。然爲禮而不合乎義，則無以各適乎事之宜，故必陳之以義，然後大小多寡各適其宜，猶耕者之因地宜而播種也。然非明乎其理，則於義之是非或不能辨，故必講之以學。以去其非而存其是，猶耕者之耨，所以去稂莠而長嘉禾也。然非去人欲，存天理，則其所講者終非己有。故必本之於仁，然後德存於心而實有諸己，猶耕者之穫而聚之於家也。然非有以進之於安，則其所本者未必不終失之，故必播之以樂，歌詠以永其趣，舞蹈以暢其機，然後所存者洽，而可以不失。猶耕者之既穫而食，免於勤苦，而得其安美也。」〔註37〕

孫氏以「禮」爲人情之墾闢荒穢，以「義」爲事之宜，以「學」乃得存天理、去人欲，以「仁」乃得存於心而實有諸德，以「樂」乃得心洽而無失。故先王脩禮義以治人情，陳義講學，爲善歸仁，播樂以安民，故人情乃得治，建立起後天人文禮樂之道。

〈禮運〉由天道氣化以論人，由陰陽之交以論人情，由治人情以論禮義之道。故「禮」乃在調理氣化之人情，使喜怒哀樂好惡之情，發爲合宜的外在行爲。「義」則爲判斷行爲如何合宜的內在標準，「學」則是外在的啓發與對事物的辨別，「仁」則是內在的領悟與外在的實踐，始爲成德。「樂」則是成德後，歡喜安美之情。故〈禮運〉是由天生人情處，以論「禮」、「義」、「學」、

〔註37〕〔清〕孫希旦：《禮記集解・禮運》（臺北：蘭臺書局，1973年），頁618。

「仁」、「樂」之道德價值。

> 故禮也者，義之實也。協諸義而協，則禮雖先王未之有，可以義起
> 也。義者藝之分、仁之節也，協於藝，講於仁，得之者強。仁者，
> 義之本也，順之體也，得之者尊。〔註38〕

陳澔云：「禮者，義之定制；義者，禮之權度。」「藝以事言，仁以心言。事之處於外者，以義爲分限之宜；心之發於內者，以義爲品節之度。協於藝者，合於事理之宜也。講於仁者，商度其愛心之親疏厚薄，而協合乎行事大小輕重之宜，一以義爲之裁制焉。」「仁者，本心之全德，故爲義之本，是乃百順之體質也。」〔註39〕

陳氏析分：「禮」、「義」、「仁」三者之關係，禮者爲外在之定制，先王制禮非強制之規範，其背後依據在「義」。義者事物之品節判斷，使事物合宜其分限。「義」爲事物各別之理，「義」的依據則爲心之親疏厚薄，此則爲「仁」，故「仁」乃心之全體之大本。故由仁心之親疏厚薄，以應事物進退取捨之義理，循義理發而爲禮儀之節，始爲成德之君子。王夫之云：

> 反復推原，聖王修德以行禮之本，而極之於仁。蓋仁者，大一之
> 緼，天地陰陽之和，人情大順之則，而爲禮之所自運，此一篇之樞
> 要也。〔註40〕

王氏此論禮之大本於「仁」，仁得自於「大一」天道之德，乃承天地陰陽之交，是爲人情之則，禮行所運之據。此乃由氣化以論仁禮之道，仁本於「大一」，乃承天地之德，稟陰陽之形氣而生，內在人情之中，爲人情之則，亦爲聖人制禮之據，故曰「人者，天地之心也」〔註41〕。故聖人感天地之氣化，以仁爲心，以樂安情，以義爲斷，學以爲善去惡，然後制禮以爲行，乃後天人文禮樂之道，實則乃承先天「大一」氣化之道而來，故天與人實爲一體，在氣化中一體無間。

〈禮運〉在心性論方面，以「陰陽之交，五行之秀氣」論人之形性，形性中有喜怒哀樂之情，可表現仁義禮智之性，禮樂之道雖爲聖人所制作，卻亦爲人情之本有，可以說〈禮運〉所論心性內涵，雖受荀子思想較深，卻不否定人情中本有之善性，可謂是融合荀子「性惡」、「勸學」、孟子「性善」說

〔註38〕 《禮記・禮運》（十三經注疏5，臺北：藝文印書館，1976年），頁439。
〔註39〕 〔元〕陳澔：《禮記集說》（臺北：世界書局，1967年），頁130。
〔註40〕 〔明〕王夫之：《禮記章句上・禮運》（臺北：廣文書局，1967年），頁515。
〔註41〕 《禮記・禮運》（十三經注疏5，臺北：藝文印書館，1976年），頁434。

的特色，即〈禮運〉所謂「美惡皆在其心」〔註42〕，使儒家心性論的發展有新意，乃由先秦孟子之「性善」，荀子之「性惡」，推而爲「情性說」，即在喜怒哀樂之情中論仁義禮智信之性。

此亦漢儒之通說，董仲舒云：「天地之所生，謂之性情。性情相與爲一瞑。情亦性也。謂性已善，奈其情何？故聖人莫謂性善，累其名也。身之有性情也，若天之有陰陽也。言人之質而無其情，猶言天之陽而無其陰也。」〔註43〕王充亦云：「人性有善有惡，猶人才有高有下也。」〔註44〕此皆由天道以論心性，由天生性情以論善惡，而重後天教化之功，可反映〈禮運〉此說的特色。

四、禮義也者，人之大端

此論人道之規範爲「禮」，「禮」本於天道而爲人道之大端，聖人制「禮」循「時、順、體、宜、稱」之原則，以成其「冠、昏、喪、祭、射、御、朝、聘」之禮，故「禮」由天道之序別制爲人道之禮儀三千，蓋有其一貫之意焉。

（一）禮者，達天道，順人情

孔子論「禮」，云：「殷因於夏禮，所損益可知也；周因於殷禮，所損益，可知也；其或繼周者，雖百世可知也。」〔註45〕此從文化義上論禮之傳承。荀子曰：「禮起於何也？曰：人生而有欲，欲而不得，則不能無求。求而無度量分界，則不能不爭；爭則亂，亂則窮。先王惡其亂也，故制禮義以分之，以養人之欲，給人之求。」〔註46〕是從人性與社會規範義論「禮」之所起。《禮記‧禮運》則從天道氣化論「禮」之義，其云：

> 夫禮，必本於大一，分而爲天地，轉而爲陰陽，變而爲四時，列而爲鬼神。其降曰命，其官於天也。夫禮必本於天，動而之地，列而之事，變而從時，協於分藝，其居人也曰養，其行之以貨力、辭讓：飲、食、冠昏、喪、祭、射、御、朝、聘。〔註47〕

〔註42〕《禮記‧禮運》（十三經注疏5，臺北：藝文印書館，1976年），頁431。
〔註43〕朱永嘉、王知常注釋：《新譯春秋繁露》（臺北：三民，2007年），頁804。
〔註44〕楊寶中：《論衡校箋上》（大陸：河北教育出版社，1999年），頁101。
〔註45〕《論語‧爲政》（十三經注疏8，臺北：藝文印書館，1976年），頁19。
〔註46〕〔清〕王先謙：《荀子集解‧禮論》（北京：中華書局，1981年），頁346。
〔註47〕《禮記‧禮運》（十三經注疏5，臺北：藝文印書館，1976年），頁438。

孔穎達正義：「元氣既分，輕清者爲天在上，重濁者爲地在下，制禮者法之，以立尊卑之位。天地既分，天之氣運轉爲陽，地之氣運轉爲陰。制禮者貴左以象陽，貴右以法陰，又因陽時而行賞，因陰時而刑罰。陽氣則變爲春夏，陰氣則變爲秋冬。吉禮則有四面之坐，凶時有恩禮節權，是法四時也。鬼神，謂生成萬物，四時變化，生成萬物，皆是鬼神之功。聖人制禮，則陳列鬼神之功以爲教也。」

此由氣化天道以論禮制之成，「大一」乃天道主體之名，其內容爲天地陰陽四時鬼神。聖人制禮乃法天道，故本於天地以立尊卑之位，貴左右以法陰陽之別，順四時以列吉凶之位。故禮義之道乃人之回應天道之法，故因天地、陰陽、鬼神之異，而制飲、食、冠、昏、喪、祭、射、御、朝、聘之禮。故禮者，乃順天道，治人情，落實在日用常行中的實踐規範。

此乃〈禮運〉吸收天道氣化陰陽之說，再重新詮釋「禮」的新說，「禮」不僅是先王之美，更推其源於「大一」，爲天道之最高主體，使「禮」與天道有了聯繫。「大一」天道的內容爲天地、陰陽、四時、五行、鬼神，亦分別落實於「禮」之中，而賦予飲、食、冠、昏、喪、祭、射、御、朝、聘之禮以新意。是故「禮」乃成其「達天道、順人情」的目標。

> 故禮義也者，人之大端也，所以講信修睦而固人之肌膚之會、筋骸之束也。所以養生送死事鬼神之大端也。所以達天道順人情之大竇也。〔註48〕

孫希旦曰：「道出於天，先王制禮以達之，而秩敍經曲自此而行，情具於人，先王制禮以順之，而喜怒哀樂由此而和。竇，孔穴也。孔穴物之所出入，禮亦天道人情之所由以出入也。」〔註49〕孫氏言先王制禮乃承天道，以治人情。天生人情，先王制禮亦順天道而行，故禮亦出自於天，以和人情之喜怒哀樂，是天、禮、人情，三者本一體無間，故「禮」實是連結天道與人情之重要關鍵。

〈禮運〉論「禮」從氣化義論「禮」之起源，以禮本於「大一」，聖人法天地、陰陽、五行、四時，以爲飲食、冠昏、喪祭、射御、朝覲之禮，此乃承先秦儒家論「禮」，自孔子、荀子以來，在文化義、人性論、社會規範義之外，另闢一賦予「禮」的氣化意義之說，即「禮」本於天道，而爲人道之大

〔註48〕《禮記・禮運》（十三經注疏5，臺北：藝文印書館，1976年），頁439。
〔註49〕〔清〕孫希旦：《禮記集解・禮運》（臺北：蘭臺書局，1973年），頁617。

端，由天地陰陽五行而制飲、食、冠、昏、喪、祭、射、御、朝、覲之禮。

（二）禮者，時、順、體、宜、稱

「禮」源於天道氣化之序，落實於人道之飲食、冠昏、喪祭、射御、朝覲之禮，其制作原則爲時、順、體、宜、稱，其爲「禮」具體成形所考慮的因素。

> 禮也者，合於天時，設於地財，順於鬼神，合於人心，理萬物者也。
> 是故天時有生也，地理有宜也，人官有能也，物曲有利也。故天不生，地不養，君子不以爲禮，鬼神弗饗也。〔註50〕

孔穎達正義曰：「合天時者，依於四時，及豐儉隨時也。設地財者，所設用物各是其土地之物也。順鬼神者，鬼神助天地爲化，祀之必順，不濫逆也。合人心者，《書》云：『謀及卿士，謀及庶人，謀及卜筮』，是也。若能事事如上，則行葦得所，豚魚戴賴，是萬物各得其理也。」此言禮者，當順天時、地利、鬼神、人心，使萬物各得其所，是禮義之道當順天地氣化之道而制。

孫希旦引方慤曰：「以陽生於子，故祀天於多之日至；以陰生於午，故祭地於夏之日至。以飲養陽氣，故饗禘於春；以食養陰氣，故食嘗於秋。此禮所以合於天時者也。黍稷之馨，足以爲簠簋之實；水土之品，足以爲籩豆之薦。貨無常，以示遠物之致；幣無方，以別土地之宜。此禮所以設於地財者也。以天之高，故燔柴於壇，以地之深，故瘞埋於坎。以魂氣歸於天，故（火芮）蕭以求陽；以形魄歸於地，故祼鬯以求陰，此禮所以順於鬼神者也。以人莫不有男女之別，故制爲夫婦之禮，莫不有君臣之分，故制爲朝覲之禮，莫不有追遠之心，故制爲喪祭之禮，莫不有合歡之情，故制爲宴饗之禮，此禮所以合於人心者也。」〔註51〕

此論「禮」之合於天時、地利、鬼神、人心、萬物之理，祀天祭地乃合於天時，黍稷水土之物乃視其地宜，（火芮）蕭祼鬯乃順於鬼神，此乃以天道氣化之別，以論諸禮之意。至於夫婦、朝覲、喪祭之禮，則順於人心。此論聖人之制禮，乃本於天道氣化之別，落而爲人道，乃順於人心以爲朝覲、喪祭之節，是制禮之義涵攝天地四時之祭、人道之心與萬物之理者，是聖人制禮之意從文化義、社會義，擴大涵蓋天地人物之道，當合於天地四時之道，合於人心之情，又要順萬物之理，是爲漢儒制「禮」原則之大方向。

〔註50〕《禮記·禮器》（十三經注疏5，臺北：藝文印書館，1976年），頁449。
〔註51〕〔清〕孫希旦：《禮記集解·禮器》（臺北：蘭臺書局，1973年），頁626。

禮，時爲大，順次之，體次之，宜次之，稱次之。堯授舜，舜授禹；
湯放桀，武王伐紂，時也。《詩》云：「匪革其猶，聿追來孝。」天
地之祭，宗廟之事，父子之道，君臣之義，倫也。社稷山川之事，
鬼神之祭，體也。喪祭之用，賓客之交，義也。羔豚而祭，百官皆
足；大牢而祭，不必有餘，此之謂稱也。諸侯以龜爲寶，以圭爲瑞。
家不寶龜，不藏圭，不臺門，言有稱也。〔註52〕

鄭玄注：「言聖人制禮所先後也。」即以時爲大，即以天地氣化之流行爲大，
人倫之次爲順，山川社稷之別爲體，辨喪祭賓客之義爲宜，物之足用爲稱，
此言聖人制禮之所慮。

王夫之云：「禮，謂制禮之道。時，乘天之時也。順，因天之經也。體，
以心體而知之也。宜，緣情事之必然而起義也。稱，量其所可爲與其所得爲
也。」〔註53〕

此詳論「禮」之「時、順、體、宜、稱」，蓋天道氣化之運爲「時」，天
地、宗廟、父子、君臣之序爲「順」，社稷山川鬼神之別爲「體」，喪祭賓客
之宜爲「義」，各適其所用爲足是爲「稱」。故禮無定則以時變爲通，順天地
人物之序，理君臣父子之倫，便山川社稷鬼神之體別，稱山產水品之足用，
是爲制禮之道。故禮有以多爲貴、以少爲貴、以大爲貴、以小爲貴，以高爲
貴、以下爲貴、以文爲貴、以素爲貴，是禮之祭不在物之多少大小高下之別，
而貴乎其稱情。

是故昔先王之制禮也，因其財物而致其義焉爾。故作大事必順天時，
爲朝夕必放於日月，爲高必因丘陵，爲下必因川澤。是故天時雨澤，
君子達亹亹焉。〔註54〕

鄭玄注：「大事，祭祀也。冬至祭天於圜丘之上，夏至祭地於方澤之中。亹亹，
勉勉也。君子愛物，見天雨澤，皆勉勉勸樂。」言祭祀之禮制，乃因地利之
宜，君子感天地之澤物，而亹亹修德以應天。

王夫之云：「天以其時而雨澤，則百昌皆榮，是天施之無倦，即天理之流
行也。《易》曰：『雲行雨施，品物流行，乾道變化，各正性命』，無二理也，
君子達於化機之不已，而知物之表裡精粗，皆載天之義。」〔註55〕言天地生

〔註52〕《禮記‧禮器》（十三經注疏5，臺北：藝文印書館，1976年），頁450。
〔註53〕〔明〕王夫之：《禮記章句上‧禮器》（臺北：廣文書局，1967年），頁525。
〔註54〕《禮記‧禮器》（十三經注疏5，臺北：藝文印書館，1976年），頁469。
〔註55〕同註53，頁546。

理無不流行普施，君子感天地之化，而知物之表裡精粗，以感覆載之德。

孫希旦云：「此申前『合於天時』一節之義也。財物，猶才性也，即天時之所生，地理之所宜，人官之所能，物曲之所利也。財物各有所宜，故先王之制禮，因之而致其宜焉。」〔註 56〕言先王制禮之道，乃因天時、地宜、人之能、物之利，而致其禮宜。

此言天道氣化之運行有其序，聖人制禮必順天道而行，故祭祀必順四時之化，造物必順地理之宜，制禮必順人倫之義、財物之等，因時制宜而致之。故人道之禮必順天道之行而制，天地之化物不已，乃天地之大德，君子感天地之德，亦必亹亹勉德。故聖人制禮，節文乃表天地之盛美，其內在之深意，乃彰天地之德，以勉人為成德之君子。

> 古之聖人，內之為尊，外之為樂，少之為貴，多之為美。是故先王
> 之制禮也，不可多也，不可寡也，唯其稱也。〔註 57〕

孔穎達正義曰：「內極敬慎，而其理可尊；外極繁富，而其事可樂。極心於內，故多以少為貴；極心於外，故外以多為美。」

朱彬引方性夫云：「內外以心言，多少以物言。或高或大或文，亦外心也。或下或小或素，亦內心也。稱其內心，則以少為貴，故不可多。稱其外心，則以多為美，故不可寡。」〔註 58〕

孫希旦云：「大禮必簡，故內心可尊，而物少之為貴；稱情立文，故外心可樂，而物多之為美。宜寡而多，則失其所為貴，宜多而寡，則失其所為美，是以行禮唯其稱也。」〔註 59〕

此論「禮」之稱，以少為貴者以其德尊，故曰「德產之致也精微，觀天下之物無可以稱其德者，是故君子慎其獨。」〔註 60〕鄭玄注：「萬物皆天所生，孰可奉薦以稱也。」孔穎達正義：「王云：『欲徧取萬物以祭天，終不能稱其德、報其功，故以特犧，貴誠慤之義也。』」此言天地生物之德，天下之物無以稱之，唯貴內心之誠慤，乃得報其功。以人之德乃得稱天地之德，故「君子慎其獨」，乃以內心之誠德為重，此亦先秦儒家論「禮」重忠信的傳統，惟此乃將人之德與天地之德相應而論，是又禮本於忠信說的推展。

〔註 56〕〔清〕孫希旦：《禮記集解・禮器》（臺北：蘭臺書局，1973 年），頁 659。
〔註 57〕《禮記・禮器》（十三經注疏 5，臺北：藝文印書館，1976 年），頁 456。
〔註 58〕〔清〕朱彬：《禮記訓纂・禮器》（北京：中華書局，1996 年），頁 367。
〔註 59〕〔清〕孫希旦：《禮記集解・禮器》（臺北：蘭臺書局，1973 年），頁 645。
〔註 60〕同註 57，頁 456。

以多為貴者，則以發用表現為意，故曰「德發揚，詡萬物，大理物博。如此，則得不以多為貴乎？故君子樂其發也。」〔註61〕孫希旦曰：「天地與聖人之德，發揚昭著，徧於萬物，其理至大，其事甚博，非備物不足以稱之。故君子之於禮樂，其發見於外，而極夫儀文之盛，凡以求稱乎德之盛大而已。」〔註62〕言禮以多為貴者，乃彰天地生物之德，蓋天地之德至大至博，徧於萬物，非多無以稱之，落實人身，則聖人內心之誠德，非儀文不足以發揚昭著，以見德之盛美。

以上論禮之多少高下，其所相應之稱，在天道方面，「禮」上應天地之德，天地氣化之道，推其至，則極精微；推其廣，則極廣大；「禮」在人身，推其深乃言內在之德，故君子慎獨以成德；「禮」推其外，則儀文發揚於外，表現為禮儀節文，以稱乎德之盛美。

「時、順、體、宜、稱」乃論聖人制「禮」之五大原則，此五大原則包括順天道之常、地利之宜、人心之節、物之形宜及禮之稱德，此制禮之原則已超越先秦儒者之論制禮，而有新的特色。蓋孔子由三代之因革損益而言禮之制，荀子由人情之治、社會之規範以論制禮，〈禮器〉論「禮」曰「時、順、體、宜、稱」，包括天道之氣化之時令，地產之宜，人心之節，品物之殊異，以及諸禮相稱之德，此乃由天、地、人之整體之宜以論「禮」之制作，實已超越先秦諸儒之論「制禮」，而有其時代特色。

（三）由氣化論「郊」、「社」、「昏」、「祭」之禮意

「時、順、體、宜、稱」的具體落實，即為「郊、社、昏、祭」之制禮，可以發現〈郊特牲〉論「郊、社、昏、祭」之禮，幾全由氣化義以論其禮意，是見此三篇有其一貫之意。

1.「郊」、「社」之禮

《詩經・大雅》云：「維此文王，小心翼翼。昭事上帝，聿懷多福。」〔註63〕孔子亦云：「魯之郊禘，非禮也，周公其衰矣！杞之郊也禹也，宋之郊也契也，是天子之事守也。故天子祭天地，諸侯祭社稷。」〔註64〕知「郊」、「社」之禮乃上古天子祭天地之禮。〈郊特牲〉承其禮意，而以氣化之義釋之。

〔註61〕《禮記・禮器》（十三經注疏5，臺北：藝文印書館，1976年），頁456。
〔註62〕〔清〕孫希旦：《禮記集解・禮器》（臺北：蘭臺書局，1973年），頁644。
〔註63〕《詩經・大雅》（十三經注疏2，臺北：藝文印書館，1976年），頁541。
〔註64〕《禮記・禮運》（十三經注疏5，臺北：藝文印書館，1976年），頁420。

萬物本乎天，人本乎祖，此所以配上帝也。郊之祭，大報本反始
也。〔註65〕

孔穎達正義曰：「此釋所以郊祭天之義。天爲物本，祖爲王本。反始者，反其
初始。以財言之，謂物爲本；以終言之，謂初爲始。謝其恩謂之報，歸其初
謂之反，大義同也。」

王夫之云：「合萬物而言之，則天爲本。自一人而言之，則祖爲本。故張
子曰『乾稱父，坤稱母』，言乾坤者，人物之父母；而父母者，人之乾坤也。
蓋一本萬殊之理，於斯著矣。」〔註66〕

《公羊傳》僖公三十一年云：「天子祭天，諸侯祭土」〔註67〕，「郊」者，
天子祭天之禮，其義乃取「萬物本乎天，人本乎祖」之根源義。故祭天者有
「報本反始」之意，自萬物言，推其本於祭天；自人而言，則推其祖以配天；
自其情言，乃人物感天與祖之所生，有所感恩而回報以祭天也。

祭之日，王被袞以象天，戴冕璪十有二旒，則天數也。乘素車，貴
其質也。旂十有二旒，龍章而設日月，以象天也。天垂象，聖人則
之，郊所以明天道也。〔註68〕

孔穎達正義曰：「當祭之日，王被袞冕，袞冕有日月星辰以象天也。首戴袞冕
其璪十二旒，法則天數也。乘素車者，乘殷之朴素之車，貴其象天質也。所
建之旂十有二旒，畫龍爲章而設日月，以象天也者，象天數十二也，龍爲陽
氣變化，日月以光照下，皆是象天也。天垂日月之象，各有其數，故聖人則
之。郊天象日月所以光明天之道，以示於人，故事事則之。」

此論天子行「郊」禮所穿用之服飾車馬之具，袞冕有日月星辰之章，以
明天象，冕璪十二旒象天數十二，素車象天之質朴。故謂「天垂象，聖人則
之」，天子之服飾車馬乃法天之象而制。故又云：「郊之祭也，迎長日之至
也。大報天而主日也，兆於南郊，就陽位也。埽地而祭，於其質也，器用陶
匏，以象天地之性也。於郊，故謂之郊。牲用騂，尚赤也。用犢，貴誠也。」
〔註69〕「郊」爲祭天之禮，天主創造變化，故爲陽。器用陶匏以象天地質朴

〔註65〕 《禮記‧郊特牲》（十三經注疏5，臺北：藝文印書館，1976年），頁500。
〔註66〕 〔明〕王夫之：《禮記章句上‧郊特牲》（臺北：廣文書局，1967年），頁578。
〔註67〕 《公羊傳》（十三經注疏7，臺北：藝文印書館，1976年），頁157。
〔註68〕 同註65，頁499。
〔註69〕 同註65，頁497。

之性。

故「郊禮」的形式皆法天之象而行，天之高則以天子行之，天之日月星辰則以袞冕之章象之，天之數以冕璪旒之，天居陽乃兆以南位，是取氣化宇宙論之內涵象之，以爲天子「郊禮」服具之則。

「郊禮」的意義，則仍是儒家「報本反始」的道德義，天爲萬物之根源，人當飲水思源，故人當祭祖亦當尊天，而此尊天的儀式，則不取三代之古禮，而由陰陽氣化之說，重新予以詮釋，至於郊禮背後的意義，則仍取其道德義，此《禮記·郊特牲》論「郊禮」有所述者，亦有所興作。

> 社所以神地之道也，地載萬物，天垂象，取財於地，取法於天，是以
> 尊天而親地也，故教民美報，家主中霤而國主社，示本也。〔註70〕

孔穎達正義曰：「社所以神地之道者，言立社之祭，是神明於地之道也。地載萬物者，是地所以得神之由也。天垂象者，欲明地之貴，故引天爲對也。地有其物，上天皆垂其象。所謂『在天成象，在地成形』也。取財於地者，財產並從地出，爲人所取也。取法於天者，四時早晚，皆放日月星辰，以爲耕作之候也。所取法，故尊而祭之，天子祭天是也。所取財，故親而祭之，一切皆祭社是也。地既爲民所親，故與庶民祭之，以教民美報也。」

「社禮」爲祭地之禮，人取法於天，取財於地，故云：「燔柴於泰壇，祭天也；瘞埋於泰折，祭地也。」〔註71〕故地之德爲「地載萬物」，萬物爲地所生養，人取財於地，故「尊天而親地」。由陰陽氣化而言，天爲萬物之始，故爲陽居南位；地爲萬物之成，故屬陰居陰位，故云：「社祭土而主陰氣也，君南鄉於北墉下，答陰之義也。」〔註72〕「教民美報」則由教化義言，地載萬物，人物皆爲地所生養，故當感而美報之。

〈郊特牲〉論「郊」、「社」之禮。自制禮之意而言，「郊」禮乃「報本反始」之根源義，天地萬物皆天所生始，而天循陰陽四時五行之氣化而行，故「郊」禮乃法天而祭，袞冕象日月星辰之章，冕璪十二旒象天數十二，素車象天之質朴之性，居陽位之南，以象天之德。「社」禮乃「教民美報」之生養義，以地載萬物，人取財於地以生養，故以犧牲瘞埋於地，居陰位之北以祭，以象萬物之成，乃地之德。

〔註70〕《禮記·郊特牲》（十三經注疏5，臺北：藝文印書館，1976年），頁489。
〔註71〕《禮記·祭法》（十三經注疏5，臺北：藝文印書館，1976年），頁797。
〔註72〕同註70，頁489。

　　故〈郊特牲〉論「郊」、「社」之禮，非由孔子自上古三代之文化傳承上論禮，乃由道德教化義切入，如論「郊禮」爲「報本反始」之飲水思源義，論「社禮」則爲「教民美報」之教化義論，是皆主道德義以詮釋「禮」意，頗有林放問「禮之本」〔註73〕之意，是乃由禮之本義以重振禮樂，此乃承儒家之古義者。其次，其吸收氣化宇宙論的天地、陰陽、日月、四時、十二月之觀念，以爲郊、社之禮儀服色之則，是在形式上對儒家傳統禮儀的改造，此乃〈郊特牲〉論「郊」、「社」之禮，因應時代的特色。

　　2.「昏」禮

　　荀子云：「男女之合，夫婦之分，婚姻娉內，送逆無禮，如是，則人有失合之憂，而有爭色之禍矣。」〔註74〕是由人性與社會規範論婚姻制度。《禮記‧昏義》云：「昏禮者，將合二姓之好，上以事宗廟，而下以繼後世也。……所以成男女之別，而立夫婦之義也。男女有別，而后夫婦有義；夫婦有義，而后父子有親；父子有親，而后君臣有正。故曰：昏禮者，禮之本也。」〔註75〕則將婚姻置於家族和諧與傳承下，負承先啓後之重任，並以婚姻爲基礎，建立人倫之規範，以立夫婦之義、父子之親、君臣之正，由個人、家庭、以至於國家規範的建立。是可知先秦儒家對婚姻的看法，乃強調男女情性的合理滿足及人倫規範的建立。《禮記‧郊特牲》從宇宙氣化論婚姻之義：

　　　　天地合，而后萬物興。夫昏禮，萬世之始也。取於異性，所以附遠厚別也。〔註76〕

孔穎達正義曰：「天氣下降，地氣上騰，天地合配，萬物生焉。夫婦合配，子胤生焉。取異性者，所以依附相疏遠之道，厚重分別之義。」

　　此由氣化宇宙以論婚姻之源，所謂「天地合，而后萬物興」，天地非可合，乃氣化之合，故曰「天氣下降，地氣上騰，天地合配，萬物生焉」，此乃以陰陽二氣之升降造作，以生成萬物爲說，印證於人世，則男女之合，亦本天地之生化，自然之情性，是較荀子由情性以論婚姻之起，更推進一層，而由天地氣化之自然，以論男女之合，婚姻之起，亦本情性之自然，此將婚姻之義

〔註73〕《論語‧八佾》（十三經注疏8，臺北：藝文印書館，1976年），頁26。

〔註74〕〔清〕王先謙：《荀子集解‧富國》（北京：中華書局，1981年），頁176。

〔註75〕《禮記‧昏義》（十三經注疏5，臺北：藝文印書館，1976年），頁999～1000。

〔註76〕《禮記‧郊特牲》（十三經注疏5，臺北：藝文印書館，1976年），頁505。

推本於氣化宇宙之源，超越情性與家族傳承之昏義。

　　　男女有別，然後父子親，父子親，然後義生。義生然後禮作，禮作

　　　然後萬物安。無別無義，禽獸之道也。〔註77〕

鄭玄注：「言人倫有別，則氣性醇也。」孫希旦云：「有夫婦然後有父子，故父子之親由於男女之別，有父子然後有君臣，故君臣之義由於父子之親。有君臣然後有上下，有上下然後禮義有所錯，故義生然後禮作。人無禮則危，有禮則安，故禮作而後萬物安。由男女之別，而遞推其所致如此，所以深明男女之別之重也。」〔註78〕

　　首論由天地氣化之合，以論男女合配之自然，是爲昏禮之源。此由男女之昏義，以論人倫禮義之生。蓋男女合配則夫婦之義立，夫婦之義立則男女有所敬別，男女之別嚴則父子自相親，父子之義立則君臣上下之禮成。此論是由男女之別，推論至於人倫禮義之大成，以明昏禮之愼重。此可謂承《禮記·昏義》所謂「男女有別，而后夫婦有義；夫婦有義，而后父子有親；父子有親，而后君臣有正。故曰：昏禮者，禮之本也。」〔註79〕之說。

　　但《禮記·郊特牲》將昏義的根源義推之於宇宙氣化論，由天地氣化之合，以論男女合配之婚姻，再承〈昏義〉之說，推論父子、君臣、上下之禮，而爲人倫禮義之規範，是由氣化之天以論人世禮義之生成。

　　「禮作然後萬物安」，則亦須由陰陽氣化之角度論，《禮記·郊特牲》云：「樂由陽來者也，禮由陰作者也，陰陽和而萬物得」〔註80〕，孔穎達正義曰：「陽，天也。天氣化，故作樂象之，是樂由陽來者也。陰，地也。地以形生，故制禮象之。禮以形爲教，是禮由陰作也。禮樂由於天地，天地和合則萬物得其所矣。」此由陰陽氣化以論禮樂之義，「樂」法天之陽而來，「禮」法地之陰而制，故禮樂之作乃象陰陽氣化之和合，是爲天地之和合，則萬物得其所安矣。

　　故〈郊特牲〉論昏禮，乃法天地之和合而起，男女之合象陰陽之氣化，是爲昏禮之起。由昏禮之生以定夫婦之義，由夫婦之義以定男女之別，由男女之別以固父子之親，由父子之親以定君臣上下之等，是由男女之合以別

〔註77〕《禮記·郊特牲》（十三經注疏5，臺北：藝文印書館，1976年），頁506。

〔註78〕〔清〕孫希旦：《禮記集解·郊特牲》（臺北：蘭臺書局，1973年），頁708。

〔註79〕《禮記·昏義》（十三經注疏5，臺北：藝文印書館，1976年），頁999～1000。

〔註80〕同註77，頁484。

人群之義，別其群生乃制爲禮，此人與禽獸之別也。而人之禮義之生成，亦所以回應天地陰陽氣化之德，以禮象天地之序，以樂象天地之合，故禮樂之治，由天而言，乃聖人法天而成；由人而言，則爲人對天地氣化之德的回應。

> 昏禮不用樂，幽陰之義也。樂，陽氣也。昏禮不賀，人之序也。
> 〔註81〕

鄭玄注：「幽，深也，欲使婦深思其義，不以陽散之也。」孔穎達正義云：「昏禮所以不用樂者，幽深也，姑使其婦深思陰靜之義，以脩婦道。樂，陽氣也，陽是動散，若是用樂，則令婦人志意動散，故不用樂也。」

孫希旦曰：「昏爲陰禮，而樂爲陽氣，故昏禮不用樂。昏禮，舅姑授婦以室，子有傳重之端，則親有代謝之勢，人子之所不忍言也，故不賀。」〔註82〕

此論昏禮不用樂之因，自陰陽氣化而言，樂爲天地之和居陽，禮爲天地之序居陰，故昏禮爲陰禮，樂屬陽，故不用。其次，昏禮法天地之合，乃人倫之本，負家族傳承代謝之重任，自有其幽深陰靜之義，故不用樂而使志意動散，表其敬愼之意。

故《禮記・郊特牲》論昏禮之義，可謂吸收諸家之說而成其新意。首先承荀子論男女之合乃由情性與社會規範之說。其次，亦吸收《禮記・昏義》以家族傳承延續爲昏義之旨。此外，〈郊特牲〉吸收陰陽氣化思想，由天地氣化之合以論人世男女之合配，是爲昏義補充其天道論之根源義，也以此印證婚姻制度背後之合理性，更由男女之合配，以推演其夫婦、父子、君臣上下之社會規範，而成禮樂制度以應天地之德，可謂是由天地之氣化以論昏義，由昏義以論人世之禮樂，再由禮樂以回應天地之氣化。

3.「祭」禮

古之祭祀包括天地、山川、諸神、先祖，依身份而行祭祀之禮。《禮記・曲禮下》云：「天子祭天地，祭四方，祭山川，祭五祀，歲遍。諸侯方祀，祭山川，祭五祀，歲遍。大夫祭五祀，歲遍。士祭其先。」孔穎達正義曰：「天地有覆載大功，天子王有四海，故得總祭天地，以報其功。方祀者，諸侯既不得祭天地，又不得總祭五方之神，唯祀當方，故云『方祀』。大夫不得方祀及山川，直祭五祀而已。士不云『歲徧』，以士祭先祖，歲有四時，更無餘神

〔註81〕《禮記・郊特牲》（十三經注疏5，臺北：藝文印書館，1976年），頁506。
〔註82〕〔清〕孫希旦：《禮記集解・郊特牲》（臺北：蘭臺書局，1973年），頁711。

故也。」〔註83〕

　　孔子云：「祭如在，祭神如神在。子曰：『吾不與祭，如不祭。』」〔註84〕雖孔子對鬼神敬而遠之，但對祭禮十分重視，此即曾子所云：「慎終追遠，民德歸厚矣！」〔註85〕之意，即祭祀不在探求鬼神之是否眞有？而在民德之歸厚。即人民面對天地山川先人，知所感念，故祭祀鬼神之禮，乃此飲水思源的感念，心若不在此，則如不祭。

　　荀子點出孔子對祭禮的此番深意，《荀子・禮論》云：「祭者，志意思慕之情也。忠信愛敬之至矣，禮節文貌之盛矣，苟非聖人，莫之能知也。聖人明知之，士君子安行之，官人以爲守，百姓以成俗；其在君子以爲人道也，其在百姓以爲鬼事也。」〔註86〕即祭祀的用意在「志意思慕之情」。藉由合宜的禮節程序，表達忠信愛敬之至情，此乃聖人之用心，百姓日用而不知，尙以爲鬼事。此是儒家將鬼神的敬畏，轉化爲使人民移風易俗的淳厚民情。《禮記・郊特牲》論三代祭祀之禮云：

> 有虞氏之祭也，尚用氣，血、腥、爓祭，用氣也。殷人尚聲，臭味未成，滌蕩其聲。樂三闋，然後出迎牲。聲音之號，所以昭告於天地之間也。周人尚臭，灌用鬯臭，鬱合鬯，臭陰達於淵泉。灌用圭璋，用玉氣也。既灌然後迎牲，致陰氣也。蕭合黍、稷，臭陽達於牆屋，故既奠然後（火芮）蕭合羶薌。凡祭，慎諸此。魂氣歸于天，形魄歸于地，故祭，求諸陰陽之義也。殷人先求諸陽，周人先求諸陰。〔註87〕

孔穎達正義曰：「血，爲祭初以血詔神於室。腥，爲朝踐薦腥肉於堂。爓，謂沈肉於湯，亦薦於堂，以其並未孰，故云『用氣也』。」又云：「殷不尙氣而尙聲，謂先奏樂也。鬼神在天地之間，聲是陽，故用樂之音聲號呼，告於天地之間，庶神明聞之而來也。」又云：「周禮變於殷，故尙臭也。臭，鬱氣也。未殺牲，先酌鬱酒灌地以求神，是尙臭也。」故云：「熊氏以爲殷人先求諸陽，故合樂在灌前，周人先求諸陰，謂合樂在灌後，與降神之樂別。」此論三代祭祀之所重，唐虞尙氣，殷人尙聲，周人尙臭之別。

〔註83〕　《禮記・曲禮下》（十三經注疏5，臺北：藝文印書館，1976年），頁97。
〔註84〕　《論語・八佾》（十三經注疏8，臺北：藝文印書館，1976年），頁28。
〔註85〕　《論語・學而》（十三經注疏8，臺北：藝文印書館，1976年），頁7。
〔註86〕　梁啓雄：《荀子簡釋》（臺北：木鐸出版社，1988年），頁275。
〔註87〕　《禮記・郊特牲》（十三經注疏5，臺北：藝文印書館，1976年），頁507。

　　孫希旦曰：「魂氣歸於天者，陽也。形魄歸於地者，陰也。故祭祀之義，求諸陰陽而已。馬氏晞孟曰：『有虞氏尚氣，殷人從而文之，故尚聲；殷人既尚聲，周人從而文之，故尚臭。周人既求諸陰，又求諸陽，則知有虞氏之用氣，非不用味也；殷人先求諸陽，非不求諸陰也。謂之尚氣，謂之尚聲，謂之尚臭，皆以始言之，而其意各有所主也。』」〔註88〕此論三代祭祀之禮有所因，非徒尚氣、尚聲、尚臭，乃就其禮之始而言，意各有所主，實則陰陽之義皆取之。

　　王夫之云：「魂依氣，魄依形，氣散而魂在天爲昭明，形壞而魄在地爲焄蒿，求以其道則魂動而氣可聚，魄感而若有形矣。聲無質，臭有質，聲依氣，臭依形，故陰陽分焉。」〔註89〕此論氣形、魂魄、陰陽之分，合氣與形而爲人，人死則氣散而魂歸在天，形壞而魄落在地，故祭祀乃感先人之魂魄而若聚焉。

　　此由陰陽氣化以論三代祭祀之禮，祭祀之始，有虞氏尚氣，殷人尚聲，周人尚臭。聲爲陽，故殷人先求諸陽；臭屬陰，故周人先求諸陽，實則無論先陽或先陰，祭祀之義皆在求諸陰陽之意。蓋合氣與形以爲人，氣屬陽，形屬陰，人乃合陰陽之氣形而生。人死則氣散爲魂而歸天，形壞則魄落而歸土，故《禮記·郊特牲》其云：「魂氣歸于天，形魄歸于地。」〔註90〕《禮記·禮運》又云：「體魄則降，知氣在上。」〔註91〕是魂屬氣，上升歸於天，魄屬體，消散歸於土。因此也以陰陽氣化之說，來陳述當祭祀之物：

> 毛血，告幽全之物也。告幽全之物者，貴純之道也。血祭，盛氣也。祭肺肝心，貴氣主也。祭黍稷加肺，記齊加明水，報陰也。取膟膋燔燎，升首，報陽也。〔註92〕

孫希旦曰：「魂氣爲陽，體魄爲陰，黍稷、牲體、酒醴之屬，可以飲食而以味饗神者也，故曰『報陰』。燔燎、升首、不可以飲食，而以氣歆神者也，故曰『報陽』。」

〔註88〕〔清〕孫希旦：《禮記集解·郊特牲》（臺北：蘭臺書局，1973 年），頁 714～715。

〔註89〕〔明〕王夫之：《禮記章句上·郊特牲》（臺北：廣文書局，1967 年），頁 595。

〔註90〕《禮記·郊特牲》（十三經注疏 5，臺北：藝文印書館，1976 年），頁 507。

〔註91〕《禮記·禮運》（十三經注疏 5，臺北：藝文印書館，1976 年），頁 416。

〔註92〕同註 90，頁 507。

此論祭祀之物，分為二類：黍稷、牲體、酒醴為有形之體，是為「報陰」；燔燎、升首為無形之煙氣，是為「報陽」，是亦以陰陽氣化之說以論祭祀之物，陰者以牲體黍稷酒水，陽者以燔燎香燭之煙氣上達，是乃得合陰陽之氣形而神明之。

故祭祀之禮其意乃求感先人之魂魄，使魂魄若聚氣形而生，使祭祀若感先人如在目前，故〈郊特牲〉又云：「齊之玄也，以陰幽思也。故君子三日齊，必見其所祭者。」〔註93〕此亦承孔子「祭如在，祭神如神在」〔註94〕之意，但以孔子「敬鬼神而遠之」的態度〔註95〕，則孔子之意當近於荀子，所謂「祭者，志意思慕之情也」〔註96〕，則「祭神如神在」非神真實存在，而是後人對先人這份志意思慕之情，思慕先人生前之言行善舉，便如在目前，乃偏向於後人心性義的追思之情。

但〈郊特牲〉論祭祀之義，則由陰陽氣化以詮釋，先分析人為陰陽之氣形所生成，人死則氣形化為魂魄，魂屬陽而歸天，魄屬陰而歸土，故祭祀之禮乃求諸先人魂魄之合，若合聚則若存，是祭神而其神真若存者，此不僅只是對先人的志意思慕之情而已，乃真宛如見先人之如在目前者。當然，先人之是否真能魂魄合聚而若存？乃孔子所謂「敬鬼神而遠之」的範圍，就儒家面對鬼神問題而言，孔子的態度非常理性，而〈郊特牲〉吸收陰陽氣化以詮釋祭祀之說，可以說是以另一種理性的分析來陳述鬼神之說，而有其新意。

「郊、社、昏、祭」之禮，全由天道氣化義以論人道之回應義，「郊禮」象天，以應「報本反始」之情，「社禮」象地，以「教民美報」之情，「昏禮」象陰陽合，以應萬物創生之德，故制昏禮以合夫婦，以立人倫，「祭義」象鬼神之交，以慰對先人志意思慕之情，諸禮之回應本承先秦儒家之道德心而發，不同的是，諸禮儀節的內容與過程，則全由氣化義再重新予以詮釋，這裡可以看到漢儒對先秦禮意的繼承，但對具體儀節或有所失落，是以乃重新由氣論思想再詮釋再創造新的諸禮儀節，此可見漢儒制禮之創造性。

〔註93〕 《禮記·郊特牲》（十三經注疏5，臺北：藝文印書館，1976年），頁508。
〔註94〕 《論語·八佾》（十三經注疏8，臺北：藝文印書館，1976年），頁28。
〔註95〕 「季路問事鬼神。子曰：『未能事人，焉能事鬼？』曰：『敢問死。』曰：『未知生，焉知死？』」《論語·先進》（十三經注疏8，臺北：藝文印書館，1976年），頁97。
〔註96〕 梁啟雄：《荀子簡釋·禮論》（臺北：木鐸出版社，1988年），頁275。

第三節　禮樂爲政，達之天下國家

此爲〈禮運〉、〈禮器〉、〈郊特牲〉的政治理想義，政治的根本在天道，故人君須無爲守正以執禮，參天地鬼神以治政，乃能達至「人之肥、家之肥、國之肥、天下之肥」的「大順說」，「大順說」爲〈禮運〉、〈禮器〉、〈郊特牲〉的最高政治理想，最後，乃以「大順說」詮釋〈禮運〉篇首「大同」與「小康」之說。

一、政者，本於天

孔子論「政」，曰：「爲政以德。」〔註97〕又曰：「政者，正也。」〔註98〕將政治與道德做連結，強調主政者的道德修養及施政的正當性。孟子曰：「仁政」，曰：「以不忍人之心，行不忍人之政，治天下可運之掌上。」〔註99〕主張由善性發而爲仁政。荀子則認爲群體的合理安排，使各得其分而無爭，即是「王政」，其云：「君者，善群也。群道當，則萬物皆得其宜，六畜皆得其長，群生皆得其命。故養長時，則六畜育；殺生時，則草木殖；政令時，則百姓一，賢良服。」〔註100〕荀子之政治觀，已有條理天地萬物以爲人用的觀念，但荀子畢竟是以人爲主，萬物爲人所宰制利用。

〈禮運〉的政治觀，則是「政必本於天」，人文之典章制度乃效法天地陰陽之氣化，人法天地而爲政，其主體便在天道論，人非宰制利用萬物，人乃順應天地以應物，人與天地萬物本源一體，此其二說之不同處。

此論人文之典章制度來自於法天地氣化之道，是由天地陰陽五行四時，以定時月、聲律、服色、食味之別。故聖人參天地以立人道之制，人君中心無爲以守氣化之正，乃爲政之本。

> 夫政必本於天，殽以降命。命降于社之謂殽地，降于祖廟之謂仁義，降於山川之謂興作，降於五祀之謂制度。此聖人所以藏身之固也。〔註101〕

鄭玄注：「降，下也。殽天之氣，以下教令，天有運移之期，陰陽之節也。」孔穎達正義：「政之行，若法天陰陽，使賞罰得所，法地高下，令尊卑有序，

〔註97〕《論語・爲政》（十三經注疏8，臺北：藝文印書館，1976年），頁16。
〔註98〕《論語・顏淵》（十三經注疏8，臺北：藝文印書館，1976年），頁109。
〔註99〕《孟子・公孫丑上》（十三經注疏8，臺北：藝文印書館，1976年），頁65。
〔註100〕〔清〕王先謙：《荀子集解・王制》（北京：中華書局，1981年），頁165。
〔註101〕《禮記・禮運》（十三經注疏5，臺北：藝文印書館，1976年），頁422。

法祖廟而行仁義，法山川五祀而興作制度，如此則民懷其德，禍害不來」。此論「政」法天地，法天陰陽，以爲時令；法地高下，以定尊卑；法祖廟，順親親之情以及仁義；法山川，以取眾物，以爲興作；法五祀，以爲宮室制度之始。是由天地陰陽氣化之道，以論人君之施政。

> 五行、四時、十二月，還相爲本也；五聲、六律、十二管，還相爲宮也；五味、六和、十二食，還相爲質也；五色、六章、十二衣，還相爲質也。〔註102〕

鄭玄注：「五行運轉，更相爲始也。五聲，宮商角徵羽也，陽曰律，陰曰呂，布十二辰。五味，酸苦辛鹹甘也，和之者，春多酸，夏多苦，秋多辛，冬多鹹，皆有滑甘，是謂六和。五色六章，《周禮·考工記》曰：『土以黃，其象方。天時變，火以圜。山以章，水以龍。鳥獸蛇，雜四時五色之位以章之，謂之巧也。』」鄭氏由四時五行之氣化，以論人文之音律、食味、服色之制，可謂人世之典章制度，其始由法天地之行而來。

此說乃承〈月令〉而來，而〈月令〉之說則得自《呂氏春秋》十二紀，十二紀以四時五行之時令，建立一套包括人君之服色、居室、食味、祭祀、施德行惠、用兵征伐等之施政理論。《禮記·禮運》此說似乎有受〈呂氏〉之影響，但〈禮運〉之說較簡略，或去其繁冗僵化之弊，而其「政必本於天」的原則是不變的。

> 故聖人作則，必以天地爲本，以陰陽爲端，以四時爲柄，以日星爲紀，月以爲量，鬼神以爲徒，五行以爲質，禮義以爲器，人情以爲田，四靈以爲畜。以天地爲本，故物可舉也；以陰陽爲端，故情可睹也；以四時爲柄，故事可勸也；以日星爲紀，故事可列也；月以爲量，故功有藝也；鬼神以爲徒，故事有守也；五行以爲質，故事可復也；禮義以爲器，故事行有考也；人情以爲田，故人以爲奧也；四靈以爲畜，故飲食有由也。〔註103〕

鄭玄注：「物，天地所養生。情以陰陽通也，事以四時成，事以日與星爲候，興作有次第。藝，猶才也。十二月各有分，猶人之才各有所長也。山川守職不移。事下竟，復由上始也。考，成也，器利則事成。奧，猶主也，田無主則荒。由，用也，四靈與羞物爲群。」

〔註102〕《禮記·禮運》（十三經注疏5，臺北：藝文印書館，1976年），頁432。
〔註103〕同註102，頁435。

孔穎達正義曰:「天地生養萬物,今本天地而有政教,故萬物可舉而興也。人情與陰陽相通,今法陰陽為教,故人情無隱,所以可賭見也。生長收藏,隨時無失,故民不假督勵,而事自勸成也。日中星鳥,敬授民時,無失早晚,故民事有次第也。聖人隨人才而教,則人竭其才之所長而為功。事無失業,故有守也。周而復始,運迴無窮,故云『可復』。禮義是器之利者,故所治之事行必有成也。上人是人民,下人是聖人,聖人以為田主,則情不荒廢也。靈是眾物之長,長既為聖人所畜,則其屬並隨其長而至。」

此論政教之本於天地,由天地之陰陽、四時、日月、鬼神、五行、禮義、人情、四靈之象,聖王效法而制作人文典章,以為政教之施,以天地為本,故政教以生養為德;以陰陽為端,則可治人情之剛柔清濁;以四時為柄,故農事不失;以日星為紀,則事有序,依次第以成;以月為量,隨人才而教,人無不盡己能;以鬼神為徒,則事業有守;以五行為質,則事行終始無窮;以禮義為器,則治事有成;以人情為田,則人心有主;以四靈為畜,則飲食不乏。

二、人君,參天地鬼神以治政

此由論天地陰陽五行之氣化,而擴及人君施政之養民、教民、用民,養民以農事,飲食為先,教民以治人情,以禮義為行,用民則舉賢任才,最後方得列事、治事、成事、以至於守業不失。

> 故聖人參於天地,並於鬼神,以治政也。處其所存,禮之序也;玩
> 其所樂,民之治也。故天生時而地生財,人其父生而師教之:四者,
> 君以正用之,故君者立於無過之地也。〔註104〕

孔穎達正義曰:「參於天地,則法於天地是也。比方鬼神,則祖廟、山川、五祀也。天有運移寒暑,地有五土生殖,廟有祖禰仁義,皆是人之所觀察,以為政,則禮得次序也。興作器物,宮室制度,皆是人之所樂,聖人能愛玩之,則民各樂其事業居處也。」孔氏言人法天地以作禮,興作器物、宮室、制度,民乃樂居。

孫希旦云:「參於天地,並於鬼神,猶〈中庸〉言『建諸天地,質諸鬼神』之意。言聖人效法於天地鬼神而參擬之,比並之,以求其合也。……天生四時,地生貨財,父生,師教,四者各不相兼,兼是四者而使之各得其正者,

---

〔註104〕《禮記·禮運》(十三經注疏5,臺北:藝文印書館,1976年),頁430。

君之責也。故君必正身立於無過之地，而與天地合其德，與鬼神合其吉凶，然後禮序而民治也。」〔註105〕孫氏言天地父師四者，乃人君之責。故人君合天地鬼神之德，重君父師教以爲禮序，其民乃治。

故身爲人君以爲政，當掌握天時之運，明白地利之宜，如父之生養，如師之教化。故〈禮運〉論人君之道，包括天、地、人、物，胸懷不可謂不廣。天包括陰陽之交、四時五行之運，地包括土地之宜、漁樵之利，民事則有教化與舉賢，物則包括蟲魚鳥獸之供祀，即天地人物無不爲一體，皆得爲大用，此乃人君之職責。《易傳》云：「夫大人者，與天地合其德，與日月合其明，與四時合其序，與鬼神合其吉凶。先天而天弗違，後天而奉天時。天且弗違，而況於人乎？況於鬼神乎？」〔註106〕是亦有此意。

> 故君者所明也，非明人者也。君者所養也，非養人者也。君者所事也，非事人者也。故君明人則有過，養人則不足，事人則失位。故百姓則君以自治也，養君以自安也，事君以自顯也。故禮達而分定，人皆愛其死而患其生。故用人之知去其詐，用人之勇去其怒，用人之仁去其貪。故國有患，君死社稷謂之義，大夫死宗廟謂之變。故聖人耐以天下爲一家，以中國爲一人者，非意之也，必知其情，辟於其義，明於其利，達於其患，然後能爲之。〔註107〕

孫希旦曰：「爲人所則、所養、所事者，君之分也；則君、養君、事君者，民之分也。禮由分出，分以禮顯。」又云：「知者易於詐，勇者易於怒，仁者易於貪，惟禮達分定，而民知嚮方，則有以去其氣質之偏，而全其德性之美。」又「聖人於人之情義利害，知之無不明，故處之無不當，而能以天下爲一家，中國爲一人也。」〔註108〕此論人君之職責，人君明天地之道，治人之情，興民之利，避民相爭之患，用人之才德，而避其氣質之偏頗，興作禮義以治天下，故「禮達分定」，天地人物各得所安，是乃「天下爲一家，中國爲一人」，此論人君之才德胸懷。〈禮運〉論「政」之本於天，由陰陽氣化以論人政之本於天道，論人君亦由對天道氣化之明德處論。

〈禮運〉雖然吸收陰陽家之說，使爲政之根據落在氣化天道，但並不違儒家論政的道德性，故其首稱「天地之德」，天地以生養爲德，此道德性爲主

〔註105〕〔清〕孫希旦：《禮記集解・禮運》（臺北：蘭臺書局，1973年），頁605。
〔註106〕《周易・乾》（十三經注疏1，臺北：藝文印書館，1976年），頁17。
〔註107〕《禮記・禮運》（十三經注疏5，臺北：藝文印書館，1976年），頁430。
〔註108〕同註105，頁606。

政者之至要，而此天地之德亦爲吾人心性之善，是亦有承孔孟論政以德之傳統，可說其用陰陽氣化之說，來詮釋爲政的道德性，而將天道之化與人道之政做連結者，即是禮樂。

三、君者，無爲守正以執禮

人君爲政之要在「禮」，所謂「治國不以禮，猶無耜而耕也。」故言「禮者，君之大柄」。其云：

> 是故，禮者君之大柄也，所以別嫌明微，儐鬼神，考制度，別仁義，所以治政安君也。故政不正，則君位危；君位危，則大臣倍，小臣竊。刑肅而俗敝，則法無常；法無常，而禮無列；禮無列，則士不事也。刑肅而俗敝，則民弗歸也，是謂疵國。故政者君之所以藏身也。〔註109〕

孔穎達正義曰：「言人君治國須禮，如巧匠治物，執斤斧之柄。寡婦不夜哭，是別嫌。君子表微，是明微。接賓以禮曰儐，郊天祀地及一切神明是儐鬼神。考，成也。制度，爲廣狹丈尺，以禮成之。仁生義殺，各使中禮。用禮爲柄，如前諸事，故治國得政，君獲安存。」

人君執禮治國，以禮別嫌表微，使民各安其分，以禮郊天祀地，以敬天地之德，以禮儐鬼神以通幽明之理，以禮成制度，施仁刑義，故此禮上達天地，下通鬼神，以治人情。故君臣父子夫婦兄弟各安其位，各盡其分，故曰「治政安君」。故云：

> 故先王患禮之不達於下也，故祭帝於郊，所以定天位也；祀社於國，所以列地利也；祖廟所以本仁也，山川所以儐鬼神也，五祀所以本事也。故宗祝在廟，三公在朝，三老在學。王，前巫而後史，卜筮瞽侑皆在左右，王中心無爲也，以守至正。故禮行於郊，而百神受職焉，禮行於社，而百貨可極焉，禮行於祖廟而孝慈服焉，禮行於五祀而正法則焉。故自郊社、祖廟、山川、五祀，義之修而禮之藏也。〔註110〕

孫希旦云：「天、地、祖、廟、山川、五祀，先王之所效法以爲政治，故還本其功而報之。尊天，故祀之於郊。定天位，所謂祀於南郊，就陽位也。國，

〔註109〕《禮記‧禮運》（十三經注疏5，臺北：藝文印書館，1976年），頁422。
〔註110〕同註109，頁437。

謂國中也。親地，故祀之於國。列地利，謂陳列其養人之功而報之也。本仁，謂本於仁恩之義也。本事，謂本制度之所自出而報之也。先王患禮之不達於下，而行禮必自上始，故其致謹於祭祀，以報功於神祇、追孝於祖考者如此。」〔註111〕孫氏以「報本還始」釋之，蓋人政本自天地山川鬼神而來，即效法天道陰陽氣化之情狀而來。故人君以「禮」就陽位而祭天，列地利而祀社，報功於山川鬼神，乃以「禮」回應天道氣化之功。

值得注意的是，此論王當「中心無為，以守至正」，乃論人君心性之修養，鄭氏無注，孔穎達正義曰：「既祭祀尊神，委任得人，故中心無為，以守至正之道也。」孔氏幾以原文帶過。孫氏云：「王則中心無所作為，而絕乎人欲之擾，所守得其至正，而循乎天理之則。」〔註112〕其以「存天理、去人欲」釋之，乃以宋儒之理學切入，恐亦未洽。

〈禮運〉論「心」甚少，所謂「欲惡者，心之大端也。人藏其心，不可測度也」〔註113〕，是「心」作耳目感官之主，又云：「人者，天地之心」〔註114〕，是從天地之德、陰陽之交、鬼神之會、五行之秀氣上論人，言天道氣化形塑人之形質心神之內涵，乃由天道之生生於人身而言。故此論人君當「中心無為，以守至正」，實則論人君之修養，即人君如何修養心性以上達天道氣化之理，只有掌握天道氣化之理，乃得法天以制禮，執禮以治國。故「中心無為」乃心以天道為中，順氣化之理而為，無一毫人情之私；「以守至正」乃守禮而行，以禮為正之意。

故此〈禮運〉論人君之「心」甚具特色，蓋「無為」之說始於老子，其云：「聖人之治，虛其心，實其腹，弱其志，強其骨；常使民無知、無欲，使夫智者不敢為也。為無為，則無不治。」〔註115〕河上公注：「除嗜欲，去亂煩。懷道抱一，守五神也。和柔謙讓，不處權也。不造作，動因循。德化厚，百姓安。」其「虛心」、「無為」之說，乃在使民虛其「智識慾望」之心，回歸樸實淳厚之德，「無為」則言不造作順自然之意。

《呂氏春秋》則吸收老子「虛心無為」之說，而倡「反諸己」之修養論，其云：「適耳目，節嗜欲，釋智謀，去巧故，而游意乎無窮之次，事心乎自然

〔註111〕〔清〕孫希旦：《禮記集解·禮運》（臺北：蘭臺書局，1973年），頁615。
〔註112〕同註111，頁615。
〔註113〕《禮記·禮運》（十三經注疏5，臺北：藝文印書館，1976年），頁431。
〔註114〕同註113，頁432。
〔註115〕高明撰：《帛書老子校注》（北京：中華書局，1996年），頁236。

之塗，若此則無以害其天矣。無以害其天則知精，知精則知神，知神之謂得一。」〔註 116〕高誘注：「一者，道也」，「精」則專一，「神」則不可測，「一」者契於「太一」之道，隨事成就德業。若人君之心志誠能如此，謂之「得一」，此「一」即太一之道，人不可能成爲「太一」，因其有限，但可掌握「太一」之條理，依循天道之運而行。故「去私反己」的修養，其意義在除破一己的成見，而法天地之公，若自陷情欲智識之心，自溺一己之貪欲，則將只見一己之利，不見天下之大義。故經由「適耳目，節嗜欲，釋智謀，去巧故」的過程，心志將會日益清明，最後達到所謂「知精則知神，知神之謂得一」的境界，即可上達天道。

〈禮運〉以「中心無爲，以守至正」論人君之心，確有受老子及《呂氏》的影響，其「中心無爲」吸收老子「虛其心，爲無爲」之說，「以守至正」則有《呂氏》「得一」之說的影響。但〈禮運〉的「中心無爲」卻不是老子無知無欲之德，而是去人情之私，順人情之理的道德心；「以守至正」也不是《呂氏》守「太一」天道時令之正，乃守本於天道而來的禮義之正。故其論人君之心，雖然有吸收道家、雜家之說，但其主體仍是儒家堅持的禮義之道，它吸收道家、雜家的心性功夫來重新掌握儒家的禮義之道，此乃其說之特色與價值。

政本於天，故人君之心當「中心無爲，以守至正」，以體會天道，方能制禮爲人則。故生生者爲天道，人之回應天者，爲「禮義之道」。故〈禮運〉論爲政，以天地陰陽之氣化爲天道本體，但實踐的條理則是禮義之道，而禮義之道其本於天道，故二者在氣化中爲一體。故天地有氣化之更始，人世有禮義之運行，二者並行不悖。

四、「大順」說

「大順」說，乃《禮記·禮運》所論「禮義之道」的實踐，「順天道」乃言其本，「治人情」則言其用，「大順」說即上順天道陰陽氣化之理，下治喜怒哀樂之人情，推而及之，由個人的修身，落實在家庭，則父子、兄弟、夫婦以和，在國則君臣守分，落實在天下，則天子、諸侯，大夫，士，以信相守，則天下之大順也。

〔註 116〕〔漢〕高誘注，〔清〕畢沅校：《呂氏春秋》（上海：上海古籍出版社，1996年 12 月），頁 52。

四體既正，膚革充盈，人之肥也。父子篤，兄弟睦，夫婦和，家之肥也。大臣法，小臣廉，官職相序，君臣相正，國之肥也。天子以德爲車、以樂爲御，諸侯以禮相與，大夫以法相序，士以信相考，百姓以睦相守，天下之肥也。是謂大順。大順者，所以養生送死、事鬼神之常也。故事大積焉而不苑，並行而不繆，細行而不失。深而通，茂而有間。連而不相及也，動而不相害也，此順之至也。故明於順，然後能守危也。〔註117〕

孔穎達正義曰：「熊氏云：『此普據天下萬物有大、有細、有深、有通、有連、有動，言人明禮，順政事，大小深淺並得其宜，是順之至極也。能守危者，既明順道，不敢爲非，則能守自危之道，謂以危戒慎而自守保也』」，孔氏引熊氏之說，言人君明禮、順政事、普施天下萬物，使大、細、深、淺、通、連、動之物，各得其宜，且能戒慎自守不失，是謂「大順」，是其強調禮義之無所不在，人君順禮而行則無不宜。

孫希旦云：「蓋大順即順天道，達人情之意，諸侯以下，以禮相與，以法相敘，以信相考，以睦相守，即講信修睦之事，四體既正，膚革充盈，則是所謂『固肌、膚之會，筋、骸之束』者又有進矣。獨養生送死、事鬼神之意未顯，故舉此以結之。」〔註118〕孫氏以「大順」乃「順天道，達人情」之意，其不僅包括人、家、國、及天下之順，更包括養生、送死、事鬼神之常道。

「大順」之說，可謂「禮義之道」的實踐，「順天道」乃言其本，「治人情」則言其用。故「大順」說，上順天道陰陽氣化之理，下治喜怒哀樂之人情，推而及之，落實在個人，則爲肌膚、筋骸之束的修身，性情乃得其節；落實在家庭，則父子以慈、兄弟以弟、夫婦以和，家庭乃順；落實在國，則君正臣法，各守其分，則國無不治；落實在天下，則天子以德、諸侯以禮，大夫以法，士以信相守，百姓以睦相處，則天下之大順也。

故禮之不同也，不豐也，不殺也，所以持情而合危也。故聖王所以順，山者不使居川，不使渚者居中原，而弗敝也。用水火金木，飲食必時。合男女，頒爵位，必當年德。用民必順。故無水旱昆蟲之災，民無凶饑妖孽之疾。故天不愛其道，地不愛其寶，人不愛其情。

〔註117〕　《禮記‧禮運》（十三經注疏5，臺北：藝文印書館，1976年），頁440。
〔註118〕　〔清〕孫希旦：《禮記集解‧禮運》（臺北：蘭臺書局，1973年），頁620。

故天降膏露，地出醴泉，山出器車，河出馬圖，鳳凰麒麟皆在郊棷，龜龍在宮沼，其餘鳥獸之卵胎，皆可俯而闚也。則是無故，先王能修禮以達義，體信以達順，故此順之實也。〔註119〕

鄭玄注：「山者利其禽獸，渚者利其魚鹽，中原利其五穀，使各安其所，不易其利以勞敝也。用水，謂漁人以時漁爲梁，『春獻鼈蜃，秋獻龜魚』是也。用火，謂〈司爟〉『四時變國火以救時疾』，及『季春出火』、『季秋納火』也。用金，謂〈卝人〉以時取『金、玉、錫、石』也。用木，謂〈山虞〉『仲冬斬陽木，仲夏斬陰木』。飲食，謂食齊視春時，羹齊視夏時，醬齊視秋時，飲齊視冬時。合男女，謂〈媒氏〉『令男三十而取，女二十而嫁』。頒爵位。謂〈司士〉『稽士任，進退其爵祿』也。用民必順，不棄農時也。昆蟲之災，螟蟊之屬，無災疾者，言大順之時，陰陽和也。『天不愛其道』三句，言嘉瑞應，人情至也。」

蓋鄭氏全由天道陰陽氣化之說論「大順」之道，故「大順」之說可謂《禮記‧禮運》論天道氣化實踐於人世的理想義，乃順天道、陳地利。故居山則利禽獸，居渚則利魚鹽，居原則利五穀，蓋地利也；用金木水火，則以時取物也；飲食必時、合男女，頒爵祿，順時令年德也，故順天地之序則降福，反之則降災，此乃符應之說，與〈月令〉論災異者同。

故綜合上述，「大順」說爲《禮記‧禮運》的最高理想。〈禮運〉篇乃以天道陰陽氣化思想貫穿全文，而其氣化思想可以分爲「順天之道」、「治人之情」、「達之天下」三部分。「大順」說對「順天之道」而言，自是順應天地陰陽氣化之道，因氣化天道爲本體，亦爲宇宙創生之主體，天地萬物皆本於天，故當順天而行。此說固吸收道家、陰陽家之說，亦受〈月令〉之影響。

「大順」說對「治人之情」而言，乃針對天生喜怒哀樂之人情而言，人情過則爭，爭則亂，故不能不有所節理，故聖人本天地陰陽氣化之理，法天地之別，而制爲禮義，以節和人情之爭亂，勸習講學，以化民爲善。故人之喜怒哀樂乃得其宜，是乃順人情。由順人情以論「禮」之節人情，「禮」乃人情合宜之表現，當應其時、順、體、宜、稱之便，以爲郊、社、昏、祭之禮。

「大順」說對「達之天下」而言，則是人君當「中心無爲，以守至正」的心性說，方以體天道而制禮義。以禮義治人之情，使禮達而分定。更以禮

〔註119〕《禮記‧禮運》（十三經注疏5，臺北：藝文印書館，1976年），頁441。

義推及於家、國、天下，父子以慈、夫婦以敬、兄弟以弟則順一家，君臣各司其職，相守以正，則順一國，天子以德，諸侯、大夫、士各守其職分，則順天下而治。

故「大順」之說，包含順天道之應時而運行，順萬物之以時而取，聖人順天地之德而制作禮義，以順人情之節理，以禮義之道順家，以禮義之道治國，以禮義之道安天下。故其說乃以天地氣化萬物為一體，天道以陰陽氣化生生萬物，人道以禮義之道回應天地之德，是天人萬物在氣化上為同質，以禮義之道作連結，故禮義之道與天道在價值義上為同理，是以「大順」說實是〈禮運〉論天道、人道、禮義之道的最高理想。

第四節　由「大順說」論「天下為公」與「天下為家」

〈禮運〉首篇「大同」與「小康」，歷來學者看法很多，筆者由兩點論之：第一，由「公」字之義理考察先秦諸子之說，而推其說當為戰國晚出之作；第二，乃由〈禮運〉、〈禮器〉、〈郊特牲〉氣論思想之理想義「大順說」，詮釋「大同」與「小康」，而得其為理想義與實踐義，二者當相輔相成的看法。

一、諸家之論「大同」與「小康」

《禮記・禮運》首段論「大同」與「小康」，先儒對此論述頗多。宋代王應麟《困學紀聞》云：「禮運胡氏（胡寅）云：『子游作。』，呂成公謂：『蜡賓之嘆，前輩疑之，以為非孔子語，不獨親其親，子其子，而以堯舜禹湯為小康，是老聃、墨氏之論。』，朱文公謂：『程子論堯舜事業，非聖人不能，三王之事，大賢可為。』恐亦微有此意，但記中分裂太甚，幾以帝王為有二道，則有病。」〔註120〕是疑〈禮運〉非孔子語，或道家、墨家之說。

韋政通先生《中國思想史》則主儒墨混合之說，其云：

> 此篇（禮運）盛言陰陽五行，蓋為深受陰陽學派影響之儒者所作，一開頭就說大同、小康，述大同的一段文字，在中國近代史上，頗具影響力。前人因此篇以五帝之世為大同，禹、湯、文、武、周公之世為小康，由於這種返歸原始的思想，以為大同乃老子之意，清

〔註120〕〔宋〕王應麟撰，〔清〕翁元圻注：《翁注困學紀聞》（京都：中文出版社），1982 年 10 月，頁 290。

人姚際恒直斷爲「老莊之徒所撰。」僅就這一段文字的內容看，我
們有根據說，這是孟子的「仁政」、王道思想與墨子思想混合的產
品。蕭公權先生則從另一方面指出墨子與大同可能的關係：「身爲
賤人（指墨子），既不戀殷，更不從周，於當時諸國之政教亦未有所
偏重，故其思想遂比較缺乏歷史性與地方性，而略帶大同主義色
彩。」〔註121〕

此外，亦有學人主張其說本爲儒家，清儒邵懿辰《禮經通論》云：

〈禮運〉一篇，先儒每歎其言之精而不甚表章者，以不知首章有錯
簡，而疑其發端近乎老氏之意也。今以「禹、湯、文、武、成王、
周公由此其選也。此六君子未有不謹於禮者也」二十六字，移置「不
必爲己」之下，「是故謀閉而不興」之上，則文順而義亦無病矣。就
本篇有六證焉：先儒泥一「與」字，以「大道之行」屬「大同」，「三
代之英」屬「小康」，不知「大道之行」概指治功之盛，「三代之英」
切指其治世之人，「與」字止一意，無兩意，而下句「有志未逮」正
爲徒想望焉，而莫能躬逢其盛也。否則「有志未逮」當作何解？證
一也。「今大道既隱」，以周爲今猶可，以夏商爲今可乎？既曰「未
逮」，又曰「今」，自相矛盾，證二也。禮爲忠信之薄，則子游宜舉
大道爲問，而曰「如此乎禮之急也」，不承「大同」，而偏重「小康」，
則文義不屬，證三也。「講信修睦」，後文三見，皆指聖人先王，而
非遠古，果有重五帝、薄三王之意，後文何無一言相應乎？證四也。
五帝官天下，三王家天下，本戰國時道家之說，而漢人重黃老者述
之，實則五帝不皆與賢，堯舜以前皆與子也。「天下爲公」即後文所
謂「以天下爲一家，中國爲一人」者。「不獨親其親，子其子」，謂
「老吾老以及人之老，幼吾幼以及人之幼」。「老有所終」以下六句，
皆人情之所欲，即人情以爲田，而「大同」即「大順」也。「天下爲
家」，則只東遷以後，政教號令不行於天下，國異政而家殊俗，並無
與子、與賢之意。「選賢與能」對「世及」而言，「世及」者，若春
秋譏世卿，雖有聖人，無自進身，異於周初，建官惟賢，位事惟能
耳，證五也。「我欲觀夏道」、「我欲觀殷道」、「我欲觀周道」，三「道」
正承「大道」而言，果「大道既隱」，又何觀焉？後文「大柄」、「大

〔註121〕韋政通：《中國思想史》（上）（臺北：水牛出版社，1991年），頁411。

端」、「大寶」，即「大道」也，證六也。〔註122〕

邵氏以文中「錯簡」及全文文義之通貫上，舉六證以證，其說精審。皮錫瑞《三禮通論》論此，云：「按移易經文，動言錯簡，乃宋明人習氣，不可爲訓。而邵氏說極有理，證據亦明，明乎此，可以釋前人之疑，知〈禮運〉一篇皆無疵，而其精義益著。」〔註123〕皮氏肯認其說有理，是〈禮運〉當屬儒家之作無疑。

　　近人高明以爲〈禮運〉或爲孔子弟子子游所作，子游在孔門中以文學著稱，思想可能最爲高遠，其籍貫又爲南方吳國（據史記），故可能和南方思想家如老聃之類較爲接近。但「不獨親其親，子其子」，乃儒家由親而及疏、由近而及遠的仁愛精神，和墨家的愛無等差，也顯然不同，故〈禮運〉之說，畢竟是儒家，而不是道家〔註124〕。高氏以〈禮運〉之作者或爲子游，從子游的籍貫近南方，論其說之近道家，但其精神則爲儒家。

　　王夢鷗先生以爲「運」有二義：一爲演變，一爲旋轉。演變者，是就時代生活的沿革而言；旋轉者，是就五行四時之更迭而言。本文言大同小康，又言檜巢營窟變爲宮室臺榭，是爲禮制之時代沿革，又言五行四時之更迭，週而復始，禮制依此而運行。此兩說的結合，似乎是荀子學派和鄒衍學派的調和，疑其寫作當在西漢時代，古文學漸起而替代今文學，遂出現這樣不相干的調和論〔註125〕。王氏則從思想史角度，論〈禮運〉雜取荀學與陰陽家之學，合爲一論，故爲「不相干的調和論」。

　　唐君毅先生則從儒家義理角度切入，主張其說爲儒家之二層義理，茲節錄其說：

> 故吾意于此所謂大道既隱之一語，實亦可另作一解。此解即是謂此天下爲公之大同之世，既不存在於今，只爲吾人之志之所及而隱於當今之天下者，亦即只隱存此志願之中者，則吾人今所能爲者，只是由此一有家而人各親其親，各子其子，亦有君臣之天下，求正君臣、篤父子、睦兄弟、和夫婦，以逐步實現此志之所涵，以謹于禮，而面對此天下之「謀用是作，兵由此起」之事實，而以禮義化之，此即

〔註122〕〔清〕邵懿辰：〈論禮運首段有錯簡〉，《禮經通論》，《續經解三禮類彙編》（一）（臺北：藝文印書館），頁598。

〔註123〕皮錫瑞：《經學通論》（臺北：臺灣商務印書館，1989年10月），頁79。

〔註124〕高明：《禮學新探》（臺北：學生書局，1978年9月），頁39～40。

〔註125〕王夢鷗：《禮記今註今譯》（上）（臺北：臺灣商務印書館，1984年），頁361。

以此禮義之行，為吾人之「志在大同」之志之所貫徹表現之處。

　　禮運全文之旨，乃在說此大同之治，今唯存於吾人之志願之中，吾
人若徒有此志，則尚未落實于此當前之「天下為家」之世界。必本
此志，而更立禮義于此天下為家之世界，以次第實現此志，以小之
康表現此志之大，然後此志之大，方得落實，乃不致虛大而不切。
若如此看，則此大同之章之文，于大同之治，正揚中有抑，而于小
康之治，則抑中有揚。合而觀之，則其旨唯是「以志在大同之治，
次第成此小康之治，使此小康之治，亦由小而大而已。」〔註126〕
唐氏以「天下為公」為儒者「志」之所之，故「天下為公」本為儒者心志之
所涵攝之願景，是為理想義。「天下為家」則為當下現實義，二者本不衝突。
「天下為公」的理想乃隱含在「天下為家」的現實中，「天下為家」的現實追
求即是「天下為公」。「天下為公」因「天下為家」而不虛，「天下為家」因「天
下為公」而不卑，故〈禮運〉之說，「大同」即寓于「小康」之中，「小康」
乃顯揚「大同」之理想，此乃儒家理想義與現實義的結合。

　　綜合上述，知〈禮運〉其說，淵源頗雜，故後儒論其思想淵源，或道
家、或墨家或陰陽家，莫衷一是，而疑其非聖賢之言。至於論其思想主旨，
或從作者之考證，或從文義之通貫，或從義理之切入，多論其乃儒家之作無
疑。

　　今乃從氣化論角度切入，或可增一說以證其義。

二、論〈禮運〉「大同」章為戰國晚出之作

　　〈禮運〉首章論「天下為公」與「天下為家」，以「公」與「私」對舉，
恐非孔子之論。蓋《論語》「公」多作爵名之稱，未嘗討論「公」之義理，亦
未論及「公」為善，「私」為不善之說。其云：「退而省其私，亦足以發。回
也不愚。」〔註127〕又曰：「入公門，鞠躬如也……私覿，愉愉如也。」〔註128〕
其「公」為在朝之恭謹，其「私」作「個人之省察」與「在家之閒適」解，
亦無貶義。

　　其次，孔子論「天下」，從未以「天下為公」論，孔子論「天下」多與禮

〔註126〕唐君毅：《中國哲學原論・原道論》（二）（臺北：學生書局，1986年10月），
　　　　頁98。
〔註127〕《論語・為政》（十三經注疏8，臺北：藝文印書館，1976年），頁17。
〔註128〕《論語・鄉黨》（十三經注疏8，臺北：藝文印書館，1976年），頁87。

樂之道相連，其云：「一日克己復禮，天下歸仁焉。」〔註129〕又曰：「天下有道，則禮樂征伐自天子出；天下無道，則禮樂征伐自諸侯出。」〔註130〕是孔子雖嘆天下之無道，但非嘆天下不公，乃喟嘆周文之禮崩樂壞，人倫失序。故〈禮運〉大同章恐非孔子之說，前儒已論其或為子游之作，或其後學託言孔子之作，確有其據。

論「公」之義，蓋始於道家。老子云：「致虛極、守靜篤。萬物並作，吾以觀復。夫物芸芸，各復歸其根。歸根曰靜，是謂復命；復命曰常，知常曰明。不知常，妄作凶。知常容，容乃公，公乃王，王乃天，天乃道，道乃久，沒身不殆。」〔註131〕河上公注：「無所不包容則公正無私。」此「公」乃論天道無所不包、公正無私之德。

《莊子·則陽》論「公」云：「天地者，形之大者也；陰陽者，氣之大者也；道者為之公。」〔註132〕郭象注：「物得以通，通物無私。而彊字之曰道。」成玄英疏：「天覆地載，陰陽生育，故形氣之中最大者。天道能通萬物，亭毒蒼生，施化無私，故謂之公也。」此「公」乃論天道能通形氣、陰陽而無私，是以最為大。故道家老莊論「公」，多論天道之大公無私之德，乃重天道論之描述，而非就人世之「天下為公」解。

將「天道之公」應用在政治上，見於《管子》，其云：

> 天主正，地主平，人主安靜。春秋冬夏，天之時也。山陵川谷，地之枝也。喜怒取予，人之謀也。是故聖人與時變而不化，從物而不移，能正能靜，然後能定。定心在中，耳目聰明，四枝堅固，可以為精舍。精也者，氣之精者也。氣道乃生，生乃思，思乃知，知乃止矣。凡心之形，過知失生。一物能化謂之神，一事能變謂之智。化不易氣，變不易智，惟執一之君子能為此乎！執一不失，能君萬物。君子使物，不為物使。得一之理，治心在於中，治言出於口，治事加於人，然則天下治矣。一言得而天下服，一言定而天下聽，公之謂也。〔註133〕

〔註129〕《論語·顏淵》（十三經注疏 8，臺北：藝文印書館，1976 年），頁 106。
〔註130〕《論語·季氏》（十三經注疏 8，臺北：藝文印書館，1976 年），頁 147。
〔註131〕高明撰：《帛書老子校注》（北京：中華書局，1996 年），頁 298。
〔註132〕〔晉〕郭象注，〔唐〕成玄英疏：《南華真經注疏·則陽》（北京：中華書局，1998 年），頁 514。
〔註133〕黎翔鳳撰，梁運華整理：《管子校注·內業》（北京：中華書局，2006 年），

此由天道之時變，山川之萬物，領悟天道之理一，君子以之存心，所謂「執一不失，能君萬物」，以之治事，天下治矣，此乃「大公」之義。故聖君以此制心，以此制法，以此治國，治天下，故云：「版法者，法天地之位，象四時之行，以治天下。四時之行，有寒有暑，聖人法之，故有文有武。天地之位，有前有後，有左有右，聖人法之，以建經紀。」〔註134〕故《管子》論「公」乃將「天道之公」，落實到人世，以謀建立「人道之公」者。

《管子》的「公」義，影響《呂氏春秋》，其有「貴公」之說，其云：「昔先聖王之治天下也，必先公，公則天下平矣！平得於公。嘗試觀於上志，有得天下者眾矣，其得之以公，其失之必以偏。凡主之立也生於公。」〔註135〕又曰：「天下非一人之天下也，天下之天下也。陰陽之和，不長一類；甘露時雨，不私一物；萬民之主，不阿一人。」〔註136〕是主張天下為公，此「公」乃得自於陰陽氣化之大公無私，應用在政治上則有〈十二紀〉之月令施政，是《呂氏春秋》乃始將「公」義，建立成龐大細密的政治理論。

孟子未嘗論「公」義。荀子則論「公」義甚多，其主要對治於人心之偏私而言，乃對事物之認識有所偏頗。其云：「志忍私然後能公，行忍情性然後能脩，知而好問然後能才，公、脩而才，可謂小儒矣。志安公，行安脩，知通統類，如是則可謂大儒矣。」〔註137〕又曰：「公平者，聽之衡也；中和者，聽之繩也。」〔註138〕荀子以「公」、「私」對舉，能忍私情，方能公平的認識與判斷事物，故「公」乃指清明的理性心，所謂「君子之能以公義勝私欲也。」〔註139〕荀子主張具清明的公正心，方能制訂一套規範人世的禮法，以治國家。其云：「至道大形，隆禮至法則國有常，尚賢使能則民知方，纂論公察則民不疑，賞克罰偷則民不怠，兼聽齊明則天下歸之；然後明分職，序事業，材技官能，莫不治理，則公道達而私門塞矣，公義明而私事息矣。」〔註140〕故荀子之「公」，對心性而言，為一大清明之虛靜心，以對治於人情之偏私；對君

頁 937。

〔註134〕黎翔鳳撰，梁運華整理：《管子校注‧版法解》（北京：中華書局，2006 年），頁 1196。

〔註135〕陳奇猷：《呂氏春秋校釋》（臺北：華正書局，1988 年），頁 35。

〔註136〕同註 135，頁 44。

〔註137〕〔清〕王先謙：《荀子集解‧儒效》（北京：中華書局，1981 年），頁 145。

〔註138〕〔清〕王先謙：《荀子集解‧王制》（北京：中華書局，1981 年），頁 151。

〔註139〕〔清〕王先謙：《荀子集解‧修身》（北京：中華書局，1981 年），頁 36。

〔註140〕〔清〕王先謙：《荀子集解‧君道》（北京：中華書局，1981 年），頁 238。

而言，則爲公平的舉賢與明辨；對國而言，則爲隆禮制法，明分職，序事業，則國治。故荀子之論「公」義，其義甚豐。

法家韓非之論「公」，則在人主與國之利害上言，其云：「能去私曲就公法者，民安而國治；能去私行行公法者，則兵強而敵弱。」〔註141〕又曰：「夫令必行，禁必止，人主之公義也；必行其私，信於朋友，不可爲賞勸，不可爲罰沮，人臣之私義也。私義行則亂，公義行則治，故公私有分。」〔註142〕故「公」對人主而言即是法令必行，無有偏私，以國之利益爲重，則國治兵強，可謂是爲其「嚴刑峻法」尋求合理性。

綜合上述，可知〈禮運〉大同章，當爲戰國晚出之作，非爲孔子之論，可能是戰國末期至秦漢間作品。

首先，論「公」之義，春秋甚少，以戰國爲盛，觀《莊子》、《荀子》、《管子》、《韓非子》、《呂氏春秋》可知，此乃一時代之語。其次，論「公」之義，始於道家，乃道家論天道無私之德，後漸下落至於人世，《荀子》吸收以爲心之理性無私，《韓非子》吸收以爲人君、國法之公正，《管子》與《呂氏春秋》則吸收其天道之公，又結合陰陽五行之說，以詮釋天道之公的內涵，更試圖建立一套與之相應的政治理論，是爲天人相應之說，是「公」義之演變如此。

今觀「禮運」全文，可以「順天道、治人情、達之天下」之氣化論貫通全文，而最後統以「禮義之道」以達於國家天下。故其說可謂是繼承《荀子》禮義之統，又吸收《管子》、《呂氏春秋》及陰陽家之說的融合，它有一套陰陽五行的天道論，卻摒棄《管子》、《呂氏》的順時節令之法制，而以「禮義之道」取代之，爲儒家「禮義之道」補其天道論之不足，其爲儒家之作當無疑，而觀其吸收諸家之說以成其說，是可見其當較各家爲晚出之作，恐爲戰國晚出之作。

三、由「大順說」論「大同」與「小康」

〈禮運〉論「大同」與「小康」，其說究是何義？最好的方法就是由篇章本身來解釋，而〈禮運〉的最高理想義是就是「大順說」，由「大順說」來詮

〔註141〕〔清〕王先慎：《韓非子集解·有度》（臺北：藝文印書館，1983 年），頁73。

〔註142〕〔清〕王先慎：《韓非子集解·飾邪》（臺北：藝文印書館，1983 年），頁214。

釋「大同」與「小康」之說，即以氣化論詮釋之，或為一新角度以闡其義。

「大順」說是〈禮運〉的最高理想，所謂「以天下為家，以中國為一人」，此非「大公」乎？故「大順」之道乃順天道之陰陽和合、五行更迭，四時終始，萬物生養；順人道人情之喜怒哀樂之合宜；順父子親，夫婦和之家道；順君臣相正之國道；順百姓以睦相守之天下之道，合天道與人道之和美乃得曰「大順」，此乃論「大順」之道的理想，所謂：「四體既正，膚革充盈，人之肥也。父子篤，兄弟睦，夫婦和，家之肥也。大臣法，小臣廉，官職相序，君臣相正，國之肥也。天子以德為車、以樂為御，諸侯以禮相與，大夫以法相序，士以信相考，百姓以睦相守，天下之肥也。」〔註143〕

由以上「大順說」以論「大同」與「小康」之說。首先，無論是「大同」或「小康」，都沒有論及「順天道」的部分，可謂二說天道義不足。「大順說」的天道論部分，可補其不足，即無論「天下為公」或「天下為家」的背後理論基礎，在氣化天道之一體，但「天下為公」為天道、物道、人道和合之境，「天下為家」則只有人道禮義秩序之建立，此乃二說在理想義之大別處。

其次，由人道之性情論，「大同」曰：「選賢與能，講信修睦，故人不獨親其親，不獨子其子，使老有所終，壯有所用，幼有所長，矜寡孤獨廢疾者，皆有所養。男有分，女有歸。」此乃「大順說」論人道心性之和美，透過禮樂之道，以治七情，以為十義之說，所謂「聖人所以治人七情，修十義，講信修睦，尚辭讓，去爭奪，舍禮何以治之」〔註144〕，故此乃人道世界透過禮樂之道的理想義。

「小康」世界云：「今大道既隱，天下為家」，「隱」字《說文》許慎注：「蔽也。」〔註145〕乃隱而不見，非不存在之意。鄭玄注；「隱，猶去也。」其意為大道逝去，恐失其義。大道之運行，隱於各自為家，各親其親，各子其子，各以貨物為己之私情中。此乃〈禮運〉文中所謂天生「喜怒哀懼愛惡欲」之七情，此言大道隱沒於人情之私中，天道仍循陰陽五行之序而運行不輟，但人道未立，人與人各自為己，故聖人乃定禮義之道正之，此乃人道之所由立。

〔註143〕《禮記·禮運》（十三經注疏5，台北：藝文印書館，1976年），頁440。
〔註144〕《禮記·禮運》（十三經注疏5，臺北：藝文印書館，1976年），頁431。
〔註145〕〔漢〕許慎撰，〔清〕段玉裁注《說文解字注》（臺北：黎明文化事業公司，1991年），頁741。

故「小康」又云:「禮義以爲紀,以正君臣,以篤父子,以睦兄弟,以和夫婦,以設制度,以立田里,以賢勇知,以功爲己。」此乃聖人法天地以制作禮義之道,使七情之發得以自足而合宜,使人民各明其職分,是以君臣得以正,父子相篤,兄弟和睦,夫婦相親,以爲國家,以立制度,人世乃得其序,此論禮義之道的建立。

故由人道性情之治論「大同」與「小康」,「大同」爲禮義之道的理想,即「大順說」在人道的實現,「小康」則論人道中禮樂之道的建立,二說一爲完成義,一爲創立義,有其理想與現實,本末終始之差別。

由物道之利用合宜論之,「大同」曰:「貨惡其棄於地也,不必藏於己;力惡其不出於身也,不必爲己。」是論對「物」與「事」的態度,所謂「以天地爲本,故物可舉也」、「以四時爲柄,故事可勸也」,「大順說」論順天時以取物則有餘,順四時而勸事則不失,所謂「時、順、體、宜、稱」,物在稱其德,不必其爲己有,是所重在天道之順與人道之需,不必有私己之心。

「是故謀閉而不興,盜竊亂賊而不作」,則人不必設謀而利己,以自得於性情之和美;不必爲盜竊亂賊,以自安於職分之守。是以「外戶而不閉,是爲大同」,故「大同」者,非同富貴、同老弱,同人與禽獸,乃「同」於「大順之道」,同於天道、人道、物道之一體,則人各安其職分,能者舉,老者安,幼者教,壯者用,萬物有所生養,此乃「大順」之道的理想,亦是孔子「老者安之,朋友信之,少者懷之。」〔註146〕理想的發展。

故〈禮運〉論「天下爲公」之義,其義非道家論天道無私之高遠,亦非墨家「尚同」之平等,亦非法家論「法」之一律。其乃論天地陰陽四時人物之各得其分,故其「天下爲公」乃天地陰陽四時之各行其職,人物依其年齡、男女、能力、族群之各得其位、各得所安,萬物則各得其生養,此爲「以天下爲一家,以中國爲一人」之意,蓋此「一家」、「一人」爲天地、陰陽、五行、四時、人、物皆爲休戚相關之一體之義,「家」則言其親密相守,「人」則言其一體相依,此乃〈禮運〉論「天下爲公」之深意。

故「天下爲公」乃得自個人之修養、家庭之相處、國之治理、天下之教化而來,故論「大順」之道的理想,在天道、人道、物道之和美,而「大順」之道的基礎,就在「順天之道,治人之情,達之天下」的「禮義之道」的理想與實踐,而其實踐基礎即在「小康世界」。

〔註146〕《論語・公冶長》(十三經注疏8,臺北:藝文印書館,1976年),頁46。

　　故「禹、湯、文、武、成王、周公」乃表彰其聖賢之德業，讚其創造人道之價值：謹禮、著義、考信、明過，爲仁德辭讓之典範，故其功業在「示民有常」，「常」者常道，乃「天道、人道、物道之常」，故六君子對後世最大的德業，乃示人民需感天道爲本，順天地陰陽四時而行，人當循禮義以爲人道之行，便可立身有則，家庭和睦，國家治理，天下安泰。此乃「大順之道」落實于人道的實踐。

　　綜合上述，由「大順說」論「大同」與「小康」可有幾點特色：一、就整體規模而言，「大同」爲天道、人道、物道之和諧秩序，「小康」僅爲人道禮義規範的建立；二、就人道之性情而言，「大同」爲「治七情、成十義」的禮樂之道的完成；「小康」則爲「治七情」而制禮樂之道的建立；三、就物道之利用而言，「大同」爲「時、順、體、宜、稱」的無私運用，「小康」則只爲一己之私而用；四、就理想與實踐義而言，「大順之道」的理想在「大同世界」，大同世界的理想爲「天下爲公」，「天下爲公」的內容爲順天道、順人道、順物道而無私之公；「大順之道」的實踐在「小康」，「小康」是「大同」之境的實踐途徑，唯有透過聖人制作禮義之道，方能調和人情，使立身有則，使人與人間各得其分，是故君臣、父子、兄弟、夫婦、典章、制度，皆得有所建立，是乃聖人順天道以立人道，由人道、物道以回應天道之德。

　　故「大同」與「小康」之說，由「大順說」以詮釋之，可有天道論、人道論與物道論的不同內涵，合而論之，亦乃理想義與實踐義而已，實無高下、輕重之別，理想當落實於實踐，實踐則寄寓於理想，二者相輔相成。

第十章　論《禮記》的氣論思想

　　論《禮記》的氣論思想，分二方面論述：一是論《禮記》本身氣論諸篇的關連性，而條理其發展爲綱領期、分解期與整體期三階段，陳述其不同階段的氣論特色。一是合《禮記》氣論諸篇以論其共同性，最後歸納出《禮記》全書的氣論思想特色，即具有禮樂義的氣化天道觀、氣化人情的禮樂化、成德之道：天人學行禮樂之一體、禮樂之治的理想四種特色。

第一節　論《禮記》氣論諸篇的思想發展

　　論《禮記》本身氣論諸篇的關連性，可條理爲綱領期、分解期與整體期三階段。綱領期爲〈中庸〉，它以「天人合德」爲架構，奠定《禮記》氣論諸篇的架構綱領。分解期爲〈鄉飲酒義〉、〈祭義〉、〈月令〉此三篇分別論述賓客相接之氣化義、魂魄聚散之鬼神義及氣化宇宙論的雛形，乃分別就氣化之一義而論述之。整體義爲〈樂記〉、〈禮運〉、〈禮器〉、〈郊特牲〉諸篇，其氣論思想最成熟，包括天道論、修養論與理想義，能自成一家之言，表現富儒家禮樂特色的氣論思想。

一、隱晦期：〈中庸〉「天人合德」的架構

　　〈中庸〉由天命以論性，再由「盡性」、「至誠」以參贊天地化育，而主人以德配天的天人架構，可謂《禮記》氣論諸篇思想的源頭。

　　〈中庸〉云：「天地之無不持載，無不覆幬，辟如四時之錯行，如日月之代明。」〔註1〕此爲自然義之宇宙論，正承孔子「天何言哉？四時行焉，百物

〔註 1〕　《禮記·中庸》（十三經注疏 5，臺北：藝文印書館，1976 年），頁 899。

生焉，天何言哉？」〔註2〕而來。但〈中庸〉由自然義的宇宙論參贊其道德意義，而云：「天地之道，博也厚也，高也明也，悠也久也。」〔註3〕進而言君子之道，當察乎天地，以至誠之德配天，而主「君子尊德性而道問學，致廣大而盡精微，極高明而道中庸。」〔註4〕建立天人合德的理論架構。

〈中庸〉上篇「天命之謂性，率性之謂道，脩道之謂教」可由「盡性」之義概括之：「天命之謂性」就人性之根源而言，性之根源於天，性的內涵來自於天，乃將人性連結於天道。就聖賢之別而言，聖人天性至誠，發而無不中節，是為「率性之謂道」；賢人學以明性之德，是為「脩道之謂教」，是為後天學而知之的問題。合而論「盡性」之義，內以修身，透過「好學、力行、知恥」，涵養「知、仁、勇」三達德，乃知喜怒哀樂之「中」；外而應君臣、父子、夫婦、昆弟、朋友之道，以表現「知、仁、勇」之行，乃得無不中節之「和」。故「致中和」者，包括盡己之性、盡人之性、盡物之性。使喜怒哀樂之發無不中節，以成「知、仁、勇」之德行，是為「盡己之性」；使君臣、父子、夫婦、昆弟、朋友無不合於道，是為「盡人之性」；由「好學、力行、知恥」以應物，使物物得其所，是為「盡物之性」，合此三者，乃為「盡性」之全體，此為「盡性」之旨。

下篇以「誠」德發揮其義〔註5〕。「誠」對天道而言，乃生生不已的成就萬物，所謂「為物不貳，生物不測」。「誠」對人道而言，包括「成己」與「成物」。「成己」即為修身，修己喜怒哀樂之性情，透過「博學，審問，慎思，明辨，篤行」的工夫，轉化為人道之立的道德內涵。「成物」則包括「君臣、父子、夫婦、昆弟、朋友」五達道，範圍則由個人、他人，以至於國人、天下人，合此內在、外在之涵養與實踐，即是「誠」德。

「唯天下至誠，為能盡其性；能盡其性，則能盡人之性；能盡人之性，則能盡物之性；能盡物之性，則可以贊天地之化育；可以贊天地之化育，則

〔註2〕《論語・陽貨》（十三經注疏8，臺北：藝文印書館，1976年），頁157。
〔註3〕《禮記・中庸》（十三經注疏5，臺北：藝文印書館，1976年），頁896。
〔註4〕同註3，頁897。
〔註5〕「〈中庸〉的下篇，是以誠的觀念為中心而展開的。在《論語》、《老子》中所用的『誠』字，皆作形容詞用。如《論語》之『誠哉是言也』（子路），及《老子》之『誠全而歸之』（二十二章）者是。〈中庸〉下篇的『誠』字，則作名詞用。作名詞用之誠字，乃《論語》『忠信』觀念的發展，亦為儒家言誠之始。」徐復觀：〈從命到性──〈中庸的性命思想〉〉，《中國人性論史》（臺北：臺灣商務印書館，1969年），頁138。

可以與天地參矣。」〔註6〕故「至誠」即是「盡性」，「盡性」則由修身以及家國天下，最後上達於天地之道，故「盡性」、「至誠」即爲天人合德之道。

　　〈中庸〉「天人合德」的架構，遠承上古「維天之命，於穆不已。於乎不顯！文王之德之純。」〔註7〕之說，乃道德義的天道觀，而以「盡性之說」，「至誠之道」爲連結，開創後世儒家「天人合德」的理想。影響及於《禮記》氣論諸篇者，如〈禮運〉云：「夫禮，必本於天，殽於地，列於鬼神，達於喪祭、射御、冠昏、朝聘。故聖人以禮示之，故天下國家可得而正也。」〔註8〕又曰：「人者，其天地之德，陰陽之交，鬼神之會，五行之秀氣也。」〔註9〕又「人者，天地之心也。」〔註10〕皆由天道以論禮之本於天，人爲天地之貴者，幾全由氣化天道論入手，再論及個人以致於國家、天下。〈樂記〉亦云：「故聖人作樂以應天，制禮以配地。禮樂明備，天地官矣。」〔註11〕又：「人生而靜，天之性也；感於物而動，性之欲也。」〔註12〕亦由氣化天道以論禮樂之配天，論人之性本天之所予。基本上皆承襲〈中庸〉此天人之道的架構，故〈中庸〉可作爲《禮記》氣論諸篇的奠基期，因其氣論主張隱而未顯，而爲其他氣論諸篇所發展，故名其爲「隱晦期」。

二、發展期：〈鄉飲酒義〉、〈祭義〉、〈月令〉

（一）〈鄉飲酒義〉的氣化說

　　〈鄉飲酒義〉的氣論思想，主要有二說：一是以天地之氣論賓主之位，一是以四時之德論賓主之位，以爲新意。

> 天地嚴凝之氣，始於西南，而盛於西北，此天地之尊嚴氣也，此天地之義氣也。天地溫厚之氣，始於東北，而盛於東南，此天地之盛德氣也，此天地之仁氣也。主人者尊賓，故坐賓於西北，而坐介於西南以輔賓，賓者接人以義者也，故坐於西北。主人者，接人以德厚者也，故坐於東南。而坐僎於東北，以輔主人也。仁義接，賓主

〔註6〕　《禮記·中庸》（十三經注疏5，臺北：藝文印書館，1976年），頁894。
〔註7〕　《詩經》（十三經注疏2，臺北：藝文印書館，1976年），頁708。
〔註8〕　《禮記·禮運》（十三經注疏5，臺北：藝文印書館，1976年），頁413。
〔註9〕　同註8，頁431。
〔註10〕　《禮記·禮運》（十三經注疏5，臺北：藝文印書館，1976年），頁434。
〔註11〕　《禮記·樂記》（十三經注疏5，臺北：藝文印書館，1976年），頁670。
〔註12〕　同註11，頁666。

有事，俎豆有數曰聖，聖立而將之以敬曰禮，禮以體長幼曰德。德
也者，得於身也。故曰：古之學術道者，將以得身也。是故聖人務
焉。〔註13〕

此由天地仁義之氣以應〈鄉飲酒禮〉賓、主、介、僎之位，賓者慎進退，介
然不苟，故其接人也以義，是以居西北，以象天之義氣；主者愛賢下士，藹
然相親，故居東南，以象天之仁氣；介輔賓，故居賓位之次爲西南；僎贊主，
故居主位之次爲東北。故賓、主、介、僎之位，乃順天地仁義之氣，配合自
然之節候，亦彰顯人倫之德。

賓必南鄉。東方者春，春之爲言蠢也，產萬物者聖也。南方者夏，
夏之爲言假也，養之、長之、假之，仁也。西方者秋，秋之爲言愁
也，愁之以時察，守義者也。北方者冬，冬之言中也，中者藏也。
是以天子之立也，左聖鄉仁，右義偝藏也。介必東鄉，介賓主也。
主人必居東方，東方者春，春之爲言蠢也，產萬物者也；主人者造
之，產萬物者也。月者三日則成魄，三月則成時，是以禮有三讓，
建國必立三卿。三賓者，政教之本，禮之大參也。〔註14〕

此段論四時之德，以詮釋賓主之位。春、夏主生養萬物，主人爲禮之所由出，
猶春之蠢動生物，故居東位。秋、冬主成就歸藏，賓爲主之所尊，猶天地成
物之德，故居北位南鄉。介爲賓之次，爲主之所敬事，故居西位東鄉，介賓
主之間。此由四時之德論賓主之位，而與前段稍不同，蓋異家之作，以其皆
言之成理，故並存之。

　　儒家傳統上論〈鄉飲酒〉之禮，乃由道德心性與人倫次序言之，所謂「君
子尊讓則不爭，絜敬則不慢，不慢不爭，則遠於鬥辨矣；不鬥辨則無暴亂之
禍矣，斯君子所以免於人禍也，故聖人制之以道。」〔註15〕「尊讓」、「不爭」、
「致敬」乃君子與人相接之德。〈鄉飲酒義〉吸收氣化思想，由天地之氣、四
時之德，再賦予〈鄉飲酒禮〉以新意，使得賓、主、介、僎四者，不僅可表
現尊讓、致敬、致絜、不爭之德，更有其背後的氣化天道義，賓、主象天地，
介、僎象陰陽，三賓象三光，三讓象月魄，四坐象四時，即不僅在人文上表
現不爭、尊讓的道德義，更有其順天地、陰陽、四時的氣化義，更深化豐富

〔註13〕《禮記・鄉飲酒義》（十三經注疏5，臺北：藝文印書館，1976年），頁1005。
〔註14〕《禮記・鄉飲酒義》（十三經注疏5，臺北：藝文印書館，1976年），頁1008。
〔註15〕同註14，頁1004。

〈鄉飲酒禮〉背後的內涵。

　　由《禮記》氣論諸篇的思想發展而言，〈鄉飲酒義〉由天地嚴寒之氣與溫厚之氣，論「天地之義」與「天地之仁」，再進而論賓、主之位，或由四時之德論賓、主之位，都是對氣化思想的初步吸收與附會，尚未消化融合氣化思想，也尚無自成一家的理論架構，可視爲《禮記》氣論思想的初期階段。

（二）〈祭義〉之氣化鬼神觀

　　〈祭義〉引孔子之言：「氣也者，神之盛也；魄也者，鬼之盛也；合鬼與神，教之至也。眾生必死，死必歸土：此之謂鬼。骨肉斃於下，陰爲野土；其氣發揚于上，爲昭明，焄蒿，悽愴，此百物之精也，神之著也。」〔註 16〕蓋氣化之精靈，神明氤氳，能聚而成物，此曰「精」與「神」。「精神」聚而爲人則爲「魂氣」，人之始生，爲魂氣與形魄之合。「魂氣」指無形的情識，「形魄」爲有形的感官肢體，人死魂氣升而爲天，化於氣化神明之精；魄體斃於下土，乃歸爲鬼。故生前在人身爲魂魄，死後消散而爲鬼神，二者實爲天道氣化之聚散而已。

　　《禮記・祭義》由陰陽氣化以論「鬼神」之說，其吸收先秦子產「魂魄」說，季札「魂氣」說，莊子「精神」說，而主氣之精靈爲魂氣，形之所成爲魄體，合「魂氣」與「魄體」而爲人，人死魂氣歸於氣化之神，魄體化土爲鬼，是爲「鬼神」之義。故論祭祀之義，〈祭義〉曰：「合鬼與神，教之至也」〔註 17〕，人之生乃合魂魄而成形，人之死，雖魂升魄滅，但透過祭祀先祖的過程，上報「魂氣」之升，下報「魄體」之形，宛如合其魂魄，如見先人之復生，以慰子孫志意思慕之情，是先人之鬼神有所歸，後人之情識得所慰，所謂「上下用情，禮之至也」〔註 18〕，此乃「鬼神之會」之祭祀義。

　　此說影響及於《禮記・郊特牲》論三代祭祀之禮，其云：「凡祭，慎諸此。魂氣歸于天，形魄歸于地，故祭，求諸陰陽之義也。」〔註 19〕王夫之云：「魂依氣，魄依形，氣散而魂在天爲昭明，形壞而魄在地爲焄蒿，求以其道則魂動而氣可聚，魄感而若有形矣。聲無質，臭有質，聲依氣，臭依形，故陰陽分

〔註 16〕《禮記・祭義》（十三經注疏 5，臺北：藝文印書館，1976 年），頁 813。
〔註 17〕同註 16，頁 813。
〔註 18〕同註 16，頁 813。
〔註 19〕《禮記・郊特牲》（十三經注疏 5，臺北：藝文印書館，1976 年），頁 507。

焉。」〔註20〕言三代祭祀之義在求諸陰陽之意，蓋合氣與形以爲人，氣屬陽，形屬陰，人乃合陰陽之氣形而生。人死則氣散爲魂而歸天，形壞則魄落而歸土，故《禮記・郊特牲》云：「魂氣歸于天，形魄歸于地。」〔註21〕《禮記・禮運》云：「體魄則降，知氣在上。」〔註22〕是魂屬氣，上升歸於天；魄屬體，消散歸於土。此皆承〈祭義〉由氣化以論「魂魄」、「鬼神」，進而論祭祀之義。

由思想史演變而論，《禮記・祭義》重新詮釋鬼神以新意，似乎有恢復上古敬畏鬼神的傳統，只是這個「鬼神」是落在天道氣化論，「鬼神」不再是渺不可知的人格神，而是陰陽氣化的作用、聚散。雖然上古祭祀鬼神與〈祭義〉皆重鬼神之義，但對鬼神的內涵是不同的。對儒家義理而言，〈祭義〉之說，與孔子「敬鬼神而遠之」〔註23〕的觀念相左，但對儒家所重視的「愼終追遠」的教化義上看，〈祭義〉不僅繼續延續先秦儒家「愼終追遠」的人心教化義，更以氣化聚散的觀念，重新詮釋祭禮的意義，透過氣化理論與祭禮儀式，便可以重新合會先人之魂與魄，使先人如在目前，使後人對先人不僅只是思慕之情而已，當下更是眞實的存有，其義深矣。

由《禮記》氣論思想的發展而言，〈祭義〉無氣化天道論的主體義，也無氣化宇宙論的過程，更無五行相生相剋的思想，是爲早期的氣論模型。它吸收先秦以來論鬼神諸說，重新詮釋儒家「祭祀」的意義。其吸收氣化思想中的「精」與「神」以爲人之「魂氣」的部分，人乃合「魂氣」與「魄體」而成其形質心性，人死則魂氣歸氣化之神，魄體化土而爲鬼。故其說對氣論思想而言，觸及天道以精氣與神用生物的創生論，也觸及萬物死後形體消散，復歸天道氣化的聚散義，其理論爲氣化聚而成物與死而消散復歸天道的部分。其由氣化論鬼神，再進而論祭祀新義，可謂初步的消融氣化之說，以詮釋鬼神與祭祀之義，但尚未有完整的氣論體系，可謂是《禮記》氣論思想的進一步發展。

（三）〈月令〉氣論思想的雛形

《禮記・月令》的思想複雜，近則直承《呂氏春秋》十二紀首，遠則承〈夏小正〉、鄒衍「五德轉移說」與《管子》「刑德」說的影響。其思想自成

〔註20〕〔明〕王夫之：《禮記章句上・郊特牲》（臺北：廣文書局，1967 年），頁 595。
〔註21〕《禮記・郊特牲》（十三經注疏 5，臺北：藝文印書館，1976 年），頁 507。
〔註22〕《禮記・禮運》（十三經注疏 5，臺北：藝文印書館，1976 年），頁 416。
〔註23〕《論語・雍也》（十三經注疏 8，臺北：藝文印書館，1976 年），頁 54。

體系，有天道論、修養論與政治論。《禮記・月令》的氣化思想特色，雖取《呂氏春秋》十二紀紀首之文，但並不取其〈紀論〉部分，故乃儒者有意而擇取，不可全視為《呂氏春秋》十二紀的思想，其有自身之思想特色。

《呂氏春秋》十二紀紀首之文，來源複雜多元，不為《呂氏春秋》所獨有者，有來自上古〈夏小正〉的月令資料，此乃《禮記・月令》最原始的部分。其次，吸收道家老莊「法天地」之說，以天地的規律作為人文規範的依據。天地規律的背後內涵，則吸收戰國末期鄒衍陰陽五行之說，以陰陽二氣消長、五行之德流轉，建立其氣化宇宙論。人君當順應陰陽二氣之消長，五行之轉移，當「節欲」、「靜定」以待陰陽二氣之定，此為其修養論。在施政上則順時節以祭祀，以施德行惠或斷獄刑殺，此又受《管子》「刑德」說的影響，是為其政治論。

故《禮記・月令》的氣論思想，可以「毋變天之道，毋絕地之理，毋亂人之紀。」〔註24〕概括之，天之道為天象節氣之規律，地之理為四時蟲魚鳥獸之生息，人之紀為順時祭祀與刑德施政之序，故所反映的是自然義的天道內涵，是陰陽配合五行的氣化宇宙觀，是「與時相應」的人文觀，而天之道、地之理、人之紀又在整體氣化宇宙論的規律下運行不輟。故《禮記・月令》觀其氣化思想，內容複雜多元，反映戰國末期諸子之學合流的趨勢。

《禮記・月令》雖合流諸學卻不紛亂，其思想主旨為「天地人相應」之思潮，而以陰陽五行為氣化的內涵，由天道以論人道之施政、祭祀、修養，反映戰國末期學風之新趨勢。

由《禮記》氣論思想的發展言，〈月令〉篇可謂是氣論思想的一大躍進，它不再只是單一的以氣化思想來詮釋禮意，而是試圖吸收氣化思想的要素，如太一、陰陽、五行之說，來建立自身的理論體系，由《呂氏春秋》而言，可以「圓道說」〔註25〕為其理論架構。但《禮記・月令》畢竟不是《呂氏春秋》，其不取《呂氏春秋》的紀論，而只取十二紀紀首部分，可見其不認同《呂氏春秋》的政治主張。

〔註24〕　《禮記・月令》（十三經注疏5，臺北：藝文印書館，1976年），頁288。
〔註25〕　「日夜一周，圓道也。月躔二十八宿，軫與角屬，圓道也。精行四時，一上一下，各與遇，圓道也。物動則萌，萌而生，生而長，長而大，大而成，成乃衰，衰乃殺，殺乃藏，圓道也。雲氣西行云云然，冬夏不輟，水泉東流，日夜不休，上不竭，下不滿，小為大，重為輕，圓道也。」陳奇猷：《呂氏春秋校釋》（臺北：華正書局，1988年），頁171～172。

　　故《禮記・月令》所呈現氣論思想便不如《呂氏春秋》的體系完整，其所表現的乃爲自然的宇宙觀，以陰陽五行四時運轉的氣化天道論，以及人君當順時施政，春夏以施德行惠爲主，秋冬節氣肅殺，則以斷獄收聚爲主，並順四時節令，實施祈福、驅難之祭祀活動。故上自人君之施政，下及臣民之行止，包括禮樂之活動，全被收攝入此由陰陽二氣消長、五行之德轉移的氣化宇宙論之中，此其說之博大細密處。

　　因此《禮記・月令》在《禮記》的氣論思想的發展中，有其特殊之地位。它吸收〈夏小正〉的時令資料，掌握自然義天地之道的內容；吸收陰陽二氣的觀念，解釋四時節氣的變化；吸收五行之德以附於四時之中，成爲人君歲時祭祀依循的規範；吸收《管子・四時》的「刑德」主張，成爲政治的理想，它反映身處諸子學說相互激盪衝突的時代特色。它也爲《禮記》的氣論思想建立了博大的架構，此天人萬物氣化同體的架構，可與〈中庸〉「天人合德」的架構相呼應。

　　但其獨重氣化天道論的主張，看不出人的道德主體性，而其禮樂附屬於節令歲時之中，與傳統儒家以人之道德爲主體，重禮樂思想的傳統，畢竟是有些隔閡。但可以看出，當時儒者試圖消化氣化思想，以建立自身理論的企圖心，因此〈月令〉實可以代表《禮記》氣論思想的重要發展階段，即嘗試消化氣化思想，以成爲富儒家特色的氣論主張，一個重要的過渡階段。

三、成熟期

（一）〈樂記〉的禮樂氣化論

　　〈樂記〉乃《禮記》氣論諸篇中較成熟的作品，它吸收陰陽氣化的思想，演繹爲禮樂思想的天道觀，「天地之序」爲「禮」之根源，「天地之和」爲「樂」之根源，聖人乃法天地之道以爲禮樂之道，故行禮樂之道乃所以法天地之道，「禮樂以成德」乃所以上達天地之德，再由禮樂之道以治天下，成其「揖讓以治天下」的政治理想。此乃秦漢儒者對氣論思想的初步吸收與消化，成爲富儒家特色的禮樂氣論思想。

　　〈樂記〉的天道觀乃禮樂義的氣化天道觀，其云：「天尊地卑，君臣定矣。卑高已陳，貴賤位矣。動靜有常，小大殊矣。方以類聚，物以群分，則性命不同矣。在天成象，在地成形。」〔註26〕和《易傳》所呈現的剛健不息

〔註26〕《禮記・樂記》（十三經注疏5，臺北：藝文印書館，1976年），頁672。

的宇宙論極爲相似。只是「《易》有太極」〔註27〕爲天道本體，但〈樂記〉的天道主體義不明顯，其所呈現的氣化天道觀有整體之和諧義，是曰「天地之和」，此爲「樂」之根源。氣化天道觀亦有尊卑高下、條理分明之次序義，是爲「天地之序」，此爲「禮」之根源，聖人「作樂應天，制禮配地」，故「禮樂」的根源在氣化天道，於是儒家禮樂文化乃具氣化之天道義，聖人制禮樂乃爲「法天地」之和諧與秩序，故〈樂記〉氣化天道論可謂禮樂義的天道觀。

在心性論方面，〈樂記〉云：「人生而靜，天之性也；感於物而動，性之欲也。」〔註28〕其論人性主「天性」與「人情」，天性來自於天道之氣化，而人情的內涵爲喜怒哀樂好惡之情，可謂吸收〈中庸〉「天命之謂性」與荀子「血氣心知」之說而成。此乃嘗試由氣化之道以論心性之道，惜乎〈樂記〉在心性論上剖析未深，強調「禮樂」在條理性情上的作用。實則〈樂記〉論「性情」的內容較近於荀子「血氣心知」之說，惟其性情乃上接於氣化天道以論，其說與〈禮運〉論「七情」、「十義」之說相通。天性所發喜怒哀樂之情太過則無節，故人之性情需要條理，「樂」主人情之和，「禮」主人情之節。「禮」不僅是外在之儀節，更內在爲人情之節理，「樂」則不僅是鐘鼓樂音，更內在爲人心之和諧，是儒家論傳統禮樂的文化義外，更深化至內在的心性義，此似是孔子「禮云禮云！玉帛云乎哉？樂云樂云！鐘鼓云乎哉？」〔註29〕問題的回答，即禮樂不僅是外在的玉帛鐘鼓，更有內在心性論上的和諧與節制之義。

〈樂記〉論「成德」，所謂「情深而文明，氣盛而化神，和順積中而英華發外」，必合內外以論「樂」之德，「情深」者由內在喜怒哀樂之情而言其中節，「氣盛」者乃內在心氣之和暢，使氣性不偏於陰陽剛柔之一隅，而發爲中和之情。「文明」者，有德者必有容，有德者必發其樂音，「容」、「音」皆爲德性抒發的表現，其「和順之積中」，必有「英華之發外」的聲與容，是爲成己之德。「文明而化神」者，此乃就「樂」之成教而言，「英華之發外」即由個人本心氣化之和，影響及於他人心氣之變化，此爲「氣化相感相應」之作用，故可移風易俗，化民爲善，乃成「樂教」之教化義，是爲君子之德化。

〔註27〕《周易・繫辭上》（十三經注疏1，臺北：藝文印書館，1976年），頁156。
〔註28〕《禮記・樂記》（十三經注疏5，臺北：藝文印書館，1976年），頁666。
〔註29〕《論語・陽貨》（十三經注疏8，臺北：藝文印書館，1976年），頁156。

「禮樂之治」爲〈樂記〉的政治理想，自天道氣化而言，乃聖人法「天地之和」與「天地之序」而來，乃法天道之則以爲人道之禮樂。自心性論而言，則「禮樂」本於天性之靜，外在以節度人情之發，內在則感人心之善，故實踐禮樂乃成就人身之德。自政治論而言，則以禮樂刑政治國，禮樂以治民之身，刑政以舉賢禁暴，使君臣父子各適其位，乃得揖讓以治天下。

〈樂記〉的政治理想，正是要成就「禮樂之治」，此可謂孔子「克己復禮，天下歸仁」﹝註30﹞理想的實踐，此乃秦漢間儒者吸收《荀子・樂論》、《呂氏春秋》論樂諸篇，又吸收《管子》「刑德說」及鄒衍陰陽家之說，乃成其「揖讓而治天下」的禮樂之治，其吸收諸家學說的特質，正反映戰國末期的學術特色。故〈樂記〉「禮樂之治」的主張，實爲秦漢儒者苦心之作。

觀〈樂記〉由天道以論禮樂之源，由性情以論禮樂之用，由禮樂以論成德之功，由禮樂刑政以論「揖讓以治天下」的政治理想，乃〈樂記〉所建立具禮樂思想特色的氣論體系。〈樂記〉的氣論思想規模，乃遠承於〈中庸〉「天人合德」，近襲於〈月令〉「天之道、地之理、人之紀」的結構。故〈樂記〉的氣論架構便包括天道論、修養論、成德論、以致於政治理想義，此宏大架構在〈禮運〉、〈禮器〉、〈郊特牲〉的氣化論中也可以見到，可謂秦漢之儒者吸收氣論思想以來，終成一家之言的代表作。

就《禮記》氣論思想的發展而言，〈樂記〉可視作具儒家禮樂特色的氣論，其由「天地之和」以論樂，「天地之序」以論禮，是由氣化天地之道以論禮樂之道，可謂是吸收消化陰陽氣化思想，再以之詮釋禮樂之道。非如〈鄉飲酒義〉只是將天地嚴寒與溫厚之氣，直接附會於賓主之位的單純；也不似〈月令〉以氣化天道的歲時節令爲主體，禮樂只是附屬的人文活動。在〈樂記〉中「禮樂之道」是人文的主體，雖然它依據的規律是天道的「合」與「序」，但對人而言，人所依循的不是天道，而是禮樂之道，藉由禮樂之道的實踐，人可由「禮樂以成德」，此可謂承〈中庸〉「天人以德」的傳統而發，在〈中庸〉人藉由道德實踐以上達天道之德，而〈樂記〉則透過「禮樂以成德」來連結天人關係，此既不違〈中庸〉之旨，更上接儒家重視禮樂的傳統，可視爲儒家禮樂思想的一大進展。

（二）〈禮運〉、〈禮器〉、〈郊特牲〉的氣化論特色

〈禮運〉、〈禮器〉、〈郊特牲〉的氣論思想，可謂是《禮記》氣論諸篇的

﹝註30﹞《論語・顏淵》（十三經注疏8，臺北：藝文印書館，1976年），頁106。

理論成熟之作，其以「太一」爲本體，形成完整的氣化天道論；由「七情」、「十義」以對治人情，建立結合荀學與孟學的心性說；其主人君守至正之心，以禮樂爲柄，由修身以推至於天下國家，而倡「大順說」的理想，可謂由天以論人，由人情以論禮樂，由禮樂以論治國家天下，由本而至末，建立完整富儒家特色的氣論體系。

〈禮運〉吸收「太一」爲本體的天道論，其目的不在凸顯自然的氣化宇宙論，乃建立禮樂的氣化宇宙論，而云：「禮，必本於太一」〔註31〕，「禮樂」不只是孔子承襲三代的文化傳統，「禮樂」也不只是荀子維繫社會秩序的規範，更不僅只是外在的鐘鼓樂音、進退行止之儀，「禮樂」乃聖人法天地而制，「禮樂」所呈現的就是天地之道的落實，即天道以太一、陰陽、五行爲內涵，人道承天道而以「禮樂」之道爲內涵。〈禮運〉賦予「禮樂」以天道義，此與〈樂記〉由天地之和論「樂」，由天地之序論「禮」，用心相同，可說〈樂記〉與〈禮運〉兩篇皆承荀子「禮之本於天地」之說的發展，惟〈樂記〉的天道主體義不明顯，而〈禮運〉則明確指出「禮，必本於太一」，可謂是儒家吸收氣化天道論以詮釋「禮樂」之義的氣化論成型。

〈禮運〉之論人曰：「人者，其天地之德，陰陽之交，鬼神之會，五行之秀氣也。」〔註32〕由天道氣化以論人之根源、形質、及仁義禮智信之內涵，乃結合天道論，論述人之形性義，鬼神義及禮樂之根源義，更擴及到人與家、國、天下的連結，以達人與天地、山川、鬼神、人倫社會的和諧，甚具特色。可謂承〈中庸〉：「天命之謂性」〔註33〕以來，由天以論人的發展，是由氣化天道以論人的豐富內涵。

在心性論方面，以「陰陽之交，五行之秀氣」論人之形性，而主「七情」、「十義」之說，天生形性有喜怒哀樂之情，可表現仁義禮智之性，禮樂之道雖爲聖人所制作，卻亦爲人情之本有，可以說〈禮運〉所論心性內涵，雖受荀子思想較深，卻不否定人情中本有之善性，可謂是融合荀子「性惡」、「勸學」、孟子「性善」說的特色，即所謂「美惡皆在其心」〔註34〕，使儒家心性論的發展有新意。

〈禮器〉論聖人制禮的原則，所謂「禮，時爲大，順次之，體次之，宜

〔註31〕《禮記·禮運》（十三經注疏，臺北：藝文印書館，1976 年），頁 437。
〔註32〕同註 31，頁 431。
〔註33〕《禮記·中庸》（十三經注疏 5，臺北：藝文印書館，1976 年），頁 879。
〔註34〕《禮記·禮運》（十三經注疏 5，臺北：藝文印書館，1976 年），頁 431。

次之,稱次之。」〔註35〕蓋天道氣化之運爲「時」,天地、宗廟、父子、君臣之序爲「順」,社稷山川鬼神之別爲「體」,喪祭賓客之宜爲「義」,各適其所用爲足是爲「稱」。此論聖人之制禮,本於天道氣化之別,落而爲人道,乃順於人心以爲朝覲、喪祭之節,制禮之義涵攝天地四時之祭、人情之節度與萬物之理者,是聖人制禮之意從文化義、社會義,擴大涵蓋天地人物之道,合於天地四時之道,合於人心之情,又要順於萬物之理,是爲聖人制禮「法天地」的進一步析論。

〈郊特牲〉由氣化義詮釋具體之「郊」、「社」、「昏」、「祭」之禮。蓋,「郊」禮乃「報本反始」之根源義,天地萬物皆天所始生,故「郊」禮法天之數而祭。「社」禮乃「教民美報」之生養義,其吸收氣化宇宙論的天地、陰陽、日月、四時、十二月之觀念,以爲郊、社之禮儀服色之則,是在形式上對儒家傳統禮儀的改造。論「昏」義,由天地氣化之合以論人世男女之合配,是在荀子社會規範義,《禮記‧昏義》家族延續義之外,開展婚姻制度背後之天道意涵。更由男女之配,以推演其夫婦、父子、君臣上下之社會規範,而成禮樂制度以應天地之德。論「祭」義,則先分析人爲陰陽之氣形所生成,人死則氣形化爲魂魄,魂屬陽而歸天,魄屬陰而歸土,故祭祀之禮乃求諸先人魂魄之合,若合聚則若存,是祭神而其神眞若存者,此不僅只是對先人的志意思慕之情而已,乃眞宛如見先人之如在目前者,可說是以另一種理性分析來陳述鬼神之說的新意。

〈禮運〉論爲政,強調「政本於天」,是亦由天道以論治道,而主人君當「中心無爲,以守至正」,以體會天道之則。故生生者爲天道,人之回應天者,爲禮義之道。故〈禮運〉論爲政,爲政之根源乃天地之道,實踐的途徑則是禮義之道,禮義之道其本於天道,二者在氣化中本爲一體。故天地有氣化之更始,人世有禮義之運行,二者並行不悖。

綜合上述,「大順」說爲〈禮運〉、〈禮器〉、〈郊特牲〉此三篇氣論的最高理想。「大順」說對「順天之道」而言,自是順應天地陰陽氣化之道,因氣化天道爲本體,亦爲宇宙創生之主體,天地萬物皆本於天,故當順天而行。對「治人之情」而言,乃針對天生喜怒哀樂之人情而言,人情過則爭,爭則亂,故不能不有所節理,故聖人本天地陰陽氣化之理,法天地之別,而制爲禮義,以節和人情之爭亂,勸習講學,以化民爲善,而人之喜怒哀樂乃得其宜,是

〔註35〕《禮記‧禮器》(十三經注疏5,臺北:藝文印書館,1976年),頁450。

乃順人情。由順人情以論「禮」之節人情，「禮」乃人情合宜之表現，當應其時、順、體、宜、稱之便，以為郊、社、昏、祭之禮。「大順」說對「達之天下」而言，則是人君當「中心無為，以守至正」，體天道而制禮義，以禮義治人之情，使禮達而分定，更推及於家、國、天下，使父子以慈、夫婦以敬、兄弟以弟，則順一家；使君臣各司其職，相守以正，則順一國；使天子以德，諸侯、大夫、士各守其職分，則順天下而治。

　　故「大順」之說，包含順天道之應時而運行，順萬物之以時而取，聖人順天地之德而制作禮義，以順人情之節理，以禮義之道順家，以禮義之道治國，以禮義之道安天下。故其說乃以天地氣化萬物為一體，天道以陰陽氣化生生萬物為德，人道以禮義之道回應天地之德，是天人萬物在氣化上為同質，以禮義之道作連結，故禮義之道與天道在價值義上為同理，是以「大順」說實是貫通天道、人情、治道，以至於家、國、天下的最高理想。

　　〈禮運〉、〈禮器〉、〈郊特牲〉三篇可代表《禮記》氣論思想的成熟作品，可謂「體大而思精」，分天道論、心性論、禮樂論及政治理想論等部分：在天道論方面，由〈中庸〉「天人合德」、〈月令〉的自然天，再至〈樂記〉「天地之序」、「天地之和」論「禮樂」，最後明確提出「禮必本於大一」的禮樂氣論思想，是先秦儒者逐步吸收消化氣論主張，再重新詮釋「禮樂之道」的過程，聖人乃法此天道氣化之道以為禮樂之制，反映由天道以論人道規範的思想趨勢。心性論上，提出「七情」與「十義」之說，「七情」乃承《左傳》「天生六氣」說而來，「十義」則承〈中庸〉：「君臣、父子、夫婦、昆弟、朋友」之「五達道」說而衍，是皆主張透過禮、義、學、仁、樂之功，使「七情」發而為「十義」以為成德之君子，可謂結合孟學的性體與荀學的工夫而成其心性論。在禮樂義理的詮釋上，承〈樂記〉由「天地之道」論「禮樂之道」的方向，〈禮運〉、〈禮器〉、〈郊特牲〉無論在「禮」的天道義，提出「禮必本於大一」之說；在論聖人制禮的原則，也提出「時、順、體、宜、稱」之變通；更落實在具體的「郊、社、昏、祭」之禮的儀則上，吸收氣論思想作新的詮釋，構成完整的氣化禮樂體系，可謂「極高明而道中庸」。

　　最後在理想義的提出上，承〈樂記〉「揖讓以治天下」的禮樂治國的理想義，〈禮運〉、〈禮器〉、〈郊特牲〉三篇提出「大順」說及「大同與小康」的主張，「大順」說，由禮樂對人君的修身、治心，再論及治國、治天下、理萬物，誠「體大而思精」，由「大順」之說以論「大同與小康」，或具新意焉。

故〈禮運〉、〈禮器〉、〈郊特牲〉確爲《禮記》氣論諸篇在思想義理上的成熟作品。

第二節　合《禮記》氣論諸篇論其氣論思想

析分《禮記》氣論諸篇的氣化思想各具特色，也有其思想的延續性。合論《禮記》氣論諸篇，可發現其中亦有其共通性，主要表現在禮樂的天地氣化論、人情感發的禮樂化、成德之道：天人、學行、禮樂之一體、禮樂之治的理想等方面，以下論述其義：

一、禮樂的天地氣化論

《禮記》氣論諸篇所反映的天道觀，非上古意志天，非道家自然天模式，乃承先秦儒家的道德天傳統，但其道德天的內涵爲陰陽二氣氣化萬物之同體，表現大小高低尊卑貴賤之序別，於是道德氣化天成爲禮樂之道的根源，氣化天道的表現，制作爲人道之禮樂。故《禮記》氣論諸篇所反映的天道觀，其特色乃屬禮樂義的氣化天道觀。

（一）〈中庸〉：天人合德觀

〈中庸〉的天道觀無陰陽五行氣化之說，乃上古素樸的自然天觀念，其承孔子「天何言哉？四時行焉，百物生焉」〔註36〕之說而來。但賦予天道以道德意義，故云：「博厚，所以載物也；高明，所以覆物也；悠久，所以成物也。天地之道，可壹言而盡也。其爲物不貳，則其生物不測。天地之道，博也厚也，高也明也，悠也久也。」〔註37〕而主「君子尊德性而道問學，致廣大而盡精微，極高明而道中庸。」〔註38〕以建立天人合德的理論架構，可以說乃道德義的生生天道觀。

《禮記·月令》沒有天道的完整理論，它是一年十二紀的歲時節令，它客觀的紀錄一年中天象、草木禽獸以至於人文的活動，其中可看出「天之道、地之理、人之紀」的變化規律，可謂自然義的天道觀。特別的是，〈月令〉吸收「陰陽」與「五行」之說來詮釋歲時變化與人君施政之宜，故〈月令〉初步建立以「陰陽」配合「五行之德」的天人之道，乃以天地人物爲一氣同體

〔註36〕《論語·陽貨》（十三經注疏8，臺北：藝文印書館，1976年），頁157。
〔註37〕《禮記·中庸》（十三經注疏5，臺北：藝文印書館，1976年），頁896。
〔註38〕同註37，頁897。

的氣化關係，此乃《禮記》氣化天道論的雛形。

　　《禮記‧鄉飲酒義》乃由「天地嚴寒之氣」與「天地溫厚之氣」以附會於賓、主、介、僎之位的說法，此可謂儒者初步吸收氣論的思想，試圖詮釋「鄉飲酒禮」的賓主之位別，雖然略顯粗糙，但也開啟後儒吸收氣論思想以詮釋禮樂之新說，表現天地之氣與人倫之位的同體關係。

（二）〈樂記〉：「天地之和」與「天地之別」

　　〈樂記〉由天道觀詮釋禮樂思想，其云：「地氣上齊，天氣下降，陰陽相摩，天地相蕩，鼓之以雷霆，奮之以風雨，動之以四時，煖之以日月，而百化興焉。如此則樂者天地之和也。」〔註39〕又云：「天尊地卑，君臣定矣。卑高已陳，貴賤位矣。動靜有常，小大殊矣。方以類聚，物以群分，則性命不同矣。在天成象，在地成形；如此，則禮者天地之別也。」〔註40〕則〈樂記〉吸收陰陽氣化的觀念，卻由禮樂思想來詮釋天地之道，於是天道之整體曰「天地之和」，天道之分殊曰「天地之別」，「天地之和」為「樂」之根源，「天地之別」為「禮」之根源。

　　故〈樂記〉雖為陰陽氣化的天道觀，卻可視作「禮樂義」的天道觀，即天地以氣化為體，人則以禮樂之道為則，是以「禮樂之道」為人倫之主體，天道論乃為詮釋禮樂之道的本體依據，於是天人以氣化為同體，但天人又有所別異，人無法直接以天道為主體，人當以禮樂之道為主體，以禮樂合德方可上達於天，此乃具儒家「天人合德」之特色。

（三）〈禮運〉、〈禮器〉、〈郊特牲〉：禮本於大一

　　〈禮運〉論「禮」必本於「大一」，是亦將「禮」之根源義連結於「大一」天道，其云：「是故夫禮，必本於大一，分而為天地，轉而為陰陽，變而為四時，列而為鬼神。其降曰命，其官於天也。夫禮必本於天，動而之地，列而之事，變而從時，協於分藝，其居人也曰養，其行之以貨力、辭讓：飲食、冠昏、喪祭、射御、朝聘。」〔註41〕可以說〈樂記〉以「雷霆，風雨，四時，日月」呈現的自然天意象，至於〈禮運〉則吸收由「大一、天地、陰陽、四時、五行」所建構的氣論體系來取代自然天的內涵，此乃由氣論的體系來詮釋「天地之序」，以氣化論的「天地之序」詮釋「禮」之根源，由〈禮運〉可

〔註39〕　《禮記‧樂記》（十三經注疏5，臺北：藝文印書館，1976年），頁672。
〔註40〕　同註39，頁672。
〔註41〕　《禮記‧禮運》（十三經注疏，臺北：藝文印書館，1976年），頁437。

以看出秦漢儒者對氣論思想的逐步深化吸收，但詮釋的主體乃落實在「禮樂」之義上，由氣化義的「天地之別」，再引伸論及人文倫理義的「飲食、冠昏、喪祭、射御、朝聘」之禮。

（四）綜　論

觀《禮記》氣論諸篇天道論的發展，由〈中庸〉以至於〈禮運〉，也許諸篇論天道各具特色，但有其共通點，即是依循「天人合德」的架構進行，但「天人合德」的內涵，最後歸結於「禮樂之道」，即以「禮樂之道」連接天與人，故其天道觀可謂「禮樂義」的天道觀。

〈中庸〉「天命之謂性」，論天以「性」賦予人，人由「盡性」、「至誠」以上達天德，爲道德實踐義的「天人合德」架構。〈月令〉始吸收氣論思想，建構氣化循環不已的天道觀，而人文與萬物之生養，皆接納於此氣化天道之體系下而論，人需配合天道之序以行止，此乃以天道涵攝人道之一體義。〈樂記〉則以自然義的「天地之序」論「禮」、「天地之和」論「樂」，此乃由儒家禮樂義看待自然天道之「序」與「和」，人由「禮樂」之行以成德，由禮樂修身以治天下，以上達「天地之情」，是由禮樂的實踐義以達「天人合德」之境。〈禮運〉延續〈樂記〉的思想，亦爲禮樂以上達天道的模式，但更博大而細密。其云：

> 以天地爲本，故物可舉也；以陰陽爲端，故情可睹也；以四時爲柄，
> 故事可勸也；以日星爲紀，故事可列也；月以爲量，故功有藝也；
> 鬼神以爲徒，故事有守也；五行以爲質，故事可復也；禮義以爲器，
> 故事行有考也；人情以爲田，故人以爲奧也；四靈以爲畜，故飲食
> 有由也。〔註42〕

此乃由氣化天道論的完整體系，下論人道之禮樂事功。是以天地、陰陽、四時、日月、鬼神、五行組成的氣化宇宙論，下落以論萬物、人情、事爲、事功、事守、事復之成，透過「禮義」的途徑，成就人道的禮樂倫理的人文世界。〈禮器〉云：「禮也者，合於天時，設於地財，順於鬼神，合於人心，理萬物者也。」〔註43〕此秦漢之儒者消化道家、陰陽家之天道論，建立富儒家特色的新天道觀，即是以氣化思想爲天道內涵，但此氣化宇宙論所呈現的卻是「天地之別」與「天地之和」的禮樂倫理義，因此以禮樂倫理義的天道來

〔註42〕《禮記‧禮運》（十三經注疏，臺北：藝文印書館，1976年），頁432。
〔註43〕《禮記‧禮器》（十三經注疏，臺北：藝文印書館，1976年），頁449。

賦予禮樂的根源義，以禮樂倫理義的天道來論人由禮樂以成德，以上達天道之大德。

故合《禮記》氣論諸篇的天道論思想，其所呈現的天道觀乃富儒家特色的禮樂義的天道觀。其淵源可溯及〈中庸〉「天人合德」的道德義的天人架構，逐步吸收道家與陰陽家的氣論素材，由〈鄉飲酒義〉的「天地之氣」，〈月令〉的自然氣化論，到〈樂記〉「天地之序」與「天地之和」，最後至於〈禮運〉提出「禮本於太一」的主體義的完成，以天地、陰陽、四時、五行、鬼神為天道內涵，呈現氣化天道的秩序與一體義，以為「禮樂之道」的根據，再落實於人倫中制作其郊、社、冠、昏、喪、祭之禮，逐步完成禮樂義的氣化天道觀。

故〈中庸〉「天人合德」的架構，其天道理論由〈樂記〉與〈禮運〉所完成，而大一、陰陽、四時、五行之氣化思想在其中扮演實然的角色，於是在〈中庸〉由道德感通而建立的道德宇宙，在〈樂記〉與〈禮運〉中則吸收實然的氣化思想，而成其氣化天道論。但其主體非自然義之氣化天道論，而乃以之詮釋「禮樂之道」，重新賦予「禮樂之道」以天道義，反映富時代特色的「禮樂」新意，故可謂「禮樂義的天道觀」。

二、人情感發的禮樂化

《禮記》氣論諸篇之論人之性情，多承《左傳》「六情」〔註44〕之說，即「人有好、惡、喜、怒、哀、樂生於六氣」，「六氣」為「陰、陽、風、雨、晦、明也」〔註45〕，是古來即有「天之六氣以生人之六情」的說法，此可謂原始的氣化心性觀。〈中庸〉始倡喜怒哀樂發而中節之「中和之道」，〈樂記〉則主「禮樂之道」以調和節制人情，〈禮運〉諸篇由「七情」、「十義」的探討中，逐步完成其「禮樂以治人情」的氣論主張，故統而論之，《禮記》在心性論上的氣論主張為「氣性人情的禮樂化」。

（一）〈中庸〉論性情之中和

〈中庸〉曰：「天命之謂性」〔註46〕，將天與人以「性」相連接，下接「喜

〔註44〕「民有好惡、喜怒、哀樂，生于六氣」《左傳》（十三經注疏，臺北：藝文印書館，1976 年），頁 888。
〔註45〕《左傳》（十三經注疏，臺北：藝文印書館，1976 年），頁 709。
〔註46〕《禮記・中庸》（十三經注疏 5，臺北：藝文印書館，1976 年），頁 879。

怒哀樂之未發，謂之中；發而皆中節，謂之和」〔註 47〕，是性之內涵爲「喜怒哀樂」，只是要「發而中節」方爲德，性情需成德乃得與天相應，透過「好學、力行、知恥」以達修身、治人、治天下國家，是曰「盡性」。「盡性」要透過「至誠」的工夫，即性情要經過學習與實踐方能成德，所謂「博學之，審問之，愼思之，明辨之，篤行之。」〔註48〕的學習過程轉化，此爲「至誠」之修養論。此本孔子「好學近乎知，力行近乎仁，知恥近乎勇」的基礎上，使人得具「知、仁、勇」之德，使性情得發而皆中節，性情致其「中和」，方得盡己之性，盡人之性，盡物之性，此乃性情之大德，乃得參贊天地之化育，天人合德於此。

故〈中庸〉論人之性情，可謂將「天之六氣」歸結於「天命」之德，人之性情來自於「天命」之所予，人與天因「天命之性」而有連結，而「天命之性」的內涵，包括氣質之性與義理之性，二者實爲一體而又有別，即喜怒哀樂之情爲氣質之性，乃天生人情之內涵；喜怒哀樂發而中節，方爲義理之性，故二者乃同質而表現不同而已，即氣質之性無過與不及處，即爲義理之性。氣質之性外在的規範即爲「禮樂之道」，而義理之性再進一步的逼顯，便是孟子「性善」之說。

（二）〈樂記〉：人情之感與節

〈樂記〉由天之氣化以論人，由性之感通以論心性的內涵，由禮樂的調節感發以論成德。其論人之性情曰：「人生而靜，天之性也；感於物而動，性之欲也。」〔註49〕是論「性情」自「天性」與「人情」論，「天性」本於天道之始，「人情」則感物而發爲喜怒哀樂之情。但感物之無窮，好惡之無節，則易生亂，故云：「夫物之感人無窮，而人之好惡無節，則是物至而人化物也。人化物也者，滅天理而窮人欲者也。於是有悖逆詐僞之心，有淫泆作亂之事。是故強者脅弱，衆者暴寡，知者詐愚，勇者苦怯，疾病不養，老幼孤獨不得其所，此大亂之道也。」〔註50〕

故聖人制作禮樂，使人愼其所感，節其好惡，使其性情各安其位，乃無悖逆詐僞之心，無淫泆作亂之事，故云：「先王本之情性，稽之度數，制之禮

〔註47〕《禮記・中庸》（十三經注疏 5，臺北：藝文印書館，1976 年），頁 879。
〔註48〕同註 47，頁 894。
〔註49〕《禮記・樂記》（十三經注疏 5，臺北：藝文印書館，1976 年），頁 666。
〔註50〕同註 49，頁 666。

義。合生氣之和，道五常之行，使之陽而不散，陰而不密，剛氣不怒，柔氣
不懾，四暢交於中而發作於外，皆安其位而不相奪也。」〔註51〕是由陰陽、
五行之氣化，以論人血氣心知的內涵，即人之性情乃合陰、陽、剛、柔之氣
性以成，是有陽而散、陰而閉、剛而怒、柔而懼之偏，故聖人「合生氣之和，
道五常之行」，此乃循陰陽氣化之常道，制作禮樂之儀節。

　　故〈樂記〉可謂承〈中庸〉「天命之謂性」之說，而吸收陰陽氣化剛柔之
性以爲內涵，而以心之感發喜怒哀樂之情易過而無節，故主「禮樂之道」以
治人情。

　　「禮」由天地之節以論人情之節，所謂：「天地之道，寒暑不時則疾，風
雨不節則饑。教者，民之寒暑也；教不時則傷世。事者民之風雨也；事不節
則無功。」〔註52〕又云：「先王之制禮樂，人爲之節；衰麻哭泣，所以節喪紀
也；鐘鼓干戚，所以和安樂也；昏姻冠笄，所以別男女也；射鄉食饗，所以
正交接也。禮節民心，樂和民聲。」〔註53〕天地之道生生不已，因其有「節」，
故人倫之道亦當有「禮樂之節」，使心之感物發爲喜怒哀樂之中節。

　　「樂」主人心之感與善心之發，所謂：「凡姦聲感人，而逆氣應之；逆氣
成象，而淫樂興焉。正聲感人，而順氣應之；順氣成象，而和樂興焉。倡和
有應，回邪曲直，各歸其分；而萬物之理，各以其類相動也。是故君子反情
以和其志，比類以成其行。姦聲亂色，不留聰明；淫樂慝禮，不接心術。惰
慢邪辟之氣不設於身體，使耳目鼻口、心知百體皆由順正以行其義。」〔註54〕
蓋樂者本於人心之動，正聲感其善心，則順氣應之；姦聲感其邪心，則逆氣
應之。故君子必慎其樂，必近其善氣，遠其惰慢邪辟之氣，使心知百體行義
而順善氣，使內在氣化之心性近善氣而遠戾氣。

　　故〈樂記〉之心性論，可謂是「禮樂化」的氣化心性論。蓋心性的內涵
爲陰陽剛柔之氣性，感物而發爲喜怒哀樂之情，惟人感物之無窮則逐欲而爲
亂，故內感惰慢邪辟之氣，外發淫泆作亂之事，此大亂之道。故內在之氣性
與外在之情發，須禮樂之道以治之，內在之氣性轉化爲「樂」之和，外在之
情發而中節爲「禮」之用，透過禮樂之道的實踐與感發，氣性感善氣而爲易
直子諒之心，人情有節則爲婚喪飲酒之禮，合禮樂之道，則內以治心，外以

〔註51〕《禮記‧樂記》（十三經注疏5，臺北：藝文印書館，1976年），頁680。
〔註52〕同註51，頁678。
〔註53〕同註51，頁666。
〔註54〕同註51，頁682。

治身，是內外一體而爲成德之君子，此君子之心性全爲「禮樂之道」所化，是爲「禮樂化」的氣化心性論。

（三）〈禮運〉、〈禮器〉、〈郊特牲〉：禮義以治人情

〈禮運〉亦由氣化與義理義論人，其云：「故人者，其天地之德，陰陽之交，鬼神之會，五行之秀氣也。」〔註 55〕論人之根源於天地之德，人之形質感官來自陰陽、五行之氣化，惟人最得形氣之正，能食味、別聲、被色；人之性靈則得自五行之秀氣，能知仁義禮智信之理，故稟義理之全。是以人源於天，有形氣之質，具感官之能，稟心知之靈以知性理。故人的組成包括形質義，即人感官之能與情欲之好惡，即人之生理情欲面。但亦強調天地之德，強調人之所以爲貴在於能知仁義禮智信之理，是亦不違儒家重道德義理面之主流價值。

〈禮運〉論人之性情，有「七情」、「十義」之說。自喜怒哀懼愛惡欲之七情切入，統而言之，即心之欲惡，此乃「弗學而能」之天性。此天性來自於「天地之德、陰陽之交」的氣化成形，順欲惡而發七情，則易流於爭奪相殺，故當治人七情，以順十義之發。「十義」乃對治於人情之過與不及，乃「父慈、子孝、兄良、弟弟、夫義、婦聽、長惠、幼順、君仁、臣忠」十者，此爲人世之倫理關係與相應之內涵，外在對應的人倫關係曰「禮」，內在的情發中節曰「義」，故「禮義」乃對治於人情之發。「七情」與「十義」，二者本同質一體，惟表現有所別，順欲惡而發則爭奪相殺，是爲人禍；順禮義而行，則講信修睦，則爲人利，故「七情」的禮義化，即爲「十義」的表現。

由「禮義」以治人情之說，〈樂記〉「禮者，人情之節」「樂者，人情之和」已申其勝義。〈郊特牲〉則進一步將「禮樂治人情」之義，落實於具體之儀節中，如論「郊」、「社」之禮曰：「郊之祭，大報本反始也。」〔註 56〕此節人感天之源而報本反始之情；「社所以神地之道也，地載萬物，天垂象，取財於地，取法於天，是以尊天而親地也。」〔註 57〕此節人感地之惠而圖美報之情；論「昏禮」之義曰：「天地合，而后萬物興。夫昏禮，萬世之始也。」〔註 58〕此

〔註 55〕《禮記正義‧禮運》（十三經注疏，臺北：藝文印書館，1976 年），頁 431。
〔註 56〕《禮記‧郊特牲》（十三經注疏 5，臺北：藝文印書館，1976 年），頁 500。
〔註 57〕同註 56，頁 489。
〔註 58〕同註 56，頁 505。

節人男女相悅之情；論「祭禮」曰：「魂氣歸于天，形魄歸于地，故祭，求諸陰陽之義也。」〔註 59〕此慰人思慕追懷之情，其皆由氣化之理，人情之節處立論。

（四）綜　論

論〈禮記〉氣論諸篇的心性論，可看出其傾向「情性的禮樂化」的特色。〈中庸〉始論「天命之謂性」，將心性與天道作連結，人道經由「盡性」、「至誠」之功，將喜怒哀樂之情，發為知、仁、勇之德，擴及修身、治人、治天下國家，以上達於天地之德。此由天道以論人性，由人性之修養以上達天道，天與人在德行上做連結，開創儒家天人合德的架構，表現「情性道德化」的趨向。

〈樂記〉由天道陰陽氣化以論人剛怒柔順之性，感物而動則發為喜怒哀樂之情，人情之發而無節則亂生，故需由「禮樂之道」以治人情。「禮樂之道」始於天地之道，禮本天地之序，樂本天地之和，天道有節、有和乃成其天地之德，故聖人感天地之道而有禮樂之作，以為人情之則，禮者節人情之發，樂者協人情之和，是「禮樂」以治人情，人情得禮樂之作乃得成德，以上達於天地之道。此乃〈樂記〉論「禮樂」內涵之勝義，故「禮樂」乃對治於人情之調和與節理，是人情性之發，待禮樂之行而成德，可視為「情性的禮樂化」。

〈禮運〉、〈禮器〉、〈郊特牲〉諸篇論心性，可謂理論最完整，其論人自天地、陰陽、鬼神，五行之秀氣論之，乃自氣化論切入。落實於人情為喜怒哀懼愛惡欲之「七情」，透過禮義之行，表現為父慈、子孝、兄良、弟弟、夫義、婦聽、長惠、幼順、君仁、臣忠之「十義」，由「十義」以論禮樂之道。禮義之道本於「大一」、天地、陰陽、四時、五行之理，聖人制之以為人道之禮義，以節人情之發，故因報本感恩之情，而制「郊」、「社」之禮，節飲酒之歡而制鄉飲酒之禮，感思慕之情而制喪祭之禮，節男女之悅而有昏禮之制。故禮義之作上達天道之氣化，下順人情之發，人情之發透過「禮」之實踐，乃成其「人者，天地之心」〔註 60〕。故〈禮運〉、〈禮器〉、〈郊特牲〉諸篇論心性，將禮樂之義連結於天道，落實於人道而有禮樂之作，「七情」透過禮樂的具體實踐，如郊、社、昏、喪、祭、飲酒之禮等，而安頓其喜怒哀樂愛欲

〔註 59〕　《禮記・郊特牲》（十三經注疏 5，臺北：藝文印書館，1976 年），頁 507。
〔註 60〕　《禮記・禮運》（十三經注疏 5，臺北：藝文印書館，1976 年），頁 434。

懼之七情，故人之內在心性乃逐步義理化，而外在之行止乃逐步禮樂化，而由性情之修身，以至於十義之人倫對待，以至於天地鬼神與後嗣之育，無不收攝於禮樂之行中，此乃〈禮運〉、〈禮器〉、〈郊特牲〉諸篇論心性之深義，即「情性禮樂化」的理論、原則與落實的完成。

三、成德之道：天人、學行、禮樂之一體

（一）〈中庸〉：下學而上達

〈中庸〉論成德之君子云：「尊德性而道問學，致廣大而盡精微，極高明而道中庸，溫故而知新，敦厚以崇禮。」〔註61〕此君子之成德乃相應於天道「博、厚、高、明、悠、久」之德，法天道而尊德性、道問學，法地道而致廣大、盡精微，合天地之道而行中庸之理，故論學則主「溫故而知新」，論行則主「敦厚以崇禮」。故〈中庸〉論君子之成德，乃由天道以論性情，透過「學」與「行」，以致其性情之中和，使發而中節以成德，推而及於修身、事親、知人、知天下，乃得上達於天地之德。

「天」與「人」，「學」與「行」，「德」與「禮」的合一，乃〈中庸〉論君子成德之特色。上篇論「盡性」之學，曰：「好學近乎知，力行近乎仁，知恥近乎勇。知斯三者，則知所以脩身；知所以脩身，則知所以治人；知所以治人，則知所以治天下國家矣。」〔註62〕即好學，力行，知恥的實踐，乃成就修身，治人，治天下國家之德業。下篇論「至誠」之學，曰：「博學，審問，慎思，明辨，篤行」，乃得盡人之性，盡物之性，乃得上達天地之化育，而與天地參。

故〈中庸〉論修養，以「盡性」、「至誠」為功，「盡性」乃承天命之性而來，以性之成德為尊，以好學、力行、知恥成其修身之功，推及於他人、國人、天下人之性皆得為盡乃畢其功，乃由天以至人。「至誠」者乃稟天之誠道，由博學，審問，慎思，明辨，篤行以成己，成己而後成物，最後上達於天道之化育之德，乃由人而契天，是為「天」與「人」的合一。

〈中庸〉論「學」必與「行」合一，「好學」必與「力行」、「知恥」配合，「博學，審問，慎思，明辨」必與「篤行」配合，是「學」必而能「行」方謂之「學」，「學」與「行」非割裂為二事，二者皆為「盡性」之份內事，「學」

〔註61〕《禮記・中庸》（十三經注疏5，臺北：藝文印書館，1976年），頁897。
〔註62〕同註61，頁888。

之「至誠」必可「行」之。

〈中庸〉論「德」必與「禮」爲表，所謂「尊德性」、「道問學」必與「敦厚以崇禮」合一，蓋「尊德性」乃對人爲道德主體而言，「道問學」乃對外在事物之學習而言，「敦厚以崇禮」則是己對應於他人之表現而言，三者本爲一事，皆爲「盡性」、「至誠」之事。故曰：「大哉聖人之道！洋洋乎發育萬物，峻極于天。優優大哉！禮儀三百，威儀三千，待其人然後行。故曰：苟不至德，至道不凝焉。」〔註63〕

故〈中庸〉論君子成德之道，乃「天人合德」之道，天命人以性，故君子應天以德。其次，爲「學行合一」之道，好學、力行、知恥爲一事，博學、審問、愼思、明辨、篤行爲一體，乃爲盡性至誠之功。最後，爲「德禮合一」之道，成德即爲盡性，盡性的內涵包括己之立德修身、也包括對應於君臣、父子、夫婦、昆弟、朋友之五達道，故成德的表現即在「禮儀三百、威儀三千」的禮樂之道上。故〈中庸〉所建立的修養論有：對應於天道之「天人合德」的根源義，有對事物學習及實踐的「學行合一」的知識義，有內以成德，外以成禮的「德禮合一」的表現義，其規模不可謂不宏大。

（二）〈樂記〉：禮樂以成德

成就道德義的君子在禮樂之道的實踐，此君子不僅止於內在心性之善，而是內在德性與外在表現的合一，禮樂雖是一種外在的表現，而其實爲內在德性的自然抒發而成，故「禮樂以成德」有其內外心事合一之整體表現義。

> 禮樂皆得，謂之有德。德者得也。是故樂之隆，非極音也。食饗之禮，非致味也。清廟之瑟，朱弦而疏越，壹倡而三歎，有遺音者矣。大饗之禮，尚玄酒而俎腥魚，大羹不和，有遺味者矣。是故先王之制禮樂也，非以極口腹耳目之欲也，將以教民平好惡而反人道之正也。〔註64〕

此言先王制禮樂之意，非盡耳目視聽之樂，乃「教民平好惡而反人道之正」。故「德」者禮樂皆得，其非逐視聽之極樂，蓋樂以和情，禮以節欲，情太過則流爲欲，欲不節則生亂，故制禮樂以節人情，以同上下，而此情之好惡之節，乃本於人情氣化之理，與天地氣化之理同，此乃體禮樂之實理於身者。此由天道氣化之理以成人道之正，由天道氣化之節以成人道之好惡，乃非情

〔註63〕《禮記・中庸》（十三經注疏5，臺北：藝文印書館，1976年），頁897。
〔註64〕《禮記・樂記》（十三經注疏5，臺北：藝文印書館，1976年），頁664。

欲之好惡無方,而爲義理之好惡有節。故曰:「君子樂得其道,小人樂得其欲。以道制欲,則樂而不亂;以欲忘道,則惑而不樂。」〔註65〕

此反覆強調「禮樂」非徒口腹耳目之欲,乃在口腹耳目之餘,有遺音、遺味也,此弦外之遺音者,是爲聖人制禮樂之用心,所謂「教民平好惡而反人道之正」,「平好惡」者即在和情性、節人情,此爲「禮樂」對個人心性之修養,「反人道之正」者乃指人倫關係的合理對應,則是人我關係的和諧有序,故「禮樂以成德」包括個人內在心性之平好惡,包括人倫關係之合理對待,此乃聖人制禮樂之深意,使人民能透過「禮樂」以修身,透過「禮樂」以爲人倫之間合理之規範,此乃合禮樂以成德之內外一體義。

> 君子反情以和其志,廣樂以成其教,樂行而民鄉方,可以觀德矣。德者性之端也。樂者德之華也。金石絲竹,樂之器也。詩言其志也,歌詠其聲也,舞動其容也。三者本於心,然後樂氣從之。是故情深而文明,氣盛而化神。和順積中而英華發外,唯樂不可以爲偽。〔註66〕

「君子反情以和其志」,乃由喜怒哀樂之情以自反其心,以得其發而中節之善情曰「志」,故「志」爲「情」之德,此曰「性之端」,似受孟子「四端之心」說的影響。由喜怒哀樂之感以「反己之善」,得其性之德,必發而爲聲、容、舞、樂之行,以感通民心,使民嚮其善,此曰樂教,故內以和其情,外以感民心,此爲「君子之德」。

〈樂記〉論「成德」,所謂「情深而文明,氣盛而化神,和順積中而英華發外」,必合內外以論「樂」之德,「情深」者由內在喜怒哀樂之情而言其中節,「氣盛」者乃內在心氣之和暢,所謂「陰陽剛柔之交暢」,則氣性自不偏於陰陽剛柔之一隅,而得發爲中和之情。「文明」者,有德者必有容,有德者必發其樂音,「容」、「音」皆爲德性抒發的表現,其「和順之積中」,必有「英華之發外」的聲與容,是爲成己之德。「文明而化神」者,此乃就「樂」之成教而言,「英華之發外」即由個人本心氣化之和,影響及於他人心氣之變化,此爲「氣化相感相應」之作用,故可移風易俗,化民爲善,乃成「樂教」之教化義,是爲君子之德化。

> 君子曰:禮樂不可斯須去身。致樂以治心,則易直子諒之心油然生

〔註65〕《禮記・樂記》(十三經注疏5,臺北:藝文印書館,1976年),頁682。
〔註66〕同註65,頁682。

矣。易直子諒之心生則樂，樂則安，安則久，久則天，天則神。天則不言而信，神則不怒而威，致樂以治心者也。致禮以治躬則莊敬，莊敬則嚴威。心中斯須不和不樂，而鄙詐之心入之矣。外貌斯須不莊不敬，而易慢之心入之矣。故樂也者，動於內者也；禮也者，動於外者也。樂極和，禮極順，內和而外順，則民瞻其顏色而弗與爭也；望其容貌，而民不生易慢焉。故德煇動於內，而民莫不承聽；理發諸外，而民莫不承順。故曰：致禮樂之道，舉而錯之，天下無難矣。〔註67〕

禮以治身者，以嚴正之氣辟邪慢之行。故「禮」「樂」之道，內以治心，外以治身，內以引發心之善氣，發為易直子諒之心，外以嚴正之行，防邪慢之氣，使身循氣化之正以行，由根源義言，此可上達不言而信之「天」，即與天道氣化之道相應。由教化義言，由禮樂以治身自有「不怒而威之神」，此乃教化百姓之影響力，故合內外、天人、人我而為禮樂之善，是為禮樂成德之全體大義。

故〈樂記〉論「禮樂成德」之義，乃承孔子：「興於《詩》，立於禮，成於樂。」〔註68〕之說，孔氏以《詩》、《書》、禮、樂成就文化義之君子，〈樂記〉由籩豆升降之禮，鐘鼓琴瑟之樂，進一步提出禮樂形式的內在本質義，其遺音、遺味者，便是禮樂背後的氣化之和的合理根據，「人之成德」在以樂治心，由禮治身，合內外以成德，故「德、藝、行、事」皆為成德之整體，由禮樂以成己德，復由禮樂之抒發以影響及於他人，與他人以善之相感相應，使他人之心氣亦得其合暢，其最高理想便是以禮樂錯之天下，此乃人道禮樂之理想，而與天道氣化之和相呼應者，故合內外、人我、天人是為禮樂以成德之整體義。

（三）〈禮運〉、〈禮器〉、〈郊特牲〉：「禮」、「義」、「學」、「仁」、「樂」

〈禮運〉論成德之道在「禮義」，所謂「禮義也者，人之大端也，所以講信修睦而固人之肌膚之會、筋骸之束也。所以養生送死事鬼神之大端也。所以達天道順人情之大竇也。」〔註69〕此說有三層次：天人義，鬼神義，修身義。天人義在天道論中已申論之，即「禮義」的根據在「大一」天道，聖人

〔註67〕《禮記‧樂記》（十三經注疏5，臺北：藝文印書館，1976年），頁698。
〔註68〕《論語‧泰伯》（十三經注疏8，臺北：藝文印書館，1976年），頁71。
〔註69〕《禮記‧禮運》（十三經注疏5，臺北：藝文印書館，1976年），頁439。

據「大一」、天地、陰陽、四時、鬼神之氣化之道，以爲貨力、飲食、辭讓、飲食、冠昏、喪祭、射御、朝聘之禮，是「禮義之道」與「大一天道」皆爲氣化之理，而有其同質義，此爲禮義的天人義。至於「禮義之道」的鬼神義，則〈禮運〉中論述不多，在〈祭義〉中則有發揮，可參看本篇第七章。

此章論〈禮運〉所述成德之修養，即「禮義之道」的修身義部分，其云：

> 聖王修義之柄、禮之序，以治人情。故人情者，聖王之田也。修禮
> 以耕之，陳義以種之，講學以耨之，本仁以聚之，播樂以安之。」
> 〔註70〕

〈禮運〉由天道氣化以論人，由陰陽之交以論人情，由治人情以論禮義之道。故「禮」乃在調理氣化之人情，使喜怒哀樂好惡之情，發爲合宜的外在行爲。「義」則爲判斷行爲如何合宜的內在標準，「學」則是對外物的認識與對事物的辨別，「仁」則是內在的道德判斷與外在的道德實踐，始爲成德，「樂」則是成德後，歡喜安美之情。可知〈禮運〉是站在人情的基礎上言修養，「禮」爲喜怒之情的節理，「義」爲喜怒之情發的道德原因，「學」爲喜怒之情發的依據審別，「仁」則爲禮、義、學、行的累積，「樂」則爲禮、義、學、行的諧和欣暢。

故〈禮運〉是由天生人情之條理處，以論「禮」、「義」、「學」、「仁」、「樂」之道德修養，五者乃對人情之治的不同面向，而「禮」、「義」、「學」、「仁」、「樂」彼此亦有其關係。其云：「禮也者，義之實也。協諸義而協，則禮雖先王未之有，可以義起也。義者藝之分、仁之節也，協於藝，講於仁，得之者強。仁者，義之本也，順之體也，得之者尊。」〔註71〕即「禮」的內涵在「義」，「義」的表現爲「禮」，「仁」爲道德良知之全體大本，「義」爲個別事理之道德判斷。故「仁」者「義」之本，「義」者「仁」之分，即「仁」乃心之道德主體，「學」乃對外物之認識判斷，由仁心之親疏厚薄，以應事物進退取捨之義理曰「義」，循義理發而爲禮儀之節曰「禮」，合此工夫以進德業不亦「樂」乎，至此乃爲成德之君子。

> 夫禮，必本於大一，分而爲天地，轉而爲陰陽，變而爲四時，列而
> 爲鬼神。其降曰命，其官於天也。夫禮必本於天，動而之地，列而

〔註70〕《禮記・禮運》（十三經注疏5，臺北：藝文印書館，1976年），頁439。
〔註71〕同註70，頁439。

之事，變而從時，協於分藝，其居人也曰養，其行之以貨力、辭讓：

飲食、冠昏、喪祭、射御、朝聘。〔註72〕

〈禮運〉論「禮」之義，其吸收「大一」陰陽氣化之說，以成其天道論；論「禮」之內涵：有個別事理判斷的「義」，有道德主體之本心的「仁」，並析論「仁」、「義」、「學」、「禮」互為本末表裡的關係；論「禮」的表現，則有貨力、辭讓：飲食、冠昏、喪祭、射御、朝聘之儀節。

故〈禮運〉論「禮義之道」之修養成德，可謂將〈中庸〉「極高明而道中庸」做具體之呈現，即「禮義之道」來自於氣化天道之理，下落為性情之理，故其有天道義之高遠，有「仁心」的道德本體為本，經由「禮義」的實踐，可以上達天道之德，可以開啟本心之仁，可以下順人情之節，故曰「人之大端也」。「人之大端」的範圍包括個人喜怒哀樂之七情，表現為父、子、兄、弟、夫、婦、長、幼、君、臣之「十義」，以為講信修睦之人倫之道，包括養生送死事鬼神之天地、祖先、後嗣之對待，即貨力、辭讓：飲食、冠昏、喪祭、射御、朝聘之儀節，此皆為「禮義」所涵攝之內容，故「禮義之道」的成德，對應於天道、人道以至於鬼神萬物莫不合宜，方乃成其德業，其規模誠宏大高遠。

（四）綜　論

觀《禮記》氣論諸篇論修養的軌跡，可以發現其皆由天道之氣化以論人之氣性，以人之喜怒哀樂為性，其修養論皆在面對人性情之無節而尋求合理化，此合理化即禮樂化。此趨向顯然與荀子「化性起偽」學說較近，可見其受荀學影響較深。

在知識論上，〈中庸〉、〈樂記〉、〈禮運〉諸篇皆主張人當透過外在的學習與節制，以逐漸導正行為之失與轉化氣性之過，故〈中庸〉主張「博學、審問、慎思、明辨、篤行」，〈樂記〉主張透過「禮」、「樂」的約束與感發，〈禮運〉則主由「禮義之道」使「七情」化作「十義」，在修養論上表現出情性的逐步禮樂化傾向。而喜怒哀樂之情性所以得以禮樂化的關鍵，在於情性得自於天道之氣化，而禮樂亦本於天道氣化之理，是二者乃為同質，故性情得以轉化為禮樂之道，只是在表現方式的審別而非本質的改變，是以可以透過外在的學習而轉變，實則外在事物之理，與內在心性之節，對天道氣化而言俱

〔註72〕　《禮記‧禮運》（十三經注疏5，臺北：藝文印書館，1976年），頁438。

為一體，故修養是內外合修，表現也是內外合一的。

在對人成德的主張上，〈中庸〉、〈樂記〉、〈禮運〉諸篇的成德觀，俱以天、地、人、物為一體，非徒以己身之成德為足，即成己還當成物，由修身以推及於家、國、天下。〈中庸〉云：「尊德性而道問學。致廣大而盡精微。極高明而道中庸。溫故而知新，敦厚以崇禮。」〔註 73〕此君子之德乃相應於天道「博、厚、高、明、悠、久」之德，成其「天人合德」之高明，其次，「博學、審問、慎思、明辨、篤行」乃所以成就「修身、事親、知人、知天下」之德業，而行之以君臣、父子、夫婦、昆弟、朋友之禮，此乃君子成德之內容，是為天人、學行、德禮之一體。

〈樂記〉論君子之成德在「禮樂之道」，禮樂之本於「天地之序」與「天地之和」，人稟天道氣化而有陰陽剛柔之性，樂以感發心性之善氣，禮以以嚴正之氣辟邪慢之行，故禮以治身，樂以治心，是以「禮樂之道」為君子成德之道。所謂：「禮樂皆得，謂之有德。」〔註 74〕「君子反情以和其志，廣樂以成其教，樂行而民鄉方，可以觀德矣。」〔註 75〕故行禮樂之道以成德，上以順天道之氣化，君子以之立身，推而及於君臣、父子、夫婦，則同感其教化無不和美，謂之「樂教」，是為天地人我一體之德業。

〈禮運〉由氣化論人，其云：「故人者，其天地之德，陰陽之交，鬼神之會，五行之秀氣也。」〔註 76〕是天地以氣化生生為德，人稟陰陽氣性而生，能知仁義禮智信之理，可知〈禮運〉吸收氣化思想詮釋天人內涵以新意，而論君子之成德則曰「禮義之道」，由「禮義之道」論「仁」、「義」、「學」、「禮」、「樂」的內涵，由「禮義之道」擴及於父、子、兄、弟、夫、婦、長、幼、君、臣之「十義」，以為講信修睦之人倫，更上達養生送死事鬼神之天地、祖先、後嗣之對應，落實在日用常行則為貨力、辭讓：飲食、冠昏、喪祭、射御、朝聘之儀節，是為天人、上下、仁義、學行、禮樂、鬼神一體之德業。

故合而論之，《禮記》氣論的成德之道，可謂「天人、學行、禮樂之一體」，即由天道氣化以論人之情性，人之情性為氣化所予，情性之發常過與不及而為亂，故情性之發須待「學」與「行」乃得中節，而情性之具體條理，便是

〔註 73〕《禮記・中庸》（十三經注疏 5，臺北：藝文印書館，1976 年），頁 897。
〔註 74〕《禮記・樂記》（十三經注疏 5，臺北：藝文印書館，1976 年），頁 664。
〔註 75〕同註 74，頁 682。
〔註 76〕《禮記・禮運》（十三經注疏，臺北：藝文印書館，1976 年），頁 431。

禮樂之道，故禮樂之道的實踐，包括內在情性的條理，外在行為的整肅，自然抒發而感通人心，由利己，進而成物，再推而及於父、子、兄、弟、夫、婦、長、幼、君、臣，以至於天下，此乃君子之成德，此乃人德之整體，以回應天道氣化之理，天地氣化之德，在此無分上下、內外、物我、人我之別，皆在氣化之分際內，故言「天人、學行、禮樂之一體」。

四、禮樂之治的理想

（一）〈中庸〉：「修身、治人、治天下國家」

〈中庸〉由「天命」以論性，由「至誠」之功，以達「盡性」之學。所謂：「唯天下至誠，為能盡其性；能盡其性，則能盡人之性；能盡人之性，則能盡物之性；能盡物之性，則可以贊天地之化育；可以贊天地之化育，則可以與天地參矣。」〔註77〕故「至誠」的工夫包括盡己之性，盡人之性，盡物之性，以致參贊天地之化育，是〈中庸〉之理想義，當在「盡性之道」的完成。

> 子曰：「好學近乎知，力行近乎仁，知恥近乎勇。知斯三者，則知所以脩身；知所以脩身，則知所以治人；知所以治人，則知所以治天下國家矣。
>
> 凡為天下國家有九經，曰：脩身也。尊賢也，親親也，敬大臣也，體群臣也。子庶民也，來百工也，柔遠人也，懷諸侯也。脩身則道立，尊賢則不惑，親親則諸父昆弟不怨，敬大臣則不眩，體群臣則士之報禮重，子庶民則百姓勸，來百工則財用足，柔遠人則四方歸之，懷諸侯則天下畏之。」〔註78〕

由「性」之合內、外以成德而言，知、仁、勇三達德為「性」內在之涵養，透過「好學、力行、知恥」，使喜怒哀樂之性，化為「知、仁、勇」之德；君臣、父子、夫婦、昆弟、朋友五達道，為「知、仁、勇」成德之性所發的對象，修身、知人、治國、治天下，則為性德全體之表現。

由「性」之「中」、「和」而言，喜怒哀樂之情，乃天之所性，當其未感物，是為「中」；當感「君臣、父子、夫婦、昆弟、朋友」之五達道，發喜怒哀樂之情，表現出「知、仁、勇」之三達德，無過與不及，是為「中節」，此

〔註77〕 《禮記・中庸》（十三經注疏5，臺北：藝文印書館，1976年），頁894。
〔註78〕 《禮記・中庸》（十三經注疏5，臺北：藝文印書館，1976年），頁888。

謂「和」。故「中」的內涵即為喜怒哀樂之情，惟其隱而未發之時；「和」則是性緣事來，面對「君臣、父子、夫婦、昆弟、朋友」之人倫關係，表現「知、仁、勇」之三達德。故「致中和」乃內在「喜怒哀樂之情」對應外在「君臣、父子、夫婦、昆弟、朋友」的人倫關係，表現「知、仁、勇」三達德的道德表現，是曰「中節」，此為「修身」之性情義，是為「盡己之性」。

〈中庸〉以「修身」為本，以「親親」、「尊賢」為綱，由立己→尊賢→親親→敬大臣→體群臣→子庶民→來百工→柔遠人→懷諸侯→治天下國家，由近而遠，由己而賢人、親人、國人、諸侯、天下，是由內而外、由己而親，由親而賢，而君臣、國人、天下人，是為「盡人之性」、「盡物之性」，是皆在吾人盡性成德之中。故〈中庸〉由「至誠」以至「盡性」，由人以至參贊天地之化育，皆在吾人受命於天之「知、仁、勇」三達德之內，遂開創出儒家天人合德的大架構。

此由「好學近乎知，力行近乎仁，知恥近乎勇」、「博學，審問，慎思，明辨，篤行」的修身之功，再由盡己之性、盡人之性，盡物之性，以成其參贊天地化育，遂成就其成德、成人、成物之功，為儒家天人合德之說奠定基礎，建立透過知識學習與道德實踐的立己、立人、立天下國家的理想義。

故「盡性」乃承天之所命而全體彰顯之義，由己而言，則為喜怒哀樂之發而中節之「修身」，由人而言，則為「君臣、父子、夫婦、昆弟、朋友」五達道之道德表現，推而至於治國、平天下，是合內在，合己與人，推而至於國家、天下，皆為吾人性體彰顯以成德之範圍。

(二)〈月令〉:「與天相應」的為政之道

〈月令〉可視作人君施政之歲時曆，在歲時節氣將來前，天子親帥三公、九卿、諸侯、大夫，迎節氣於郊；節氣當令時，又當「祈穀於上帝」、「以大牢祠於高禖。」以順時氣之生養；節氣將畢，乃舉行「難祭」送節氣以消災，此皆順應陰陽二氣之生殺以為之祭祀。人君施政方面，是亦「順時而為」，春夏以生養為德，故施政以施德行惠為主；秋冬陰氣肅殺，故施政乃以斷獄嚴刑為主，是為「刑德說」。在修養論方面，夏至之日，陰陽二氣相爭，故當「君子齊戒，處必掩身，毋躁。止聲色，毋或進。薄滋味，毋致和。節嗜欲，定心氣，百官靜事毋刑，以定晏陰之所成。」〔註79〕冬至之日，「君子

〔註79〕《禮記‧月令》(十三經注疏 5，臺北：藝文印書館，1976 年)，頁 318。

齊戒，處必掩身。身欲寧，去聲色，禁耆慾。安形性，事欲靜，以待陰陽之所定。」〔註80〕是修養論亦呼應天地陰陽二氣之消長變化。故〈月令〉所表現的政治理想乃爲「與天相應」的爲政之道。

此「與天相應」的爲政之道，固來自於《呂氏春秋》十二紀，再溯其根源析分之：天道論來自於道家「法天地」之說，「陰陽五行」乃受鄒衍「五德轉移說」的影響，「應時祭祀」乃吸收儒家禮樂傳統，「刑德說」來自於《管子‧四時》「刑德二柄」之說，可謂集諸家之說而成。其說以氣化天道論爲主體，結合儒家「禮樂」、法家「刑德」爲施政內容，成其天人以時相應的政治理想，透過氣化天道的規律，陰陽消長、五德當令的理論模式，規範天道、地道、人道的規範，表現諸子百家思想融合自成一家之說的特色。

（三）〈樂記〉：「揖讓而治天下」

〈樂記〉由氣化天道詮釋「禮樂」新意，以「天地之別」爲禮之本，以「天地之和」爲樂之源。在修養論上，以「禮樂」感通與節制人心性情之發，「禮者，人心之節」，節其喜怒哀樂之過；「樂者，人心之和」，感發人之順氣善心，僻其逆氣邪心。論君子之修養，曰：「禮樂不可斯須去身。」〔註81〕是樂以治其心，禮以治其行，以成就君子修身之德。又曰：「致禮樂之道，舉而錯之，天下無難矣。」〔註82〕是〈樂記〉的理想亦在「舉禮樂以錯之天下」，故曰「揖讓而治天下」〔註83〕，此乃〈樂記〉富儒家特色之理想義。

> 刑禁暴，爵舉賢，則政均矣。仁以愛之，義以正之，如此，則民治行矣。樂由中出，禮自外作。樂由中出故靜，禮自外作故文。大樂必易，大禮必簡。樂至則無怨，禮至則不爭。揖讓而治天下者，禮樂之謂也。暴民不作，諸侯賓服，兵革不試，五刑不用，百姓無患，天子不怒，如此，則樂達矣。合父子之親，明長幼之序，以敬四海之內，天子如此，則禮行矣。〔註84〕

「揖讓而治天下」的理想，須「禮、樂、刑、政」四者以成其功，所謂：「禮

〔註80〕《禮記‧月令》（十三經注疏5，臺北：藝文印書館，1976年），頁346。
〔註81〕《禮記‧樂記》（十三經注疏5，臺北：藝文印書館，1976年），頁698。
〔註82〕《禮記‧樂記》（十三經注疏5，臺北：藝文印書館，1976年），頁698。
〔註83〕同註82，頁667。
〔註84〕同註82，頁667。

節民心，樂和民聲，政以行之，刑以防之，禮樂刑政，四達而不悖，則王道備矣。」〔註85〕此乃對人君而言，禮以導民之志，使君臣、父子、夫婦、兄弟、朋友有序，以別尊卑親疏，以別人倫之序。樂以和民情，使上下合同愛敬，使君臣有義，父子有親，夫婦有敬，以顯人心之和順。政以舉賢，以施仁義。刑以防姦，以制其惡。

　　禮樂刑政之說，乃承孔子：「道之以政，齊之以刑，民免而無恥；道之以德，齊之以禮，有恥且格。」〔註86〕之說而來，「政」與「刑」為外在作為，「禮」與「樂」則為內在人心教化。對孔子而言，「禮」與「德」更甚於「政」與「刑」，乃強調深入人心的道德教化，比一時的施政得失更為根本。但〈樂記〉身處戰國秦漢之際，儒者深知徒舉「禮樂」，已不足以實踐孔子「克己復禮，天下歸仁」〔註87〕的理想，是以孟子主「仁政」，荀子隆「禮法」，無非參酌時勢之修正。故〈樂記〉「禮樂刑政」以治王道之說，「禮樂」與「刑政」並舉，亦可謂後世儒者順應時勢切合現實的修正。

　　「揖讓而治天下」的理想，有其氣論思想為基礎。「禮樂」的天道根據為「天地之別」與「天地之和」，是天地氣化萬殊有別，而又不妨其同為一體生生，此為天地之大節與天地之大和，是為禮樂之天道義。落實於人道，乃倡「揖讓而治天下」，即以禮樂而治天下，是人道亦當有君臣、父子、夫婦、兄弟、朋友之別，此乃「人倫之序」，以別其尊卑長幼親疏，是為禮之節度；又當和同上下、尊卑、長幼，使君臣、父子、夫婦、兄弟、朋友莫不和敬同愛，是為樂之和同。此乃「揖讓而治天下」，所以成立的氣論基礎。

　　〈樂記〉「揖讓而治天下」的政治理想，可說是在〈中庸〉「天人合德」的基礎上發展而成，其較〈中庸〉由「至誠」而開展出的修身、治人、治天下國家的「盡性之道」的架構，更具體明確。即〈中庸〉透過「知」與「行」的道德實踐，以成就天人合德的理想，乃彰顯儒家的道德主體，由人道以上達於天道。〈樂記〉「揖讓而治天下」的理想，透過「禮、樂、刑、政」的主張，則是將儒家道德主體化作具體的禮樂刑政的作為，由禮樂的氣化義，連結天與人，成就由個人之修身以至於天下國家的禮樂化，而為富儒家時代特色之政治理想。

〔註85〕《禮記‧樂記》（十三經注疏5，臺北：藝文印書館，1976年），頁667。
〔註86〕《論語‧為政》（十三經注疏8，臺北：藝文印書館，1976年），頁16。
〔註87〕《論語‧顏淵》（十三經注疏8，臺北：藝文印書館，1976年），頁106。

（四）〈禮運〉、〈禮器〉、〈郊特牲〉：「大順」之道

「大順」說爲〈禮運〉的最高理想，乃由個人、家、國、天下層層推擴而成的博大架構，其云：

> 四體既正，膚革充盈，人之肥也。父子篤，兄弟睦，夫婦和，家之肥也。大臣法，小臣廉，官職相序，君臣相正，國之肥也。天子以德爲車、以樂爲御，諸侯以禮相與，大夫以法相序，士以信相考，百姓以睦相守，天下之肥也。是謂大順。大順者，所以養生送死、事鬼神之常也。故事大積焉而不苑，並行而不繆，細行而不失。深而通，茂而有間。連而不相及也，動而不相害也，此順之至也。故明於順，然後能守危也。〔註88〕

此「大順」說由個人行止之正，推而及家之父子、兄弟、夫婦和睦，再及於國之君臣相正，再及於天子、諸侯、大夫、士、百姓無不爲正，是天下無不順正，最後再推及於生死、鬼神之常順。故此「大順」說，其範圍至大，由己以及人，由及人以及家，由及家以及國，由及國以及於天下，由天下以及於生死幽明之鬼神，無不含順其中，而此「順」實則順於「禮」，故此爲儒家禮樂思想的至高理想。

「大順」說可謂承孔子「克己復禮，天下歸仁」〔註89〕的理想，但其「禮」已非孔子復周文之禮樂，此「禮」乃吸收氣論思想重新再詮釋的「禮」之新義。其云：「禮，必本於大一，分而爲天地，轉而爲陰陽，變而爲四時，列而爲鬼神。其降曰命，其官於天也。夫禮必本於天，動而之地，列而之事，變而從時，協於分藝，其居人也曰養，其行之以貨力、辭讓：飲食、冠昏、喪祭、射御、朝聘。」〔註90〕又云：「禮，必本於天，殽於地，列於鬼神，達於喪祭、射御、冠昏、朝聘。故聖人以禮示之，故天下國家可得而正也。」〔註91〕此爲「大順」說的氣論思想根據，「禮」來自於大一、天地、陰陽、四時、鬼神之氣化宇宙之源，故其乃能「承天之道」、「治人之情」，以至「天下國家可得而正」。

故「大順」說在「承天之道」者：乃承大一、天地、陰陽、四時之氣化條理以制禮，爲貨力、辭讓、飲食、冠昏之禮，以爲人道之規範。在「治人

〔註88〕 《禮記‧禮運》（十三經注疏5，臺北：藝文印書館，1976年），頁440。
〔註89〕 《論語‧顏淵》（十三經注疏8，臺北：藝文印書館，1976年），頁106。
〔註90〕 《禮記‧禮運》（十三經注疏，臺北：藝文印書館，1976年），頁437。
〔註91〕 同註90，頁414。

之情」者：乃治人之「七情」，以爲「父慈、子孝、兄良、弟弟、夫義、婦聽、
長惠、幼順、君仁、臣忠」之「十義」。在「天下國家」者：則別天子、諸侯、
大夫、士、百姓之守，定射御、朝聘之禮，別生死、鬼神、喪祭之儀。故「大
順」說，乃以「禮」治身，以「禮」治人，以「禮」治家，以「禮」治國、
天下，更以「禮」面對生死、安頓鬼神，最後以「禮」之道上達天地氣化之
道。

（五）綜　論

論《禮記》氣論諸篇的政治理想義，〈中庸〉始論由盡己之性，以盡人之
性，以盡物之性，以治天下國家的「天人以德」的大架構。〈月令〉所呈現的
是以氣化天道爲主體，以規範人君順時施政之政治藍圖。〈樂記〉則由天道以
論禮樂之義，由禮、樂、刑、政以論「揖讓而治天下」的政治理想。〈禮運〉
則由「禮」之制作，由個人之肥、家之肥、國之肥、以至天下之肥的「大
順」說。可以看出此乃承孔子「修己以敬」、「修己以安人」、「修己以安天下」
〔註 92〕的理想一脈而來，故後世儒者論「禮」的終極關懷，莫不以治天下國
家爲理想。

此外，《禮記》氣論諸篇強調治天下在於「禮樂」之道，故就「禮樂之義」
特加發揮。將「禮樂」之義，向上連結於氣化天道，由個人之修身，向外推
闊以及於家、國、天下，甚至於天地萬物的博大架構。「禮樂之道」吸收氣化
思想，賦予「禮樂」以氣化天道義，在落實於人道，由「禮樂」治其氣化之
情性，使喜怒哀樂發而中節，以成修身之功，由修身以成「知仁勇」之德，
再感通推闊而及於家、國以至於天下人，莫不以「禮樂」之道順之，更達之
生死、鬼神、萬物之安頓，乃成郊、社、冠、昏、喪、祭、射、御、朝、聘
之具體儀節，可謂「致廣大而盡精微。極高明而道中庸」，是爲漢儒所建構「禮
樂之治」的最高理想。

第三節　《禮記》氣論思想的特色——「由氣說禮」

觀《禮記》氣論思想的特色：禮樂義的氣化天道觀、氣化人情的禮樂化、
成德之道：天人學行禮樂之一體、禮樂之治的理想，可看出《禮記》氣論思
想吸納先秦氣論的主張，並自成一家之言，開出「由氣說禮」的新氣論路徑，

〔註 92〕《論語・憲問》（十三經注疏 8，臺北：藝文印書館，1976 年），頁 131。

此亦氣論思想在漢代的新發展。

一、由氣化論禮樂之源

先秦氣論思想的天道觀模式：有自然義、道德義、卦爻義與政治義的天道觀四種，《禮記》氣論思想的天道觀，乃吸收自然義與道德義的氣化天道觀，再推溯於禮樂之道的天道依據，而成「禮樂義的氣化天道觀」，乃自成一家。

漢儒自《淮南子》即建立起一套博大嚴密的自然義的氣化天道論，至於董仲舒《春秋繁露》更吸收陰陽五行之說，建立屬於儒家「天人相應」的天道思想，因此成書於其後的《禮記》，自然會受其思潮影響，反映在《禮記》氣論思想中的天道觀，其吸收〈月令〉及道家的自然義的氣化論，而云：「禮本於太一」，其內涵則爲陰陽二氣之消長、四時五行之更迭不已，在天道的運行上依循〈月令〉春夏秋冬之節氣盛衰不已，在地道之變化上，則有蟲魚鳥獸之生息繁衍，在此氣化之生生不息中呈現「天地之序」與「天地之和」，而此自然義的「天地之序」即爲「禮」的根據，此自然義的「天地之和」即爲「樂」之根據，此乃由氣化天道以論「禮樂之道」之所源。

故「禮樂之道」即爲「天地之道」的條理與秩序的具體表現，「天地之道」的內涵，爲既具體又生生不息的天地萬物，在森羅萬象中又各具條理與主體性，在有限之形物中復見其無限之生生不息義，此爲漢儒實然義的天地之道。此天地之道既有序而別，又同體而不分的內在因素，即是陰陽二氣、四時五行之創造，即是「一氣流行」之生生、創造與價值，此即「禮樂之道」的根源，於此可見漢儒對儒家人文義「禮樂之道」與道家自然義的「天地之道」的會通，關鍵在「一氣流行」。

近人鄔昆如云：「漢代宇宙論的宇宙變化問題，都濃縮到「氣」的課題上。從鄒衍五德終始說所開展的陰陽二氣開始，到呂氏春秋的「順氣」，再到淮南子的「宇宙生氣」以及「天含和而未降，地懷氣而未揚」，還有「氣有涯垠」，在到董仲舒在春秋繁露裏所假定的「氣」，而二氣的相互交散，才形成天地萬物。甚至王充的論衡也認爲「萬物都由氣構成」，進一步，離了氣便沒有物的存在，而「氣」才是天地萬物的根源。」〔註93〕此強調「氣」對漢儒建立宇

〔註93〕鄔昆如：〈漢代宇宙論之興起與發展及其在哲學上的意義〉，《漢代文學與思想學術研討會論文集》（國立政治大學中文系所主編，臺北：文史哲出版社，

宙論思想的重要性。錢穆先生云：

> 惟自戰國晚世，下迄秦皇、漢武之間，道家新宇宙觀既確立，而陰
> 陽家言又不符深望，其時之儒家，則多采取道家新說，旁及陰陽家，
> 而更務爲變通修飾，以求融會於孔孟以來傳統之人生論，而儒家面
> 目亦爲之一新。……故論戰國晚世以迄秦皇、漢武間之新儒，必著
> 眼於其新宇宙觀之創立，又必著眼於其所采莊老道家之宇宙論而重
> 加彌縫補綴，以曲折會合於儒家人生觀之舊傳統，其鎔鑄莊老激烈
> 破壞之宇宙論以與孔孟中和建設之人生論凝合無間，而成爲一體，
> 實此期間新儒家之功績也。予謂此時期之新儒，以《易傳》與《小
> 戴禮記》中諸篇爲代表。〔註94〕

錢氏乃由思想史之發展以論漢儒之新宇宙觀的意義，《易傳》開創的是儒家剛
健不息的道德宇宙，《禮記》則由「天地氣化之序與別」以論「禮樂之道」的
思想模式，可謂吸收《淮南子》、董仲舒思想，再由「禮樂之道」以會通，重
新賦予儒家「禮樂之道」，新的天道意義，可謂開創出儒家的「禮樂思想的宇
宙觀」。至於此「禮樂思想的宇宙觀」，影響及於《白虎通義》、鄭玄注《禮記》，
更可看出《禮記》「禮樂義的氣化天道觀」的深遠影響。

二、由氣化論禮樂之用

《禮記》氣論思想「由氣以論禮」，可謂開創「氣論說禮」一路，自成一
家之言，上述由氣化論禮樂之源，其如何落實？故論由氣化以論禮樂之用。

論天道的變化表現在節氣的消長、星象的位移，落實在「禮樂之道」的
意義，便是祭天的「郊祀」與「迎節氣」之禮。「郊祀之禮」乃由天子祭天而
告，天子袞冕有日月星辰之章，以明天象，冕璪十二旒象天數十二，素車象
天之質朴，「四時迎節氣」則求消災祈福，以順民時。

「郊祀」的用意在「報本反始」〔註95〕，「報本反始」乃表達對萬物之本
的「天道」的敬意，由氣化而論，「郊祀」正是對「禮樂之道」的根源，即「天
道」的敬意。至於四時迎節氣，則是對應於天道陰陽二氣的消長而言，陰陽
二氣的消長造成節氣的變化，故四時「迎節氣」的儀式，總在節氣之交的時

1991 年），頁 104～105。
〔註94〕錢穆：〈易傳與小戴禮記中之宇宙論〉，《中國學術思想史論叢》（二）（臺北：
東大圖書公司，1981 年再版），頁 23。
〔註95〕《禮記・郊特牲》（十三經注疏 5，臺北：藝文印書館，1976 年），頁 500。

刻舉辦，至少有三種涵義：一、恭送上一個節氣的結束，有「送舊」之義。二、迎接下一個節氣的降臨，有「迎新」之義。三、在此新舊節氣相交的時節，能令人感受到氣化變動不居之感，可感受到一份對天道的敬畏之情。

故《禮記》氣論思想的天道觀部分，實則乃吸收自然義的天道氣化觀，但不同的是，漢儒以「禮樂之道」的道德義來賦予天道的價值，這使它成為儒家的氣論主張，它更落實在現實生活上，制作禮樂以相應天道之氣化，使無形的氣化天道，也能透過「郊祀」、「迎節氣」的儀式中，去具體的感受到。

地道的變化包括有特定的居處場所，各節氣相應之方位，更包括順應節氣而生之蟲魚鳥獸，故〈月令〉言人君當順時而居處，當天道節氣變化之時，人君亦感天道氣化之變，而移其居室以相配合，至於「郊」、「社」、「迎節氣」之諸禮，亦各有其特定之場所進行，設定特地的場所，配合特定的服裝，在特地的節令時辰，進定一連串特定的儀式，甚至配合特定的器物牲禮，這一套完整的儀式規劃，是屬於地道的部分，地道乃屬具體的空間、形物的因應，其因應的原則在配合天道的氣化規律。

在這樣的特定時空中進行一連串有特殊意義的儀式，其意義何在？或許我們引西方美學理論，可相呼應。學者林素玟論及〈禮記的人文美學〉，其中談到宗教美學的心理狀態，其云：「西方美學論及距離之美感，以布洛「心距說」甚具特色，其要旨在於認為心距存在於自我與引發情感的對象之間，藉由把自我從實用需要與實用目的之中區分開來，使人之心靈擺脫實用態度之支配，但仍與對象保持某種獨特之切身關係，以獲致審美經驗之態度。即心距的特殊形式，由時間距離與空間距離表現之，適當的心理距離，是審美經驗產生的必要條件。」〔註96〕這裡談到在心與對象保持一段適當的距離，對審美經驗的重要性。

故《禮記》由氣以論地道之內涵，地道的內涵為空間、方位與形物，地道的規律要與天道氣化的規律呼應，於是當節氣變化之時，為使人可具體敬畏天道氣化之變，需要一個特定的場所，或祭壇、宗廟、甚至明堂的設計，在這樣的特定場所中，可以暫時與人世隔絕，較易使人超脫於人世之利害，透過特定服色、方位、行止、器物、牲禽等的配合，其所營造的正是一個可

〔註96〕引林素玟：《禮記人文美學探究》，臺北：文津出版社，2001 年初版，頁261。

暫時「擺脫實用態度之支配，但仍與對象保持某種獨特之切身關係，以獲致審美經驗之態度」，當然禮儀的進行不僅是爲了審美，背後更有一份對天道的敬畏虔誠，因此在這樣特地的時空形物儀節之進行中，確實較容易使人體會天道之本、感念地道之豐，更能感發一份對天地主體意識的虔敬。

人道的變化在個人與人我關係的變化中呈現，個人方面從人生而初、幼、從學、成人、至於成家、出仕、應對、朝見、致仕、以至於養生送死之萬端中彰顯，從天道看人道，個人本身就不斷在成長變化，於是聖人法天道之十二月令、二十四節氣，制作屬於個人方面的冠、昏、喪、祭之禮，各代表人生的不同階段，透過冠、昏、喪、祭之禮的過程，明白自己在人生的氣化之道中居於何種位置？需負什麼樣的責任？

故由氣化論冠禮之義，其時間當在青少年與即將成年之際舉辦，正如天道節氣變化之際，以迎新一季的節氣相同，透過特定的儀式、服色、行儀，配合觀禮之賓介，目的在於使受冠者感受到特定時空環境下氣化之肅然，受冠者在肅穆莊嚴的儀式進行中，感受到家人、長輩的期許，其氣性自當有所變化，過去年少的氣性當轉爲成人的擔當，當毅然承當起家、國之責任，此乃冠禮行儀之深意。

至於《禮記・昏義》云：「昏禮者，將合二姓之好，上以事宗廟，而下以繼後世也。」〔註97〕此將昏禮定位於家族義的聯合。由氣化論昏禮之義，則是「天地合，而后萬物興。夫昏禮，萬世之始也。取於異性，所以附遠厚別也。」〔註98〕由天地氣化之生生，以論人道昏禮之存，由天地之和以論男女之和，由天地之序以論男女之別，有夫婦而後有父子、君臣，而後有兄弟、朋友之倫，可以說昏禮爲禮之本，乃人倫關係之始。

至於人與人之間，舉「鄉飲酒禮」爲例，「鄉飲酒義」由氣化之德以言有二說：或由天地嚴寒之氣與溫厚之氣，論「天地之義」與「天地之仁」，再論賓、主之位，因賓嚴毅而敬，如西北嚴寒之氣，故賓居西北；主人溫厚如東南溫潤之氣，故主居東南。或由四時之德論賓、主之位，主如春之德故居東向西，賓爲主之所尊，如天地成物之德，故居北向南。可知其賓與主之方位是被賦予重要意義的，而其制作的背後依據在氣化之流行，但氣化之流行的

〔註97〕《禮記・昏義》（十三經注疏 5，臺北：藝文印書館，1976 年），頁 999～1000。

〔註98〕《禮記・郊特牲》（十三經注疏 5，臺北：藝文印書館，1976 年），頁 505。

背後價值，卻是儒家的「賓主相敬之誠」。

故天道有陰陽節氣之變，地道有方位、形物之異，人道有人與我之關係，個人有生、老、病、死，人我有君臣、父子、夫婦、兄弟、朋友之倫，由天地氣化一體流行以論禮樂之用，天道有郊、社、迎節氣諸禮，地道有明堂、宗廟、方位之行儀，人道則有冠、昏、喪、祭，鄉射、朝聘之禮，故「禮樂之用」乃相應於天地氣化之「序」與「別」而制作，由氣化以論天道之禮、地道之用、人道之禮，三者實爲氣化之一體與流別，既各具主體相互呼應，又皆本一氣而生，休戚相關，此乃《禮記》氣論思想「由氣以論禮樂之用」的一體與分殊義。

三、由氣化論成德之君子

先秦氣論論人之性情，無論道家或儒家，皆自氣化人情處言，至於論及修養工夫則有所不同。老子主張要「專氣致柔」〔註99〕，莊子主張「心齋」〔註100〕，《管子・內業》承《莊子》而提「精氣說」，皆偏向「存養守氣」一路。至於儒家，孔子云：「克己復禮爲仁」〔註101〕，以克其血氣心知之過與不及，回復於禮樂之節。孟子則強調人與禽獸之別，曰：「人之所以異於禽獸者幾希，庶民去之，君子存之。舜明於庶物，察於人倫；由仁義行，非行仁義也。」〔註102〕強調君子當存養擴充四端之心，以發爲仁政。荀子論人，由氣化之內涵以論人與物種之別，其云：「水火有氣而無生，草木有生而無知，禽獸有知而無義，人有氣、有生、有知，亦且有義，故最爲天下貴也。」〔註103〕以人具水火之氣、能生、有知覺、能知義理，故人當勸學、隆禮法、明義理，理職分，方得爲君子。是儒家氣論模式的修養工夫，較偏向「變化氣質」。

《禮記》氣論的修養工夫爲「氣性人情的禮樂化」，其論人之性情，多承《左傳》「六情」〔註104〕之說，即「人有好、惡、喜、怒、哀、樂生於六氣」，

〔註99〕高明撰：《帛書老子校注》（北京：中華書局，1996 年），頁 262。
〔註100〕〔晉〕郭象注，〔唐〕成玄英疏：《南華真經注疏》（上）（北京：中華書局，1998 年），頁 82。
〔註101〕《論語・顏淵》（十三經注疏 8，臺北：藝文印書館，1976 年），頁 106。
〔註102〕《孟子・離婁下》（十三經注疏 8，臺北：藝文印書館，1976 年），頁 145。
〔註103〕〔清〕王先謙：《荀子集解・王制》（北京：中華書局，1981 年），頁 164。
〔註104〕「民有好惡、喜怒、哀樂，生于六氣」《左傳》（十三經注疏，臺北：藝文印書館，1976 年），頁 888。

「六氣」爲「陰、陽、風、雨、晦、明也」﹝註105﹞,是即「天之六氣以生人之六情」的說法,也是先秦儒、道二家論「性」之所本,只是道家主回復情性之純樸,儒家則主節制六情之發用。《禮記》修養工夫主張:「氣性人情的禮樂化」,可謂融合儒道二家之修養主張,「氣性人情」乃道家自然義的人性觀,「禮樂化」卻是儒家變化氣質的工夫路徑,「禮者,人情之節」、「樂者,人情之和」,是將禮樂之用落實於人之性情面而言,是「禮」不僅是外在的行爲規範,內在而言則是喜怒哀樂之情的合理節制,「樂」不僅止於鐘鼓舞蹈,內在的說則是喜怒哀樂之感發,故《禮記》氣論的修養工夫是由「禮樂之道」來變化氣質,是爲「氣性人情的禮樂化」。

近人楊秀宮論及孔、孟、荀之論禮,云:「如果孟子是繼承孔子而作縱向的發展,那麼荀子的禮法演變則是橫向的開展,在橫向的開展中,學說的重心不再是仁禮核心,而是禮、法、類、刑等重點。因此,從孔子到孟子,儒家的禮論思想可以直接稱謂爲「仁禮」論,而荀子的禮論則不宜以「仁禮」稱之,更合適的稱謂則爲「禮法」論。從孟子「仁義」核心論轉向成荀子的「禮法」論,則可以看做先秦儒家禮法思想發展上的第二個重要的歷程。」﹝註106﹞楊氏認爲孔子由「禮」而提出「仁」的內在根據,是儒家的一大創新;孟子在「仁」的基礎上,對內提出「仁義禮智」,對外提出「仁政」,可以說是以「仁義」爲核心;荀子則再將儒家的發展方向轉向爲「禮法」,以禮法作爲人性與人倫的合理規範,可謂發展儒家的客觀法則面。

由楊氏的分析,來看《禮記》修養工夫「氣性人情的禮樂化」,可視爲荀學修養論「化性起僞」的進一步發展,「化性起僞」較偏學理,不若《禮記》直接由「禮樂之道」來導化性情,而「禮樂之道」的提出,也呼應孔子「克己復禮」的重禮價值,因此《禮記》「氣性人情的禮樂化」可謂是儒家禮樂思想的復興。但《禮記》所倡可以導化性情的「禮樂之道」,亦非孔子所謂「三代之禮」的復古,而是漢儒吸收氣論思想所重新詮釋的「禮樂之道」。

此外,《禮記》「氣性人情的禮樂化」不僅包括內在情性的發而中節,也包括對外在的認知與行爲表現,因此《禮記》除強調對情性的感發與節制,也強調「學」與「行」的重要,故《禮記》「氣性人情的禮樂化」的工夫,有

﹝註105﹞《左傳》(十三經注疏,臺北:藝文印書館,1976 年),頁 709。
﹝註106﹞楊秀宮:《孔孟荀禮法思想的演變與發展》,臺北:文史哲出版社,2000 年,頁 185。

多層次的涵義：一、心性義：由禮樂之道來導化喜怒哀樂之情性，使發而中節。二、學習義：透過博學審問慎思明辨篤行的學習過程，慎其所感、明其所知。三、成德義：內在情性的和與節、外在禮與樂的抒發，結合學與行，乃為成德之君子。

　　《禮記》氣論的修養在為成德之君子，「君子」的涵義，在《禮記》氣論思想中亦有豐富的涵義，其云：「人者，其天地之德，陰陽之交，鬼神之會，五行之秀氣也。」〔註107〕是天地以氣化生生為德，人稟陰陽氣性而生，能知仁義禮智信之理，是人具天道義、氣性義、道德義，而此三義的具體表現即為「禮樂之道」，故「禮樂之道」既上達天地、祖先、後嗣之對應，又落實在日用常行為貨力、辭讓：飲食、冠昏、喪祭、射御、朝聘之儀節，故為天人、上下、仁義、學行、禮樂、鬼神一體之德業。

四、由氣化論治國平天下

　　先秦諸子氣論的路徑模式中，以儒家與其他諸家的氣論較著重治國平天下的政治理想，道家所重在天道之自然，重視為個人修養的超越世俗，故較少治國平天下的企圖心。

　　孔子曰：「修己以敬」、「修己以安人」、「修己以安天下」〔註108〕，為後世儒者開創出修身、治國、平天下之胸懷。孟子倡「仁政」，荀子「隆禮法」，莫不以治國平天下為念，惟孟子偏道德心的擴充，荀子偏禮樂規範的客觀約束。

　　鄒衍「五德轉移說」乃首將「陰陽」與「五行」結合，以陰陽氣化和五行相剋，成其世代交替之說，將人世之興衰推與天命之德的流轉，人君掌握天命便能主宰世局，此說一時盛行。《管子》〈四時〉、〈五行〉篇藉四時以述五行之德，再論四時五政之施，而提出「刑德說」的主張。《呂氏春秋》十二紀，配合蟲魚鳥獸十二月令的變化，結合太一、陰陽、五行、五神、五帝、五味、五色、五聲的詮釋，由自然義氣化宇宙論的「圓道說」，擴及於人君四時十二月紀之施政，成為政治主張之「圓道說」，此由氣論思想以論政治主張，影響及於漢儒。

　　《淮南子》云：「帝者體太一，王者法陰陽，霸者則四時，君者用六律。」

〔註107〕《禮記・禮運》（十三經注疏，臺北：藝文印書館，1976年），頁431。
〔註108〕《論語・憲問》（十三經注疏8，臺北：藝文印書館，1976年），頁131。

〔註 109〕又云：「人主之術，處無爲之事，而行不言之教。」〔註 110〕主張人主當法天地氣化之自然，而行無爲之治，此乃延續《呂氏春秋》十二紀之說，乃轉化自然義而爲政治義的主張。

董仲舒則由「貴陽而卑陰」的天道論，進而論人性之仁、貪兩性，再落實治道上的「重德而輕刑」之說，其云：「陽天之德，陰天之刑，陽氣暖而陰氣寒，陽氣予而陰氣奪，陽氣仁而陰氣戾，陽氣寬而陰氣急，陽氣愛而陰氣惡，陽氣生而陰氣殺，是故陽常居實位而行於盛，陰常居空位而行於末，天之好仁而近，惡戾之變而遠，大德而小刑之意也，先經而後權，貴陽而賤陰也。」〔註 111〕是董仲舒由天道以論人道，而曰「天副人數」，由天道氣化之「貴陽賤陰」而論治道之「重德賤刑」。

《禮記》氣論思想的政治特色在「禮樂之治的理想」，可以看出《禮記》由氣化天道論禮樂之源，由氣化論禮樂之用，由氣化論成德之君子，再由氣化以論治國平天下，這是一套由天而人，再由人而達天的完整架構。

《禮記》治國平天下的理想在「禮樂之治」，由禮樂以節情性，由禮樂以修身，由禮樂以成德，成德的擴而充之即在於「治國平天下」，由氣化而言，禮樂即爲天地之序與天地之和的具體彰顯，在天爲郊、迎之禮，在地爲社、山川之祭，對人而言，內爲性情之節制與調和，外爲冠、昏、喪、祭、射、御、朝、聘之禮，推而及人道之大，則爲諸侯、天子之禮樂，以諧君臣、父子、夫婦、兄弟、朋友之道，故〈樂記〉由禮、樂、刑、政以論「揖讓而治天下」，最後歸結爲〈禮運〉由「個人之肥」、「家之肥」、「國之肥」、以至「天下之肥」的「大順」說，此爲「禮樂之治」的政治理想。可看出《禮記》氣論思想「禮樂之治的理想」，其吸收先秦諸家與漢儒的氣論思想，但卻謹守「禮樂之道」的儒家政治理想，將董仲舒「重德賤刑」之說，再進一步化爲「禮樂之治」。

先秦儒家的「禮樂之治」多建立在人性論中的道德依據，《禮記》「禮樂之治的理想」，顯然建立在天道與人道之同體之氣的根據上，試圖建立更符合人道，又不悖於天道的政治規範。筆者以爲〈大學〉正是在「禮樂之治」的

〔註 109〕〔漢〕劉安，《淮南子》（四部叢刊，臺北：臺灣商務印書館，1979 年 11 月），頁 54。

〔註 110〕同註 109，頁 57。

〔註 111〕〔清〕蘇輿：《春秋繁露義證·陽尊陰卑》（北京：中華書局，1992 年 12 月），頁 327。

理想下，剝落其中氣論思想的因素，而獨取其大者所建立而成的博大體系。

第四節　由《禮記》氣論思想論〈大學〉

〈大學〉本爲《禮記》一篇，歷來眾說紛紜，今由《禮記》氣論思想的四個特色：禮樂義的氣化天道觀、氣化人情的禮樂化、成德之道：天人學行禮樂之一體、禮樂之治的理想，考察〈大學〉之道，希冀能明得其義理脈絡。

一、論〈大學〉之作

〈大學〉一篇的作者？宋代以前無其說。朱子《大學章句》引：「子程子曰：『大學，孔氏之遺書。』」，又曰：「經一章，蓋孔子之言，而曾子述之。其傳十章，則曾子之意而門人記之。舊本頗有錯簡，今因程子所定而更考經文，別爲序次。」〔註112〕「蓋」亦推測之詞，朱子論〈大學〉乃孔子所傳於曾子之作，是亦推測之意，實則並無確據。高明先生云：

> 〈大學〉這書的作者，雖然我們不信是孔子、是曾子、是子思，而我們又不能說出誰，但我們可以肯定的說，這必是孔、曾以後，大小戴以前對儒家哲學有深邃研究的傑出的學者作的。書中一再提到「子曰」，又引曾子的話。卻沒有一句引述先秦的其他諸子，可見其寢饋於儒家者甚深，心目中所景仰的崇拜的只是儒家。再看書中所表現的思想，博大而平實，精密而周到，如非對儒家的思想融會貫通而特有心得的人，是作不出來的。〔註113〕

高氏所論誠然，〈大學〉義理之博大，不必托孔、曾之名而後顯，雖文獻不足徵。由文字而言，篇中沒有引述先秦其他諸子，可見其獨鍾儒家之情，而只引孔、曾之言，則作者或與孔、曾之後學有淵源？此或程朱以〈大學〉爲孔、曾之作的原因。

關於〈大學〉之義理，後儒論之詳矣，尤以朱子與陽明論〈大學〉之義爲著〔註114〕。今非論程朱、陸王論〈大學〉之異同。乃嘗試由《禮記》氣論

〔註112〕〔宋〕朱熹：〈大學章句〉，《四書章句集注》（北京：中華書局，1995 年四版），頁3。

〔註113〕高明：《禮學新探》（臺北：學生書局，1978 年 9 月），頁 107。

〔註114〕可參見高明：《禮學新探・辨大學的要旨》（臺北：學生書局，1978 年 9 月），頁 107。

諸篇的政治理想義的架構論〈大學〉之道：

二、「由氣說禮」論〈大學〉

《禮記》氣論諸篇的氣化思想特色，主要表現在禮樂義的氣化天道觀、氣化人情的禮樂化、成德之道：天人學行禮樂之一體、禮樂之治的理想等四項特色。自〈中庸〉以來，開闢天人合德的架構，至於〈月令〉、〈樂記〉、〈禮運〉皆由天以論人，且吸收氣論思想來詮釋天道的內容，表現倫理義的氣化天道觀；由氣性之喜怒哀樂論人性，由心、物之感通論人情之發而中節，制冠、昏、喪、祭、射御、朝、聘之禮以安其情，是為氣性人情的禮樂化；結合天、人、學、行、禮、樂以合為成德之道；最後由「立己以立人」，必推而及於家、國、天下，是為「禮樂之治」。

（一）天道觀的不足

由此來看〈大學〉之道，〈大學〉的思想中沒有氣化觀念，沒有天人關係，但其架構由修身以至家、國、天下以論明德，由「忿懥、恐懼、好樂、憂患」以論心之喜怒哀樂不得其正，由「格物」、「致知」合「誠意」、「正心」以論立身之修養，可以看出〈大學〉之作者，不強調含有氣化思想的天人觀、天道觀的部分，而偏向人道的修身與德業規模，以成其平實、嚴密、條理井然之理論架構。

《禮記》〈樂記〉由天地氣化之道詮釋「禮」、「樂」之義，〈祭義〉由天道氣化之聚散詮釋生死鬼神喪祭之禮，〈禮運〉由大一、陰陽、五行、四時之道詮釋「禮義之道」，故《禮記》氣論諸篇由氣論思想建立實然的天道觀、心性論、修養論、禮樂之道，由陰陽氣化連結天人、內外、人我、學行以為成德，建立富儒家特色的道德義的氣論體系。

此理論架構可補充〈大學〉天道義的不足，天人關係不足的問題，即「修身」的基礎為何在「格物、致知、誠意、正心」？「格物與致知」似乎為外在工夫，「誠意與正心」又似乎為內在工夫，何以合內在與外在是為修身的工夫？修身又為何必須推而及於齊家、治國、平天下？這些問題在〈大學〉本文沒有解答。若只視為「道德感通」之涵攝，則似乎太空泛。

但由《禮記》氣論思想禮樂義的天道觀釋之，即可明白天地之道為氣化之道，氣化之道本包含天、人、萬物在其中，故「人道之禮樂」法「天道氣化之序與別」而來，是以「人德之立」必先立己而後立人，立人而後成物，

由己而親而國而及天下、萬物，莫不爲成己成物之德業，故《禮記》氣論思想可以作爲〈大學〉「格物、致知、誠意、正心、修身、齊家、治國、平天下」架構的理論基礎。

或進一步推測〈大學〉的作者，亦知曉《禮記》氣論思想的理論，但〈大學〉吸收《禮記》氣論思想天道觀的成就，去除氣論的部分，乃獨取「格物、致知、誠意、正心、修身、齊家、治國、平天下」作爲人倫世界道德價值的實踐，以其爲最實然的人倫道德理想的藍圖。

實則《禮記》氣論思想諸篇，最後的歸趨亦不在氣論思想本身，而在氣論思想詮釋的儒家「禮樂之治」，故「禮樂之治」乃爲《禮記》氣論思想的結晶。故說〈大學〉是在《禮記》氣論思想的基礎上建立的規模，而以「明德」、「至善」作爲儒家的「德業」理想，在《禮記》氣論思想裡本透露出這樣的傾向，走向實然人倫世界的道德創造。

故《禮記》氣論思想論〈大學〉，可以補充〈大學〉天道義不足、天人關係欠缺的問題，可作爲〈大學〉「格物、致知、誠意、正心、修身、齊家、治國、平天下」架構的理論基礎，而〈大學〉可能是在《禮記》氣論思想的基礎上，進一步發展出來的實然人倫世界的德業理想。

（二）以情性爲本，由修養以成德的一體義

《禮記》氣論思想以人之喜怒哀樂爲天性人情，透過後天學習教化的修養，合禮樂之道以成德。故〈中庸〉主「喜怒哀樂發而中節」，而提出「盡性」、「至誠」之道，輔以「博學、審問、愼思、明辨」之功，乃成其天人、學行、德禮一體之德。〈樂記〉主「禮樂」以節人情，由「禮」以治身，由「樂」以感善心，行禮樂之道以成其德教。〈禮運〉主「十義」以治「七情」，經由「仁」、「義」、「學」、「禮」之行，落實於貨力、辭讓、飮食、冠昏、喪祭、射御、朝聘之禮，以成其上下、內外、鬼神一體之德業。

〈大學〉論「修身」的修養工夫爲「正心，誠意，致知，格物」，所謂「正心」者，其云：「所謂修身在正其心者：身有所忿懥，則不得其正；有所恐懼，則不得其正；有所好樂，則不得其正；有所憂患，則不得其正。心不在焉，視而不見，聽而不聞，食而不知其味。此謂修身在正其心。」〔註115〕「忿懥、恐懼、好樂、憂患」皆爲心之喜怒哀樂之情，此〈大學〉在心性論上亦以心

〔註115〕《禮記・大學》（十三經注疏5，臺北：藝文印書館，1976年），頁986。

之喜怒哀樂之情爲本，喜怒之發得其正乃爲修身之功，此與〈中庸〉、〈樂記〉、〈禮運〉論心性皆本喜怒哀樂之七情，是爲一致。

〈大學〉「修身」之本在「正」其心，「正心」之本在「誠」其意，「誠意」的根本在「致」其知，而落實於「致知在格物」。鄭玄注：「知謂知善惡吉凶之所終始也。格，來也。物猶事也。其知於善深則來善物，其知於惡深則來惡物。」〔註116〕是由心之感外在之事物而發善惡之情以論「致知」。故「格物」者乃感外在之事物，發善心則感善物，惡心則感惡物；「致知」者乃知物之所感善惡之心，故〈大學〉由物之所感以論「格物」，由所感發善惡之心以論「致知」。

其次，由「誠意」以正其心，「所謂誠其意者，毋自欺也，如惡惡臭，如好好色，此之謂自謙，故君子必愼其獨也！」〔註117〕又「誠於中，形於外，故君子必愼其獨也」〔註118〕，乃以「愼獨」之「誠於中、形於外」釋「誠意」。

由《禮記》氣論思想詮釋〈大學〉的修養主張，心的內涵爲喜怒哀樂之情，故以情性爲本，乃《禮記》氣論諸篇與〈大學〉的共同特色。其次，〈大學〉由心物之感通而論「格物」、「致知」，〈樂記〉亦由感發以論心性，所謂「人生而靜，天之性也；感於物而動，性之欲也。」〔註119〕「物至知知，然後好惡形焉。好惡無節於內，知誘於外，不能反躬，天理滅矣。」〔註120〕〈樂記〉論心之感物而發好惡之情，情發易流於無節，外物誘感不止，則人心之惡形矣，故當反躬自省以節其情。

〈樂記〉對心、物相感的看法，可以作爲〈大學〉「格物致知」的補充，即心物相感是天性，而其理論基礎則爲氣論中的「氣類相感」思想，故善物則感善情，惡物則感惡情，故〈樂記〉主張當以「樂」感發其善心，而斥鄭、衛之音以興淫志，以「禮」節其好惡之情，是由「禮樂之道」以「和」與「節」心之感發。故〈樂記〉由心之感物以發其情，而其情之好惡則由「禮樂之道」以節之，則〈大學〉由心之感發善惡之情以論「格物」「致知」，由「誠意」、「正心」以論情之節制，這樣的說法在《禮記》氣論思想中可見其

〔註116〕《禮記‧大學》（十三經注疏5，臺北：藝文印書館，1976年），頁983。
〔註117〕同註116，頁983。
〔註118〕同註116，頁983。
〔註119〕《禮記‧樂記》（十三經注疏5，臺北：藝文印書館，1976年），頁666。
〔註120〕同註119，頁666。

淵源。

其次，論修養以成德的途徑部分，〈中庸〉主「尊德性而道問學」，〈樂記〉主「行」、「事」、「德」、「藝」為一體，〈禮運〉主「仁」、「義」、「學」、「禮」、「樂」以成德。由氣論思想而言，天人、內外、學行、禮樂皆為氣化一體之萬端，俱在氣化之中，具有同質性，只是表現方式不同。故《禮記》氣論思想的修養途徑，必合內外、學行、禮樂、德性與問學合一，方能成德，故面對好惡無節之情、知誘於外之物物相感，必須要透過內外共同的節制，是以〈中庸〉主「尊德性」必與「道問學」配合，〈樂記〉主「行」、「事」、「德」、「藝」同為一體工夫，〈禮運〉主「仁」、「義」、「學」、「禮」、「樂」方能成德，故由《禮記》氣論思想而言，修養途徑實無內外、上下、心物之別，其皆為氣化成德之全體。

由此觀〈大學〉之道，就「修身」而言，乃將「格物」、「致知」之工夫，與「誠意」、「正心」之工夫做連結，便不足為怪，即外物之感知與內在情性之生發，本休戚相關；正其心之好惡與節其心之所發，又本為一事。故就《禮記》氣論思想以詮釋〈大學〉「格物」、「致知」與「誠意」、「正心」，會發現此乃心、物相感而生好惡之情，以及節制好惡之情以發而中節的修養工夫，在《禮記》氣論思想諸篇中對這樣的過程，各自有不同的稱謂，但沒有像〈大學〉這般有系統、有次序的論述彼此的關係，這又似乎說明〈大學〉思想，確實是在《禮記》氣論思想的基礎上進一步的完成。

此外，由〈中庸〉、〈樂記〉、〈禮運〉氣論諸篇的成德之說，可以知道君子之成德，必不徒己之立身而已，〈中庸〉曰修身、事親、治人、治天下，〈樂記〉必推及樂教，以樂百姓，〈禮運〉必由個人之肥，以推家之肥、國之肥、天下之肥。故〈大學〉的修身工夫，乃由修身推而及於齊家、治國、平天下，合己與人，皆為吾人明德之事，在君子之成德的範圍上，可以看出《禮記》氣論諸篇與〈大學〉有其共同的思想模式。

（三）論政治理想義的一脈相承

蓋由《禮記》氣論諸篇之政治理想義言，乃承孔子「修己以敬」、「修己以安人」、「修己以安天下」〔註121〕的理想而來。〈中庸〉主「修身、治人、治天下國家」，〈月令〉主「與天相應」的政治觀，〈樂記〉主「揖讓而治天下」，

〔註121〕《論語・憲問》（十三經注疏8，臺北：藝文印書館，1976年），頁131。

〈禮運〉主「人之肥、國之肥、天下之肥」的「大順說」，可發現氣論諸篇雖然是由不同的角度論述其政治理想：如〈中庸〉由「盡性、至誠」論「治天下國家」、月令由「節氣之應」以論「刑德之治」，〈樂記〉由「禮樂刑政」論「揖讓而治天下」，〈禮運、禮器、郊特牲〉由「禮義之道」論「大順說」，但其最後之歸趨必在於「天下國家之治」則是諸篇儒者的共同心聲。

《禮記·大學》篇，鄭玄目錄云：「名曰大學者，以其記博學可以爲政也。此於別錄屬通論。」〔註122〕鄭氏以「學」之大者，乃在於可以「爲政」，是「大學」之旨本在於「爲政」，故〈大學〉此篇跟古代學制無關，其旨乃「學可以爲政」之道。孔穎達正義云：「此大學之篇，論學成之事，能治其國，章明其德於天下。卻本明德所由，先從誠意爲始。」〔註123〕孔氏所論本鄭氏而更申其明德、誠意之說，言〈大學〉始由誠意而明德，推而治國，平天下，以彰明其德於天下之旨。故由鄭氏、孔氏二家之說，可知〈大學〉所論本是爲政之道。

〈大學〉所揭櫫的政治理想「修身、齊家、治國、平天下」之義，與〈中庸〉：「知所以脩身，則知所以治人；知所以治人，則知所以治天下國家矣。」〔註124〕〈樂記〉：由「禮樂」以成德，進而「揖讓而治天下」的理想，〈禮運、禮器、郊特牲〉由「人之肥」、「家之肥」、「國之肥」以至於「天下之肥」的「大順」說，則〈大學〉：修身、齊家、治國、平天下的政治理想，與《禮記》氣論諸篇所描述其政治理想義的藍圖，大方向是一致的。

其次，在政治理想的內容上，〈中庸〉以「修身」爲本，以「親親」、「尊賢」爲綱，由己→賢→大臣→親→群臣→庶民→百工→遠人→諸侯，由近而遠，由己而賢人、親人、國人、諸侯、天下，由「盡性」、「至誠」之道貫穿天人、人我以至於天地化育之道。〈月令〉所呈現的是以氣化天道爲主體，以規範人君順時施政之政治藍圖。〈樂記〉則由天道氣化之和與序以論禮樂之義，由禮、樂、刑、政以論「揖讓而治天下」的政治理想。〈禮運〉則由「禮」之制作，由個人之肥、家之肥、國之肥、以至天下之肥的「大順」說。

故《禮記》氣論諸篇強調治天下在於「禮樂」之道，其吸收氣化思想，賦予「禮樂」以氣化天道義，落實於人道，乃以「禮樂」治其氣化之人情，

〔註122〕《禮記·大學》（十三經注疏5，臺北：藝文印書館，1976年），頁983。
〔註123〕《禮記·大學》（十三經注疏5，臺北：藝文印書館，1976年），頁983。
〔註124〕《禮記·中庸》（十三經注疏5，臺北：藝文印書館，1976年），頁888。

以成修身之功，由修身之成己，自然推闊而及於家人、國人以至於天下人，莫不以「禮樂」之道順之，更達之生死、鬼神、萬物之安頓，可謂具氣化內涵的「禮樂之道」的最高理想。

〈大學〉首章云：「大學之道，在明明德，在親民，在止於至善。」〔註125〕鄭玄注：「明明德，謂顯明其至德也。止，猶自處也。」又云：「古之欲明明德於天下者，先治其國；欲治其國者，先齊其家；欲齊其家者，先修其身；欲修其身者，先正其心；欲正其心者，先誠其意；欲誠其意者，先致其知，致知在格物。」〔註126〕此〈大學〉篇之綱領，乃以「明德」爲本，由明己之德，進而明人之德，最後顯明至於天下、國家之至德，是曰「至善」。故以下論孔子論「德」的豐富內涵：

孔子在《論語》中論「德」之處甚多，其云：「天生德於予。」〔註127〕是「人德」之根源義來自於天之所生。又曰：「德之不修，學之不講，聞義不能徙，不善不能改，是吾憂也。」〔註128〕此論「德」之修養義，修德與講學、徙義、改過同爲君子之修養。在政治論上，則云：「道之以政，齊之以刑，民免而無恥；道之以德，齊之以禮，有恥且格。」〔註129〕是「德」與「禮」同爲爲政之方，以相對於「政」與「刑」。又季康子問政？孔子曰：「君子之德，風；小人之德，草；草上之風，必偃。」〔註130〕此乃論爲政，人君之德之感化人民如風。

故「德」在《論語》中涵義甚豐，從天道論而言，「德」爲天之所生，此與〈中庸〉論「天命之謂性」可謂同義，皆源出於孔子。只是〈大學〉沒有明言「德」之出於天，而欠缺天道根源義的部分。其次，在修養論上，孔子論「修德」之重要，但對於「修德」的具體內容並無詳述，此點恐待〈大學〉之闡發其義。此外，孔子多從政治義論「德政」，主「道之以德」，主「君子之德風」以重教化，是「德」不僅是個人的修養工夫，亦有推及及人，以施於家國天下之義，此方面亦爲〈大學〉所發揮。

〔註125〕《禮記・大學》（十三經注疏5，臺北：藝文印書館，1976年），頁983。
〔註126〕同註125，頁983。
〔註127〕子曰：「天生德於予，桓魋其如予何？」《論語・述而》（十三經注疏8，臺北：藝文印書館，1976年），頁63。
〔註128〕《論語・述而》（十三經注疏8，臺北：藝文印書館，1976年），頁60。
〔註129〕《論語・爲政》（十三經注疏8，臺北：藝文印書館，1976年），頁16。
〔註130〕《論語・顏淵》（十三經注疏8，臺北：藝文印書館，1976年），頁109。

故〈大學〉所論，可謂承孔子論「德」之一脈而來，其「明明德」本於「修身」，推而至於天下國家，皆爲吾人之「明德」所在，此本孔子論「德」之修養論與政治論推擴而出。惟孔子尚將「德」連結於天，所謂「天生德於予」，〈大學〉沒有在「明明德」的天道義方面多作發揮。

觀〈中庸〉、〈樂記〉、〈禮運〉等氣論諸篇之政治理想義，再比較〈大學〉所論由格物、致知以至修身，由修身以至齊家、治國、平天下的理想，這其間似有一條脈絡可循。〈中庸〉「修身、治人、治天下國家」可以看出其承孔子「修己以敬」、「修己以安人」、「修己以安天下」〔註131〕之說的痕跡，〈禮運〉主「人之肥、家之肥、國之肥、天下之肥」的「大順說」，可以看出是重要的思想進展，而〈大學〉「格物、致知、誠意、正心、修身、齊家、治國、平天下」之說，可謂是此理想義的成熟理論。此理論論及心物相感、情發之中節、修身之合其心物情發以成德，再推而及於家、國、天下，其內涵爲儒家之德治理想，而《禮記》氣論思想的「禮樂之治」，亦可作爲〈大學〉德治理想的內涵，正是孔子「道之以德，齊之以禮」政治理想的發揚光大。

故由《禮記》氣論思想論〈大學〉之道，可明其思想的源流、脈絡、修身明德一體觀之所由來，或可作爲理解〈大學〉思想的另一角度。

（四）由「氣論義」〈大學〉論朱子、陽明「大學」之說

若由《禮記》氣論思想詮釋〈大學〉之說可以成立，則或可名之爲「氣論義」的〈大學〉之說，由此「氣論義」〈大學〉之說，再論朱子、王陽明論「大學」之說，或有一番省思。

朱子《大學章句》〈格物致知補傳〉云：

> 閒嘗竊取程子之意以補之曰：「所謂致知在格物者，言欲致吾之知，在即物而窮其理也。蓋人心之靈莫不有知，而天下之物莫不有理，惟於理有未窮，故其知有不盡也。是以大學始教，必使學者即凡天下之物，莫不因其已知之理而益窮之，以求至乎其極。至於用力之久，而一旦豁然貫通焉，則眾物之表裡精粗無不到，而吾心之全體大用無不明矣。此謂物格，此謂知之至也。」〔註132〕

朱子所論分三層次：一、「心」的問題，人心之靈在於心能認知，心爲認知主

〔註131〕《論語・憲問》（十三經注疏8，臺北：藝文印書館，1976年），頁131。
〔註132〕〔宋〕朱熹：〈大學章句・格物致知補傳〉，《四書章句集注》（北京：中華書局，1995年），頁6。

體，心的作用能不斷認知萬事萬物，以至於物之窮盡。二、「物」的問題，萬事萬物各有其表裡精粗之別，而此眾物之內涵為「理」，「理」之多同於眾物之多。三、「心物關係」，眾物各有其條理，惟心方能認知其眾理，心格物即能明理，當心格盡天下之物，乃能明天下之理，而心之認知作用則全體大明，乃得明性體之全德，進而知曉天道之理，此為成德，此即朱子「性即理」之說。

　　朱子之說，若以一家之言，自有其博大深邃之宏規，但若為〈大學〉之原義，則恐不盡然。由「氣論義」〈大學〉之說論之：一、關於「心」的問題，〈大學〉論「心」的內涵為喜怒哀樂之情，基本上乃就心之感物而發喜怒哀樂之情而言，並非止於認知主體，心之感物的過程中有認知義在其中，但感官義與好惡之情發義更多，故「致知」的涵義不在窮究事物表裡精粗之「理」，而在探討因感物之來所興發的好惡之情，當感其善物發其善情，關其惡物絕其惡情。二、關於「成德」的問題，朱子要格盡「眾物之表裡精粗無不到，而吾心之全體大用無不明」方能成德，此乃朱子之博大處，亦為心之認知義的極致發展。「氣論義」〈大學〉論君子之成德亦曰「修身、齊家、治國、平天下」，此由氣化以論身、家、國、天下之整體的合理規範。故由「成德」說以論朱子與「氣論義」〈大學〉之說，乃一主認知義的擴展以成德，一主氣化義的整體以成德，二者思路模式不同。

　　故由「氣論義」〈大學〉以論朱子「格物致知補傳」之說，可以發現二者對心的定義差別甚大，朱子以「心」為認知主體，「氣論義」〈大學〉以「心」為感物以情發之主體，因為對「心」的內涵不同見解，乃進一步造成對「格物以致知」的角度不同，進而影響其對「成德」的不同看法，此乃二家的差異處。

　　王陽明《傳習錄·答顧東橋書》云：

> 朱子所謂格物云者，在即物而窮其理也。即物窮理是就事事物物上求其所謂定理者也，是以吾心而求理於事事物物之中，析心與理而為二矣；……夫析心與理而為二，此告子義外之說，孟子之所深闢也：「務外遺內，博而寡要」，吾子既已知之矣，是果何謂而然哉？謂之玩物喪志，尚猶以為不可歟？若鄙人所謂致知格物者，致吾心之良知於事事物物也。吾心之良知，即所謂「天理」也。致吾心良知之「天理」於事事物物，則事事物物皆得其理矣。致吾心之良知

者，致知也。事事物物皆得其理者，格物也，是合心與理而爲一者也。〔註133〕

王陽明所論〈大學〉「格物致知」義有點：一、心以良知爲主體，良知的內涵即是天理，致吾人之良知即得其天理。二、「物」爲良知感攝之對象，「致知」乃「致吾心之良知於事事物物也」，乃良知之感發義。三、「格物」乃「致吾心良知之『天理』於事事物物，則事事物物皆得其理」，乃良知之賦予義。三「格物」與「致知」的關係，先「致知」再「格物」，先致其良知之明覺，事事物物乃能得其理，故心即理。

王陽明之說，亦自成一家之言，有其眞切之道德體悟，由「氣論義」〈大學〉之說論之：一、〈大學〉所論「心」的內涵，非爲良知主體，「心」爲感物而發的主體，其中或有良知善情在其中，但絕非純然的道德本體。二、由「氣論義」〈大學〉而言，「格物」在先，「致知」在後，心之感通外物必在先，然後心乃有所發其喜怒安樂之情，方爲「致知」，是必先「格物」而后「致知」。三、「事事物物得其理」是在「心」經過「誠意、正心」的過程，這過程有學問思辨、有反躬自省，最後乃能發而皆中節，此爲「修身」之功，非僅「致知」，感通外物即能得其理。

故由「氣論義」〈大學〉之說以論朱子、王陽明論〈大學〉，可覺其二家各得〈大學〉之一部分，朱子由「認知心」以論「格物致知」，其順序合「氣論義」〈大學〉之說，但格其萬事萬物之理，偏向於「外在」，忽略心之感物而發好惡之情的內在變化，因此有「格物、致知」的規模，卻無「誠意、正心」的節制人情，此其朱子論〈大學〉原義之偏。

王陽明由「良知」以論「心」，先「致知」再「格物」，實與〈大學〉「格物而后致知」之原義有違，其次，王陽明偏向心之感發這一部份，與「氣論義」〈大學〉「心」的作用較相近，但王陽明感發的是良知本體，由良知本體之感通便可直接上契於天理，而「氣論義」〈大學〉論「心」之感物而發，要再經過一段「誠意、正心」的工夫才能達至「修身」以成德，而陽明之說，不能不說較輕忽「學」的吸收，而獨取感發之心以爲本體，實則對氣論義〈大學〉而言，心與物，學與德，莫不休戚相關，共爲一體之氣，所謂「成德」非偏內之情，也非偏外之理，內與外，天與人當共爲一體。

〔註133〕陳榮捷編著：〈答顧東橋書〉，《王陽明傳習錄集詳註集評》（臺北：學生書局，1983 年 12 月初版），頁 171。

第十一章　《禮記》氣論思想與漢儒論「禮」之學的辯證

　　此篇論述漢儒自陸賈、叔孫通、賈誼、《淮南子》、司馬遷、董仲舒、《白虎通義》、鄭玄注《禮記》等八家論「禮」之學，條理其漢儒論「禮」思想演變之脈絡，並說明《禮記》氣論思想在其中之所承與其影響。

第一節　漢儒論「禮」之學與《禮記》氣論之學的辯證

　　《禮記》氣論諸篇的氣化思想特色，主要表現在禮樂義的氣化天道觀、氣化人情的禮樂化、成德之道：天人學行禮樂之一體、禮樂之治的理想等四項特色，以下便由此特色，與漢儒之學作比較辯證。

一、陸賈、叔孫通

　　陸賈（B.C. 240～B.C. 170），漢初思想家，《史記・陸賈列傳》云：

> 陸生時時前說稱詩書。高帝罵之曰：「乃公居馬上而得之，安事詩書！」陸生曰：「居馬上得之，寧可以馬上治之乎？且湯武逆取而以順守之，文武並用，長久之術也。昔者吳王夫差、智伯極武而亡；秦任刑法不變，卒滅趙氏。鄉使秦已並天下，行仁義，法先聖，陛下安得而有之？」高帝不懌而有慚色，乃謂陸生曰：「試為我著秦所以失天下，吾所以得之者何，及古成敗之國。」陸生乃粗述存亡之征，凡著十二篇。每奏一篇，高帝未嘗不稱善，左右呼萬歲，號其

書曰「新語」。〔註1〕

故陸賈《新語》的著作，乃爲漢高祖劉邦所作，其殷鑑於秦之所以覆亡，以圖漢家天下何得以長治久安之作？全書通俗不艱澀，頗能反映漢初的宇宙、人文與政治觀。

（一）陸賈「天地相承，氣感相應而成」

陸賈的宇宙論乃承襲戰國以來政治義之氣化宇宙論，而以「天地相承，氣感相應而成」爲主要特色。

> 傳曰：「天生萬物，以地養生，聖人成之。功德參合，而道術生焉。」
> 故曰：張日月，列星辰，序四時，調陰陽，布氣治性，次置五行，春生夏長，秋收冬藏，陽生雷電，陰成霜雪，養育群生，一茂一亡，潤之以風雨，曝之以日光，溫之以節氣，降之以殞霜，位之以眾星，制之以斗衡，苞之以六合，羅之以紀綱，改之以災變，告之以禎祥，動之以生殺，悟之以文章。〔註2〕

黃震曰：「〈道基〉言天地列位，而列聖制作之功。」此反映漢初陸賈之宇宙觀，陸賈所承者，正是以天、地、人物爲一體的氣化宇宙論，其綱領則所謂「天生萬物，以地養生，聖人成之。」天爲創造萬物的主體，天的內涵爲日月、星辰、四時、陰陽、布氣治性，次置五行，以成春夏之生，以爲秋冬之藏，陰陽以生雷電霜雪。地爲生養萬物之資，潤以風雨，曝以日光，溫以節氣，降以殞霜，使萬物一茂一亡，生生不止。人則觀日星以制斗衡，苞以六合，羅以紀綱，告災變禎祥，以爲生殺之則，作以文章，是聖人仰觀俯察天地之理而爲人道之則。故陸賈反映的是政治義的氣化宇宙觀。

此氣化宇宙論的特點：一、其說受《管子》、《呂氏春秋》十二紀的影響，乃爲天、地、人的一體觀。二、天道的內容爲日月星辰陰陽五行四時災變禎祥生殺，聖人當法天道以爲制作紀綱，乃法天地之特色。三、天道爲人道之依據，表現政治義的氣化宇宙論特色，表現漢初天道觀與政治思想，正承接戰國末年以來的思潮特色。

> 知天者仰觀天文，知地者俯察地理，跂行喘息，蜎飛蠕動之類，水生陸行，根著葉長之類，爲寧其心而安其性，蓋天地相承，氣感相

〔註1〕〔漢〕司馬遷：《史記‧陸賈列傳》（據武英殿影印本，臺北：藝文印書館，1982年），頁1098。

〔註2〕王利器：《新語校注‧道基》（北京：中華書局，1997年10月），頁2。

應而成者也。〔註3〕

此論萬物之生成，陸賈提出「天地相承，氣感相應而成」的觀念。《禮記‧樂記》云：「地氣上齊，天氣下降，陰陽相摩，天地相蕩，鼓之以雷霆，奮之以風雨，動之以四時，煖之以日月，而百化興焉。如此則樂者天地之和也。」〔註4〕可看出陸賈與《禮記‧樂記》反映的氣化宇宙觀極相近，皆受到《管子》、《呂氏春秋》、甚至《易傳》的影響，而反映陰陽五行之說的特色。但陸賈較〈樂記〉的氣化觀要更詳盡，〈樂記〉只提出「百化生焉」交代萬物之生，陸賈則提出是「天地相承，氣感相應而成」的觀念。

關於「氣感相應」的觀念，早在荀子時已提出「同氣相感相應」以「化性起偽」的修養論〔註5〕。《易‧乾文言》有「同聲相應，同氣相求」〔註6〕以論萬物各從其類。《禮記‧樂記》則提出以「樂」感心之善，以為人情之和的禮樂之道〔註7〕。至於陸賈則以「天地相承，氣感相應而成」論萬物之創生，是將「氣感相應」以詮釋天道氣化之創生義。

> 於是先聖仰觀天文，俯察地理，圖畫乾坤，以定人道，民始開悟，
> 知有父子之親，君臣之義，夫婦之別，長幼之序，於是百官立，王
> 道乃生。〔註8〕

此論人道之立，人道由天地之道的仰觀俯察而來，故知天地之文理，以定人倫之道，始知「父子之親，君臣之義，夫婦之別，長幼之序」，是人倫之禮亦由天地之道而來。

「法天地」之說，始於道家，盛行於戰國末期諸子之說，陸賈論「法天

〔註3〕 同註2，頁7。

〔註4〕 《禮記‧樂記》（十三經注疏5，臺北：藝文印書館，1976年），頁672。

〔註5〕 「凡姦聲感人而逆氣應之，逆氣成象而亂生焉；正聲感人而順氣應之，順氣成象而治生焉。唱和有應，善惡相象，故君子慎其所去就也。」〔清〕王先謙：《荀子集解‧樂論》（北京：中華書局，1981年），頁381。

〔註6〕 「九五曰「飛龍在天，利見大人」何謂也？子曰：「同聲相應，同氣相求；水流濕，火就燥，雲從龍，風從虎。聖人作而萬物睹。本乎天者親上，本乎地者親下，則各從其類也。」《禮記‧周易》（十三經注疏1，臺北：藝文印書館，1976年），頁15。

〔註7〕 「樂者，音之所由生也；其本在人心之感於物也。是故其哀心感者，其聲噍以殺。其樂心感者，其聲嘽以緩。其喜心感者，其聲發以散。其怒心感者，其聲粗以屬。其敬心感者，其聲直以廉。其愛心感者，其聲和以柔。」《禮記‧樂記》（十三經注疏5，臺北：藝文印書館，1976年），頁663。

〔註8〕 王利器：《新語校注‧道基》（北京：中華書局，1997年10月），頁9。

地之道以爲人倫之道」是近於儒家，《禮記・禮運》云：「聖人作則，必以天地爲本，以陰陽爲端，以四時爲柄，以日星爲紀，月以爲量，鬼神以爲徒，五行以爲質，禮義以爲器，人情以爲田，四靈以爲畜。」〔註9〕又云：「夫禮必本於天，動而之地，列而之事，變而從時，協於分藝，其居人也曰養，其行之以貨力、辭讓：飲食、冠昏、喪祭、射御、朝聘。」〔註10〕是皆以聖人乃法天地以制禮樂之說，而陸賈之說卻較簡略，恐是《新語》乃爲劉邦所作，故點到即止。

> 故性藏於人，則氣達於天，纖微浩大，下學上達，事以類相從，聲
> 以音相應，道唱而德和，仁立而義興。〔註11〕

此論人之心性與感通，人由天地相承、氣感相應而生，在天曰氣，在人曰性，故言「性藏於人，則氣達於天」，是天與人以「氣」相連，此乃吸收道家「氣化成形」、「一氣流行」之說，但道家主張人要透過「心齋」的工夫方可上達於天〔註12〕。陸賈上達於天的途徑，卻是儒家的工夫「下學而上達」，此工夫正與〈中庸〉「博學，審問，慎思，明辨，篤行」，以達「至誠」之功，而後能「參贊天地之化育」的主張是相同的。

故陸賈的修養論是儒家與道家的結合，道家乃吸收其「一氣流行」之說，儒家則主張「下學上達」的學習之道，此乃儒、道二家思想的結合，亦爲漢初思想的特色。〔註13〕

> 世衰道失，非天之所爲也，乃君國者有以取之也。惡政生惡氣，惡
> 氣生災異。螟蟲之類，隨氣而生；虹蜺之屬，因政而見。治道失
> 於下，則天文變於上；惡政流於民，則螟蟲生於野。賢君智則知隨
> 變而改，緣類而試思之，於□□□變。聖人之理，恩及昆蟲，澤
> 及草木，乘天氣而生，隨寒暑而動者，莫不延頸而望治，傾耳而聽

〔註9〕《禮記・禮運》（十三經注疏，臺北：藝文印書館，1976年），頁432。

〔註10〕同註9，頁437。

〔註11〕王利器：《新語校注・術事》（北京：中華書局，1997年10月），頁47。

〔註12〕「若一志，無聽之以耳而聽之以心，無聽之以心而聽之以氣！聽止於耳，心止於符。氣也者，虛而待物者也。唯道集虛。虛者，心齋也。」〔晉〕郭象注〔唐〕成玄英疏：《南華眞經注疏上・人間世》（北京：中華書局，1998年），頁82。

〔註13〕「（陸賈）他把儒家的仁義與道家無爲之教，結合在一起，開兩漢儒道並行互用的學風。」徐復觀：《兩漢思想史》（臺北：學生書局，1974年5月），頁101。

化。〔註14〕

此由天人相感之說，以誡漢高祖劉邦，所謂「惡政生惡氣」，則自然當行「善政」以生「善氣」。此由災祥以論政，實則《管子》在〈四時〉篇中論「五政」之行，已開其端。《禮記・月令》亦有「孟春行夏令，則雨水不時，草木蚤落，國時有恐。行秋令則其民大疫，猋風暴雨總至，藜莠蓬蒿並興。行冬令則水潦爲敗，雪霜大摯，首種不入。」〔註15〕的災異之說。故陸賈云「惡政生惡氣，惡氣生災異。螟蟲之類，隨氣而生；虹蜺之屬，因政而見。」可謂前有所承，無論《管子》、《呂氏春秋》或陸賈《新語》會作災異之說，實則恐爲勸誡人君有關，故「災祥」之說亦對後世漢學有深遠影響。

（二）叔孫通「禮者，因時世人情爲之節文」

叔孫通本秦博士，《史記・叔孫通列傳》云：

> 漢五年，已並天下，諸侯共尊漢王爲皇帝於定陶，叔孫通就其儀號。高帝悉去秦苛儀法，爲簡易。群臣飲酒爭功，醉或妄呼，拔劍擊柱，高帝患之。叔孫通知上益厭之也，說上曰：「夫儒者難與進取，可與守成。臣願徵魯諸生，與臣弟子共起朝儀。」高帝曰：「得無難乎？」叔孫通曰：「五帝異樂，三王不同禮。禮者，因時世人情爲之節文者也。故夏、殷、周之禮所因損益可知者，謂不相復也。臣願頗采古禮與秦儀雜就之。」……高帝崩，孝惠即位，乃謂叔孫生曰：「先帝園陵寢廟，群臣莫能習，徙爲太常，定宗廟儀法。」及稍定漢諸儀法，皆叔孫生爲太常所論箸也。〔註16〕

叔孫通與其弟子共定漢初朝儀、宗廟儀法、漢諸儀法等，其能順應時代，因時變化，取人情之節文，立漢一代之儀法，其功甚偉。太史公稱曰：「叔孫通希世度務，制禮進退，與時變化，卒爲漢家儒宗。」

《史記・禮書》亦述及叔孫通之制禮，其云：

> 秦有天下，悉內六國禮儀，采擇其善，雖不合聖制，其尊君抑臣，朝廷濟濟，依古以來，至于高祖，光有四海，叔孫通頗有所增益減損，大抵皆襲秦故。自天子稱號，下至佐僚及宮室官名，少所變

〔註14〕 王利器：《新語校注・明誡》（北京：中華書局，1997年10月），頁155。
〔註15〕 《禮記・月令》（十三經注疏5，臺北：藝文印書館，1976年），頁290。
〔註16〕 〔漢〕司馬遷：《史記・叔孫通列傳》（據武英殿影印本，臺北：藝文印書館，1982年），頁1107。

改。〔註17〕

司馬遷論漢初叔孫通禮儀之制，基本上承襲秦制，而「增益減損」以爲漢制。故後世有張揖云：「周公著《爾雅》一篇，爰暨帝劉、魯人叔孫通撰置《禮記》，文不違古。」〔註18〕而言「魯人叔孫通撰置《禮記》之說。」實則因佐證不足，並不可信，筆者於第三章「《禮記》的成書及其氣論諸篇」已辨明之。

（三）《禮記》與陸賈、叔孫通之學的辯證

陸賈與叔孫通俱爲秦漢之際的儒者，身處亂世之中，猶能堅守儒家禮義之說，以感君王之善，以立漢初之儀法，誠屬不易。但亦因處亂世，其思想屬承襲舊說爲多。

陸賈《新語》其氣論思想，受《易傳》、《呂氏春秋》的影響甚深，屬政治義的氣化宇宙論型態，是由自然義的陰陽五行之說，詮釋宇宙四時人物之生養，再由天地以論人道，由氣化以論性情，主張由「下學而上達」以契合天地之道，此乃儒家知識論與氣論思想的結合。其次，在政治論上主張「氣類相感」，「氣類相感」思想，在荀子中主要應用在修養論上的「親師友」，接善氣以變化氣質，在《易傳》中則用以說明氣化相生之狀，陸賈則將其應用在政治措施上的「天人相感」，說明施德政則有禎祥，施暴政則有災異降臨，此說於《管子》、《呂氏春秋》十二紀已見，至於陸賈則有其「氣感相應」的理論根據，影響及於董仲舒的「天人感應說」。

《禮記》氣論諸篇與陸賈思想交會者，乃在其氣化宇宙論的內涵上，俱是以陰陽五行爲內容，皆由天地之道以論人道之序，但與《禮記》所提「禮樂義的氣化宇宙觀」仍有一段差距。其次，在「氣感相應」思想方面，陸賈主要爲政治論上之災祥相應，而在《禮記·樂記》中則論「樂」可感人心之善，乃應用在禮樂之變化氣質與移風易俗上，此乃二者在「氣感相應」思想上的方向不同，可以看出陸賈較偏政治上的影響，而《禮記》則偏修養與教化的影響力。

叔孫通的思想，由於資料不足，只能知其主張「禮者，因時世人情爲之節文」，由此稍窺叔孫通之學，尚無氣論思想的涉入，仍著重在孔子所論「殷

〔註17〕 〔漢〕司馬遷：《史記·禮書》（據武英殿影印本，臺北：藝文印書館，1982年），頁459。

〔註18〕 〔清〕嚴可均輯：〈張揖上廣雅表〉，《全三國文》卷四十（西安：陝西人民出版社，2007年），頁223。

因於夏禮，所損益可知也；周因於殷禮，所損益，可知也；其或繼周者，雖百世可知也。」〔註 19〕乃禮樂文化義的相承與適用性，至於「人情之節」則與《禮記・坊記》「禮者，因人之情而爲之節文，以爲民坊者也。」〔註 20〕如出一轍，可知叔孫通的禮樂思想乃由人性出發，結合時勢的變化，順應時勢人情而作，看不出有氣論思想在其中，較近於孔孟樸素的禮樂思想。

二、賈誼：「禮者，所以固國家，定社稷」

（一）「六理」、「六行」、「六經」

賈誼，洛陽人，文帝時博士，漢初著名政論家，其論多具先見，不幸早逝，其說影響漢代政治制度深遠。《史記・屈原賈生列傳》云：

> 賈生名誼，雒陽人也。年十八，以能誦詩屬書聞於郡中。吳廷尉爲河南守，聞其秀才，召置門下，甚幸愛。孝文皇帝初立，聞河南守吳公治平爲天下第一，故與李斯同邑而常學事焉，乃征爲廷尉。廷尉乃言賈生年少，頗通諸子百家之書。文帝召以爲博士。是時賈生年二十餘，最爲少。每詔令議下，諸老先生不能言，賈生盡爲之對，人人各如其意所欲出。諸生於是乃以爲能，不及也。孝文帝說之，超遷，一歲中至太中大夫。賈生以爲漢興至孝文二十餘年，天下和洽，而固當改正朔，易服色，法制度，定官名，興禮樂，乃悉草具其事儀法，色尚黃，數用五，爲官名，悉更秦之法。孝文帝初即位，謙讓未遑也。諸律令所更定，及列侯悉就國，其說皆自賈生發之。於是天子議以爲賈生任公卿之位。絳、灌、東陽侯、馮敬之屬盡害之。……居頃之，拜賈生爲梁懷王太傅。梁懷王，文帝之少子，愛，而好書，故令賈生傅之。……居數年，懷王騎，墮馬而死，無後。賈生自傷爲傅無狀，哭泣歲余，亦死。〔註 21〕

班固贊曰：「賈誼言三代與秦治亂之意，其論甚美，通達國體，雖古之伊、管，未爲遠過也。」〔註 22〕可知賈誼實爲漢初有重要影響力之政論家與思想

〔註 19〕 《論語・爲政》（十三經注疏 8，臺北：藝文印書館，1976 年）。
〔註 20〕 《禮記・坊記》（十三經注疏，臺北：藝文印書館，1976 年），頁 863。
〔註 21〕 〔漢〕司馬遷：《史記・屈原賈生列傳》（據武英殿影印本，臺北：藝文印書館，1982 年），頁 1007。
〔註 22〕 〔漢〕班固：《漢書・賈誼傳》卷四十八（臺北：鼎文書局，1997 年 10 月），頁 2228。

家。賈誼云：「夫天地爲爐兮，造化爲工；陰陽爲炭兮，萬物爲銅。合散消息兮，安有常則；千變萬化兮，未始有極。忽然爲人兮，何足控摶；化爲異物兮，又何足患！小知自私兮，賤彼貴我；通人大觀兮，物無不可。」〔註 23〕此言天地造化之功，萬物稟陰陽二氣，聚而成形，散而消亡，變化無端。可知賈誼主要受到道家與陰陽氣化思想，表現出自然義的氣化宇宙論，萬物與人皆爲氣化聚散成形，聚散是沒有常理常則，只是自然的造化之功。但賈誼論及人道之立，則又吸收法家與儒家禮義之說，表現融合諸家之說的特色。其云：

> 德有六理，何謂六理？道、德、性、神、明、命，此六者，德之理也。六理無不生也，已生而六理存乎所生之內，是以陰陽天地人，盡以六理爲內度，內度成業，故謂之六法。六法藏內，變流而外遂，外遂六術，故謂之六行。是以陰陽各有六月之節，而天地有六合之事，人有仁義禮智信之行。行和則樂興，樂興則六，此之謂六行。陰陽天地之動也，不失六行，故能合六法。人謹脩六行，則亦可以合六法矣。〔註 24〕

賈誼論天道本體爲「道」與「德」，曰：「道者無形，平和而神。道有載物者，畢以順理適行。」〔註 25〕此乃本老子論道體之狀：「有物混成，先天地生，寂兮寥兮，獨立不改，周行而不殆，可以爲天下母。吾不知其名，字之曰道」〔註 26〕，是「道」爲無形、載物、順理適行之本體。「道」之所載爲「德」，「德者，離無而之有，故潤則脁然濁而始形矣，故六理發焉。六理所以爲變而生也，所生有理，然則物得潤以生，故謂潤德。」〔註 27〕所謂「物所道始謂之道，所得以生謂之德。德之有也，以道爲本，故曰道者德之本也。」〔註 28〕是「道」爲無形之本體，道體由「無」而之「有」的創造之理爲「德」。

〔註 23〕同註 21，頁 1009。

〔註 24〕閻振益、鍾夏校注：《新書校注·六術》（北京：中華書局，2007 年 10 月），頁 316。

〔註 25〕閻振益、鍾夏校注：《新書校注·道德說》（北京：中華書局，2007 年 10 月），頁 325。

〔註 26〕〔漢〕河上公注：《老子》（世德堂刊本，臺北：五洲出版社，1980 年），頁 34。

〔註 27〕同註 25，頁 326。

〔註 28〕同註 25，頁 327。

　　賈誼以爲「道者無形」〔註 29〕，故論道之狀自「德」始，此說乃本於老子「道生之，德畜之」〔註 30〕之說。「德」的內涵爲「六理」，「六理」爲「道、德、性、神、明、命」。此「六理」爲天地、陰陽、人之內涵，此「六理」內在於陰陽則有「六月之節」，內在於天地則有「六合之事」，內在於人則有「仁、義、禮、智、信、樂」之「六行」。天地陰陽不失六行，乃合六法、六理之運，人則當僅修「六行」，乃上合「六法」、「六理」，是天地陰陽人物皆以「六行」爲備。以「六」爲備，恐本於秦制〔註 31〕，此由「六理」涵蓋天地陰陽人物之生，陰陽二氣稟「六理」而有節令，天地稟「六理」而生養運行，人道稟「六理」而爲「六行」，「六行」爲「仁、義、禮、智、信、樂」乃爲儒家的價值觀，是由陰陽氣化之道以論人道之價值。

　　　　性者，道德造物，物有形而道德之神專而爲一氣，明其潤益厚矣。
　　　　濁而膠相連在物之中，爲物莫生，氣皆集焉，故謂之性。性，神氣
　　　　之所會也，性立則神氣曉曉然發而通行於外矣。與外物之感相應，
　　　　故曰潤厚而膠謂之性。性生氣，通之以曉。〔註 32〕

此論「性」之所生。蓋道體涵「六理」之德，能由「無」而之「有」，始可造物之生，物之所生乃合形與氣之會而成。性者乃神氣之所會，故可通行於外，對外物有所感而應之。故云：「變化無所不爲，物理及諸變之起，皆神之所化也，故曰康若濼流謂之神。理生變，通之以化。」〔註 33〕故「神」者對天道而言，爲道德造物之變化之能；對人物而言，「神」與「氣」內具於人物之中，乃人物得感通內外之能。故「性」者，乃天之所生，合「神」與「氣」

〔註 29〕閻振益、鍾夏校注：《新書校注・道德說》（北京：中華書局，2007 年 10 月），頁 325。
〔註 30〕「道生之，德畜之，物形之，勢成之，是以萬物莫不尊道而貴德。道之尊，德之貴，夫莫之命而常自然。故道生之，德畜之，長之，育之，亭之，毒之，養之，覆之。生而不有，爲而不恃，長而不宰，是謂玄德。」高明撰：《帛書老子校注》（北京：中華書局，1996 年），頁 69。
〔註 31〕「始皇推終始五德之傳，以爲周得火德，秦代周德，從所不勝。方今水德之始，改年始，朝賀皆自十月朔。衣服旄旌節旗皆上黑。數以六爲紀，符、法冠皆六寸，而輿六尺，六尺爲步，乘六馬。更名河曰德水，以爲水德之始。」〔漢〕司馬遷：《史記・封禪書》（臺北：藝文印書館，據武英殿影印本），頁 120。
〔註 32〕閻振益、鍾夏校注：《新書校注・道德說》（北京：中華書局，2007 年 10 月），頁 326。
〔註 33〕同註 32，頁 326。

而會，「神」爲感官之能，「氣」爲所感而發之喜怒之情，故曰「性生氣，通之以曉」。

「明」者則爲知覺的能力，所謂「神氣在內則無光而爲知，明則有輝於外矣。外內通一，則爲得失，事理是非皆職於知，故曰光輝謂之明。明生識，通之以知。」〔註34〕「神」與「氣」使吾人具感通之能，發喜怒之情，「明」則使吾人可作事理得失是非之判斷，此爲「知」，故「明」乃爲判斷是非的能力。

「命」者「物皆得道德之施以生，則澤潤性氣神明，及形體之位分、數度，各有極量指奏矣。此皆所受其道德，非以嗜欲取捨然也。其受此具也，礐然有定矣，不可得辭也，故曰命。命者，不得毋生，生則有形，形而道德性神明因載於物形，故礐堅謂之命。命生形，通之以定。」〔註35〕鍾夏注：「極量應上數度，指奏應上位分，此謂位分舉措之度。度即行止之所宜也。」「命」者，指人所生於道德之「性、氣、神、明及形體之位分、數度」，即內、外、行、止各具其所宜之位分。

綜合上述賈誼論「六理」之內涵，「道」與「德」屬本體義，「性、神、明、命」屬生物成物之內涵，亦可說「道」與「德」落實於人物之中，即爲「性、神、明、命」之義。此亦《禮記·中庸》：「天命之謂性」的思想模式，對賈誼而言，「天命」的內涵爲「六理」，「性」的內涵爲「神、氣、明、命」，包括人的感官之能、喜怒之發、道德是非之判斷及外在行止之所宜，由生理、心理、德性及外在表現之行爲，合而爲人之整體內涵，而此人之全體內涵又來自於「道」與「德」之天命造化，乃具天道義、氣化義與道德義，結合道家、陰陽氣化說及儒家道德價值而成，可視作漢初對〈中庸〉「天命之謂性」的新詮釋。

賈誼由「六理」以論「六經」的重要。其云：

> 書者，著德之理於竹帛而陳之，令人觀焉，以著所從事，故曰："書者，此之著者也。"詩者，志德之理，而明其指，令人緣之以自成也，故曰"詩者，此之志者也。"易者，察人之精德之理與弗循，而占其吉凶，故曰"易者，此之占者也。"春秋者，守往事之合德

〔註34〕閻振益、鍾夏校注：《新書校注·道德說》（北京：中華書局，2007年10月），頁326。

〔註35〕同註34，頁326～327。

之理與不合，而紀其成敗，以爲來事師法，故曰“春秋者，此之紀者也。”禮者，體德理而爲之節文，成人事，故曰“禮者，此之體者也。”樂者，書、詩、易、春秋、禮五者之道備，則合於德矣，合則驩然大樂矣，故曰“樂者，此之樂者也。”……德之理盡施於人，其在人也，內而難見，是以先王舉德之頌而爲辭語，以明其理，陳之天下，令人觀焉。垂之後世，辯議以審察之，以轉相告。是故弟子隨師而問，博學以達其知，而明其辭以立其誠，故曰博學辯議，爲此辭者也。〔註36〕

「六經」爲《書》、《詩》、《易》、《春秋》、《禮》、樂，《尚書》者「著德之理」，《詩經》者「志德之理，而明其指」，《易經》者「察人之精德之理與弗循，而占其吉凶」，《春秋》「守往事之合德之理與不合，而紀其成敗，以爲來事師法」，《禮》者「體德理而爲之節文，成人事」，「樂」者「五者之道備，則合於德矣，合則驩」。故《六經》來自於先王「舉德之頌而爲辭語，以明其理，陳之天下，令人觀焉」，是爲體「道」之「德」而明其「理」者。

賈誼將儒家的經典跟天道論的道、德、理連接起來，「六經」的根源是「道」，其內涵爲「德」，析論之正是「道、德、性、神、明、命」的「六理」，於是《書》、《詩》、《易》、《春秋》、《禮》、樂成爲天道凝爲人道之經典代表，此皆爲儒家之經典，賈誼將道家的天道論與儒家之經典作結合，提高了「六經」的地位。

（二）禮者，固國家，定社稷

賈誼十分重「禮」，「禮」小從個人的坐立之儀容，大到國家之典章制度，皆爲「禮」的範圍，《史記》云：「賈生以爲漢興至孝文二十餘年，天下和洽，而固當改正朔，易服色，法制度，定官名，興禮樂，乃悉草具其事儀法。」〔註37〕是以「制禮樂」乃因應漢帝國之時代要求，所謂「固國家，定社稷」者。故賈誼論「禮」，強調君臣之分，天子之禮，諸侯之適，講尊卑大小強弱之位，擴及於君臣、父子、兄弟、夫婦之人倫之分，對漢儒論「禮」影響深遠。

〔註36〕閻振益、鍾夏校注：《新書校注・道德說》（北京：中華書局，2007 年 10 月），頁 327～328。

〔註37〕〔漢〕司馬遷：《史記・屈原賈生列傳》（據武英殿影印本，臺北：藝文印書館，1982 年），頁 1007。

1. 事君之道

> 事君之道，不過於事父，故不肖者之事父也，不可以事君。事長之
> 道，不過於事兄，故不肖者之事兄也，不可以事長。使下之道，不
> 過於使弟，故不肖者之使弟也，不可以使下。交接之道，不過於爲
> 身，故不肖者之爲身也，不可以接友。慈民之道，不過於愛其子，
> 故不肖者之愛其子，不可以慈民。居官之道，不過於居家，故不肖
> 者之於家也，不可以居官。夫道者，行之於父，則行之於君矣；行
> 之於兄，則行之於長矣；行之於弟，則行之於下矣；行之於身，則
> 行之於友矣；行之於子，則行之於民矣；行之於家，則行之於官矣。
> 故士則未仕而能以試矣。〔註38〕

此論事君、事長、使下、交接、慈民、居官之道，其立論依據便在人倫之禮
的實踐能力，是以能事父方能事君，能事兄方知事長，能使弟方能使下，能
接友方知交接，能愛子方能慈民，能居家方能居官，故事君、事長、使下、
交接、慈民、居官之道的成立，在事父、事兄、使弟、接友、愛子、居家之
能爲善，是「禮」的實踐能力爲朝廷選拔人才的依據。

此論述之模式與〈中庸〉、〈大學〉十分相近，〈中庸〉曰：「知所以脩身，
則知所以治人；知所以治人，則知所以治天下國家矣。」〔註39〕開創儒家由
立身以治人、治天下之學。〈大學〉云：「古之欲明明德於天下者，先治其國；
欲治其國者，先齊其家；欲齊其家者，先修其身；欲修其身者，先正其心；
欲正其心者，先誠其意；欲誠其意者，先致其知，致知在格物。」〔註40〕可
看出〈大學〉理論已經很嚴密而成熟，此乃儒家由立己以立人、由身以齊家、
由家以治國平天下之思想模式的脈絡。而賈誼所論之「事父、事兄、使弟、
接友、愛子、居家之道」以成其「事君、事長、使下、交接、慈民、居官之
道」的理論，可以看出是〈大學〉成熟理論之前的過渡階段。

2. 禮　容

賈誼重視「禮」，在《新書》中有專論〈禮〉之作，乃繼荀子〈禮論〉之
後，又一論「禮」之重要著作，影響至於《禮記》。

荀子論「禮」，強調人的情性的合理滿足，其云：「禮起於何也？曰：人

〔註38〕閻振益、鍾夏校注：《新書校注・大政下》（北京：中華書局，2007 年 10
　　　　月），頁 349～350。
〔註39〕《禮記・中庸》（十三經注疏 5，臺北：藝文印書館，1976 年），頁 888。
〔註40〕《禮記・大學》（十三經注疏 5，臺北：藝文印書館，1976 年），頁 983。

生而有欲，欲而不得，則不能無求。求而無度量分界，則不能不爭；爭則
亂，亂則窮。先王惡其亂也，故制禮義以分之，以養人之欲，給人之求。使
欲必不窮於物，物必不屈於欲。兩者相持而長，是禮之所起也。」〔註41〕
「禮」對個人而言在安定情欲的合理滿足，對社會而言，則為人倫合理的次
序規範。

　　賈誼論「禮」則在荀子論「禮」的基礎上，擴大「禮」的價值，更具體
落實「禮」的規範，其云：

　　　道德仁義，非禮不成；教訓正俗，非禮不備；分爭辨訟，非禮不決；
　　　君臣上下父子兄弟，非禮不定；宦學事師，非禮不親；班朝治軍，
　　　蒞官行法，非禮威嚴不行；禱祠祭祀，供給鬼神，非禮不誠不莊。
　　　是以君子恭敬撙節退讓以明禮。

「禮」的範圍廣泛，舉凡道德的實踐、風俗的完備、司法紛爭的判定、君臣
父子倫理之序、官制、軍事、祭祀，皆待「禮」的參與而完備，此乃賈誼對
「禮」應用的範圍加以擴大。

　　此外，此段與《禮記・曲禮》:「道德仁義，非禮不成，教訓正俗，非禮
不備。分爭辨訟，非禮不決。君臣上下父子兄弟，非禮不定。宦學事師，非
禮不親。班朝治軍，蒞官行法，非禮威嚴不行。禱祠祭祀，供給鬼神，非禮
不誠不莊。是以君子恭敬撙節退讓以明禮。」〔註42〕一段文字全同，觀其前
後文義，當是〈曲禮〉的作者承襲賈誼之作〔註43〕，可見《禮記》亦吸收賈
誼論「禮」思想。

　　其次，賈誼極重視「禮」在行為上的表現，而有「禮容」的主張。

　　　志有四興：朝廷之志，淵然清以嚴；祭祀之志，愉然思以和；軍旅
　　　之志，怫然慍然精以屬；喪紀之志，澹然愁然憂以湫。四志形中，
　　　四色發外，維如。容有四起：朝廷之容，師師然翼翼然整以敬；祭
　　　祀之容，遂遂然粥粥然敬以婉；軍旅之容，湢然肅然固以猛；喪紀
　　　之容，怊然懾然若不還。視有四則：朝廷之視，端流平衡；祭祀之
　　　視，視如有將；軍旅之視，固植虎張；喪紀之視，下流垂綱。言有

〔註41〕　〔清〕王先謙：《荀子集解・禮論》（北京：中華書局，1981年），頁346。
〔註42〕　《禮記・曲禮上》（十三經注疏5，臺北：藝文印書館，1976年），頁14。
〔註43〕　「（賈誼論禮）與《禮記・曲禮上》中的一段全同，由兩方此段上下相關的文
　　　　　字看，是〈曲禮〉取之於賈生的。」徐復觀：〈賈誼思想的再發現〉，《兩漢思
　　　　　想史》（臺北：學生書局，1974年5月），頁142。

四術：言敬以和，朝廷之言也；文言有序，祭祀之言也；屏氣折聲，

軍旅之言也；言若不足，喪紀之言也。〔註44〕

「禮容」爲行禮表現的外在儀容，但須先有內在之「志」，乃得有合宜之「容」，所謂「四志形中，四色發外」，此四志即「朝廷之志、祭祀之志、軍旅之志、喪紀之志」，乃表內在情性之「清以嚴、思以和、精以厲、憂以湫」，此四志表現爲外在之容色，則有四大類型：「朝廷之容，師師然翼翼然整以敬；祭祀之容，遂遂然粥粥然敬以婉；軍旅之容，湢然肅然固以猛；喪紀之容，怮然儾然若不還」，此爲四志發爲四色四容之「容經」，其具體的的規範包括：視容、言容、立容、坐容、行容、趨容、旋容、拜容、坐乘之容、立乘之容等。

賈誼由情性中擇取淵然、愉然、拂然、慍然，漻然、愁然以爲人性中合理的喜怒哀樂之情，表現出師師然、翼翼然之敬容，遂遂然、粥粥然之婉容；湢然、肅然之嚴容；怮然、儾然之戚容，由合理的感情抒發，表達適切的形色舉止，此乃「禮」由內而外的表現。

賈誼以「禮」作爲人之由內在以至於外在的人格養成，其用意乃在人君之行，所謂「明君在位可畏，施舍可愛，進退可度，周旋可則，容貌可觀，作事可法，德行可象，聲氣可樂，動作有文，言語有章，以承其上，以接其等，以臨其下，以畜其民。故爲之上者，敬而信之，等者親而重之，下者畏而愛之，民者肅而樂之。是以上下和協，而士庶順壹，故能宗揖其國，以藩衛天子，而行義足法。」〔註45〕此可謂儒家對君主的修養論主張，使君王由法家的法術勢的利害計算中跳脫出來，使人君成爲以「德」爲涵養，以「禮」爲進退之儀，以「容」爲顏色，動作有文、言語有則，應接有序，上下和諧的明君。

3. 禮者，固國家，定社稷

賈誼論「禮」對於國家人倫秩序之規範價值，其云：

禮者，所以固國家，定社稷，使君無失其民者也。主主臣臣，禮之正也；威德在君，禮之分也；尊卑大小彊弱有位，禮之數也。禮，

〔註44〕閻振益、鍾夏校注：《新書校注·禮》（北京：中華書局，2007 年 10 月），頁227～228。

〔註45〕閻振益、鍾夏校注：《新書校注·禮》（北京：中華書局，2007 年 10 月），頁229。

> 天子愛天下，諸侯愛境內，大夫愛官屬，士庶各愛其家。失愛不仁，
> 過愛不義，故禮者所以守尊卑之經，彊弱之稱者也。禮，天子適諸
> 侯之宮，諸侯不敢自阼階，阼階者，主之階也。天子適諸侯，諸侯
> 不敢有宮，不敢爲主人禮也。君仁臣忠，父慈子孝，兄愛弟敬，夫
> 和妻柔，姑慈婦聽，禮之至也。君仁則不屬，臣忠則不貳，父慈則
> 教，子孝則協，兄愛則友，弟敬則順。夫和則義，妻柔則正，姑慈
> 則從，婦聽則婉，禮之質也。〔註46〕

賈誼以爲「禮」對國家社稷而言，乃爲穩定社會國家最重要的規範，在君臣
關係上，「禮」區別尊卑強弱之不同而君臣各盡其分，「禮」使情性得合理之
節制，天子以天下爲愛，諸侯以國內爲愛，不過愛或失仁義，天子巡視諸
侯，諸侯不敢以主人爲禮，乃守君臣尊卑之分，「禮」也擴及於社會人倫之君
臣，父子，兄弟，夫妻，姑婦之間，使「君仁臣忠，父慈子孝，兄愛弟敬，
夫和妻柔，姑慈婦聽」，是不同身份階層之人皆能在其位、盡其分，相敬退讓
以爲禮。

徐復觀先生云：

> 賈誼所突出的禮的思想，又是受荀子的禮的思想，而繼續向前發展
> 的。面對著大一統的帝國，而要賦予以運行的軌跡，使其能鞏固、
> 治安；並且要在皇權專制政治之下，建立人與人的合理關係，使每
> 個人能過著有秩序而又有諧和的生活，以賈誼爲代表的西漢儒生，
> 便只有集結整理儒家由戰國中期以來的禮的思想，以作爲法治的根
> 據，及教化的手段與目標。眞正的法治，只有在禮的精神扭帶中，
> 才可運行而不匱。《大、小戴記》的成立，淮南門客特長於言法言禮，
> 司馬遷著《史記》而特立〈禮書〉、〈樂書〉，都是在此一背景之下，
> 約百年之間，儒生所追求的合理的政治社會的大方向。〔註47〕

徐氏論及賈誼「禮」思想的淵源爲荀子之論「禮」，賈誼之論「禮」在情性的
合理節制與社會國家之規範秩序義方面，確深受荀學的啓發。但賈誼將禮「落
實」落實在具體之「禮容」及論國家社稷之具體改制上，則有其時代的特色。
此或即徐氏所論乃西漢儒生面對新的帝國秩序的需求而生，是以催生《禮記》

〔註46〕閻振益、鍾夏校注：《新書校注・禮》（北京：中華書局，2007 年 10 月），頁
　　　　214～215。
〔註47〕徐復觀：〈賈誼思想的再發現〉，《兩漢思想史》（臺北：學生書局，1974 年 5
　　　　月），頁 140。

的成書，此乃從賈誼之學的角度，論及《禮記》的成書背景，約略可想見《禮記》成書於漢代，亦有其時代之需求。

（三）《禮記》與賈誼《新書》的辯證

賈誼思想可說深受道家、陰陽家及儒家思想影響，其天道論主張取老子「道生之，德畜之」之說，而「道」與「德」之造物，則取陰陽氣化思想，落實於人身則取儒家「六經」爲典，以「仁、義、禮、智、信、樂」爲「六行」，表現漢初諸子學說融合之思潮。

對《禮記》而言，賈誼論「禮」由個人之修身始，強調要「四志形中，四色發外」，表現在視、言、坐、立、趨、拜之種種「禮容」，再論「禮」國家社稷在君臣、父子、夫婦之人倫的尊卑強弱秩序，使天子、諸侯、士大夫、民皆安其位，建立漢帝國新的倫理規範。賈誼論「禮」由個人之行止、父子、夫婦之人倫應對，以至於國家、天下之君臣秩序，這番宏大的規模，觀《禮記》〈樂記〉「揖讓而治天下」、〈禮運〉「大順說」甚至〈大學〉「修身齊家治國平天下」諸篇，隱約可看出漢儒論「禮」的思考模式與用心所在，確有其時代背景與思想相承性。

賈誼突出「禮」的重要，突破漢初黃老、法家之學的籠罩，也爲往後武帝的改制、獨尊儒術奠定先聲。

三、《淮南子》「因民之性以爲禮」

《淮南子》爲淮南王劉安招致賓客所編集，武帝即位，劉安入朝所獻，據《漢書·淮南衡山濟北王傳》云：

> 淮南王安爲人好書，鼓琴，不喜弋獵狗馬馳騁，亦欲以行陰德拊循百姓，流名譽。招致賓客方術之士數千人，作爲《內書》二十一篇，《外書》甚眾，又有《中篇》八卷，言神仙黃白之術，亦二十餘萬言。時武帝方好藝文，以安屬爲諸父，辯博善爲文辭，甚尊重之。每爲報書及賜，常召司馬相如等視草乃遣。初，安入朝，獻所作《內篇》，新出，上愛秘之。〔註48〕

《漢書·藝文志》稱「《淮南內》二十一篇」〔註49〕，故劉安所獻《內書》二

〔註48〕〔漢〕班固：《漢書·淮南衡山濟北王傳》卷四十四，（臺北：鼎文書局，1997年10月），頁2145。
〔註49〕〔漢〕班固：《漢書·藝文志》（臺北：鼎文書局，1997年10月），頁1741。

十一篇，即今稱《淮南子》。《淮南子》由於乃賓客方術之士集結而成，故其思想龐雜，班固乃歸於「雜家」〔註50〕。學者論《淮南子》義理多夾雜老、莊思想〔註51〕、陰陽氣化思想與儒家仁義禮樂之說，可謂反映漢初思想界的一大集結。〔註52〕

（一）自然義的氣化宇宙論

《淮南子》乃劉安獻予甫即位之漢武帝，除了表示輸誠外，自然希望武帝可以運用在施政上，故其主要用心在政治論，而政治論的根據在天道論。故天道論與政治論乃《淮南子》之思想精要所在。《淮南子》在天道論上以老莊道家爲主，並吸收陰陽氣化思想來演繹其氣化宇宙論的運作。其云：

> 夫太上之道，生萬物而不有，成化像而弗宰，跂行喙息，蠉飛蠕動，待而後生，莫之知德，待之後死，莫之能怨。得以利者不能譽，用而敗者不能非，收聚畜積而不加富，佈施稟授而不益貧，旋縣而不可究，纖微而不可勤，累之而不高，墮之而不下，益之而不眾，損之而不寡，斫之而不薄，殺之而不殘，鑿之而不深，填之而不淺。
>
> 忽兮怳兮，不可爲象兮；怳兮忽兮，用不屈兮；幽兮冥兮，應無形兮；遂兮洞兮，不虛動兮；與剛柔卷舒兮，與陰陽俯仰兮。〔註53〕

此即承老子〈第二十一章〉論道體之狀：「道之爲物，惟恍惟惚。惚兮恍兮，其中有象。恍兮惚兮，其中有物。窈兮冥兮，其中有精。其精甚眞，其中有信。自古及今，其名不去，以閱眾甫。吾何以知眾甫之狀哉？以此。」〔註54〕此論「道體」之絕對性、普遍性與創造性，可知《淮南子》以「道體」爲最高本體，而作「太上之道」，其主張即稟道家而來。惟老子論「道體」較重形上抽象的玄思，而《淮南子》則較爲具體鋪陳之。

故《淮南子》論道體創生萬物，老子以「道生一，一生二，二生三，三生萬物。」〔註55〕表示即可。但《淮南子》受到陰陽氣化思想影響，則表現

〔註50〕〔漢〕班固：《漢書・藝文志》（臺北：鼎文書局，1997年10月），頁1742。

〔註51〕高誘：「（淮南子）其旨近老子，淡泊無爲，蹈虛守靜，出入經道。」《淮南子注釋・序》（臺北：華聯出版社，1968年5月），頁1。

〔註52〕徐復觀以爲「《淮南子》是當時思想界的一大集結。」徐復觀：《兩漢思想史・淮南子與劉安的時代》（臺北：學生書局，1974年5月），頁284。

〔註53〕劉文典：《淮南鴻烈集解・原道訓》（臺北：文史哲出版社，1992年），頁3～5。

〔註54〕高明撰：《帛書老子校注》（北京：中華書局，1996年），頁328。

〔註55〕同註54，頁29。

的非常細密具體，其〈天文訓〉云：

> 天墜未形，馮馮翼翼，洞洞灟灟，故曰太始〔註56〕。太始于虛霩，
> 虛霩生宇宙，宇宙生元氣，元氣有涯垠。清陽者薄靡而爲天，重濁
> 者凝滯而爲地。清妙之合專易，重濁之凝竭難，故天先成而地後定。
> 天地之襲精爲陰陽，陰陽之專精爲四時，四時之散精爲萬物。積陽
> 之熱氣生火，火氣之精者爲日；積陰之寒氣爲水，水氣之精者爲月。
> 日月之淫爲精者爲星辰。天受日月星辰，地受水潦塵埃。〔註57〕

此論道體由「無」而「有」之生化過程，分作幾個階段：「太始」→「虛霩」
→「宇宙」→「元氣」→「天地」→「陰陽」→「四時」→「萬物」。「太
始」約指不可名言，無形無限的階段；「虛霩」爲虛無恍惚，非觀念所及的階
段；「宇宙」則有具體的時間與空間的階段；「元氣」爲無形但具真實作用的
創生狀態，清陽者升而爲天，重濁者下沉爲地，乃生「天地」；由「天地」合
其精氣乃有「陰陽」二氣，由「陰陽」二氣之消長而成「四時」，由「陰陽」
二氣之聚散成形乃成「萬物」〔註58〕。值得注意者，乃《淮南子》提出「元
氣」說，用來連結道體由「無」以生「有」的關鍵過渡狀態，影響後世深
遠。〔註59〕

　　至於人與萬物的區別，在〈天文訓〉的生化理論中看不出來，但在〈精
神訓〉的創生過程中卻有區別，其云：

> 古未有天地之時，惟像無形，窈窈冥冥，芒芠漠閔，澒蒙鴻洞，莫
> 知其門。有二神混生，經天營地，孔乎莫知其所終極，滔乎莫知其
> 所止息，於是乃別爲陰陽，離爲八極，剛柔相成，萬物乃形，煩氣
> 爲蟲，精氣爲人。〔註60〕

高誘注：「煩，亂也。」近人陳鼓應認爲：「《淮南子》還吸收了稷下道家的精

〔註56〕 王引之曰：「『太昭』當作『太始』，字之誤也。」參見王念孫：《讀書雜志》
　　　　下冊，頁785。今從校改。
〔註57〕 劉文典：《淮南鴻烈集解・天文訓》（臺北：文史哲出版社，1992 年），頁 79
　　　　～80。
〔註58〕 參見楊婉羚：《淮南鴻烈》氣論思想研究》（臺北：中國文化大學中文研究所
　　　　碩士論文，2009 年 1 月），頁 67～68。
〔註59〕 陳麗桂：「從『虛霩』到『宇宙』逐漸由無而有，至『元氣』產生後，是明確
　　　　地『有』了天地萬物的肇生，虛霩就從這個『元氣』開始。」陳麗桂：《秦漢
　　　　時期的黃老思想》（臺北：文津出版社，1997 年 2 月），頁 70。
〔註60〕 劉文典：《淮南鴻烈集解・精神訓》（臺北：文史哲出版社，1992 年），頁
　　　　218。

氣說，認為生物由氣產生，氣又有精粗之分……這顯然是脫胎自《管子·內業》『天出其精，地出其形』的說法，至於『精神入其門，而骨骸反其根』則是對人死亡後歸返天地的說明，實質上與莊子以死生為一氣之聚散的理論相同。」〔註61〕陳氏之說誠然。

　　蓋道家論人物之生，本一氣之聚散流行，人與萬物皆平等，老、莊本要打破人禽之別，而重其本天道之一體。重人禽之辨的是儒家，孟子曰：「人之所以異於禽獸者幾希，庶民去之，君子存之。舜明於庶物，察於人倫；由仁義行，非行仁義也。」〔註62〕荀子云：「水火有氣而無生，草木有生而無知，禽獸有知而無義，人有氣、有生、有知，亦且有義，故最為天下貴也。」〔註63〕其論人禽之別由氣化之內涵區分，人獨具氣、生、知且有義，故最為貴。故《淮南子·精神訓》其固然是吸收稷下道家之「精氣」說，但強調人禽之別，卻是受到儒家思想的影響，而以人為貴。惟孟、荀皆在道德內涵上區別人與物，〈精神訓〉則以「精氣」的氣化內涵上作人禽之辨，此亦反映當時陰陽氣化思想的廣泛影響。

（二）「因民之性以為禮」

　　《淮南子·泰族訓》提出「因民之性以為禮」，深具時代特色，即《淮南子》雖以自然義的氣化宇宙論為主，但卻十分重視「禮」的價值，並在人性的立基點上，試圖結合道家與儒家二家之說，重新賦予「禮」以新義。

　　　夫物有以自然，而後人事有治也。故良匠不能斲金，巧冶不能鑠木，金之勢不可斲；而木性不可鑠也。挻埴而為器，窬木而為舟，鑠鐵而為刃，鑄金而為鍾，因其可也。駕馬服牛，令雞司夜，令狗守門，因其自然也。民有好色之性，故有大婚之禮；有飲食之性，故有大饗之誼；有喜樂之性，故有鐘鼓管弦之音；有悲哀之性，故有衰絰哭踊之節。故先王之制法也，因民之所好而為之節文者也。因其好色而制婚姻之禮，故男女有別；因其喜音而正《雅》、《頌》之聲，故風俗不流；因其宵家室、樂妻子，教之以順，故父子有親；因其喜朋友而教之以悌，故長幼有序。然後修朝聘以明貴賤，饗飲習射

〔註61〕陳鼓應：〈從《呂氏春秋》到《淮南子》論道家在秦漢哲學史上的地位〉，收入《國立臺灣大學文史哲學報》第五十二期，頁81。
〔註62〕〔清〕阮元：《孟子·離婁下》（十三經注疏 8，臺北：藝文印書館，1976年），頁 145。
〔註63〕梁啟雄：《荀子簡釋·王制》（臺北：木鐸出版社，1988年），頁 109。

以明長幼，時搜振旅以慣用兵也，入學庠序以修人倫。此皆人之所

有於性，而聖人之所匠成也。〔註64〕

《淮南子‧泰族訓》此論「禮樂」之起源，這是值得注意的。《淮南子》基本
上以老、莊道家思想為主。而老子〈三十八章〉云：「失道而後德，失德而後
仁，失仁而後義，失義而後禮。夫禮者忠信之薄而亂之首，前識者道之華而
愚之始。」〔註65〕故道家思想是反對儒家的禮樂文化的。

〈泰族訓〉由「因民之性」的說法，嘗試會通儒、道二家之歧異。蓋民
有好色之性、飲食之性、喜樂之性、悲哀之性，故先王因民之性以制禮樂之
法，因好色而制婚姻之禮，因飲食而制宴饗之禮，因喜樂而制鐘鼓之樂，因
悲哀而制喪祭之儀，是皆本於人之所有之性，而由聖人所匠成。對《淮南
子》而言，其並不反對「禮樂」，其反對的是失去本性的禮樂儀式，虛偽的儀
節，故〈齊俗訓〉云：「夫禮者，所以別尊卑，異貴賤；義者，所以合君臣、
父子、兄弟、夫妻、朋友之際也。今世之為禮者，恭敬而忮；為義者，佈施
而德。君臣以相非，骨肉以生怨，則失禮義之本也。」〔註66〕因此順人民自
然的本性而為禮樂，成為會通儒、道二家「禮樂」思想的連結點。〈原道訓〉
論「性」，云：

人生而靜，天之性也；感而後動，性之害也；物至而神應，知之動
也；知與物接，而好憎生焉。好憎成形，而知誘於外，不能反己，
而天理滅矣。故達於道者，不以人易天，外與物化，而內不失其情，
至無而供其求，時騁而要其宿。小大修短，各有其具，萬物之至，
騰踴肴亂而不失其數。〔註67〕

《淮南子‧原道訓》對人性的看法，以人生而靜為性，感物而動為欲，以心
之動靜為性與欲，乃承襲老子「守靜」之說而來，以「靜」為正，以「動」
為害。但〈原道訓〉以為人心不能無動，重要的是要能不為外物所誘，就不
會生好惡之情，而滅天理之正。值得注意者，〈原道訓〉不主張人「絕聖棄智」，
而是「不以人易天，外與物化，而內不失其情」，人孰能無情？「情」亦為天

〔註64〕劉文典：《淮南鴻烈集解‧泰族訓》（臺北：文史哲出版社，1992 年），頁
670。

〔註65〕高明撰：《帛書老子校注》（北京：中華書局，1996 年），頁 4。

〔註66〕劉文典：《淮南鴻烈集解‧齊俗訓》（臺北：文史哲出版社，1992 年），頁
343。

〔註67〕同註 66，頁 11。

道所予之天性，當反對的是有私心私欲之情，故外與物接，只要「不失其情」即可，即保有人之本性之自然。

此承上段而論，主張當順自然之情性以制禮樂婚姻、宴饗、喪祭、鐘鼓之禮，最後乃得上達於道，不以人易天，外與物化，內不失人情自然之本，可謂是道家天道本體思想與儒家禮樂思想的結合。

（三）《禮記》與《淮南子》的辯證

《淮南子》以道家思想爲本，卻不否定「禮樂」的價值，此觀念出現在漢初實具有重大意義。首先，在政治上，武帝即位，國家承平已久，面對匈奴的擴張與國內日趨尖銳的社會問題，國家亟待建立新的典章制度以因應新的挑戰，包括禮樂制度，故《淮南子》不能只談抽象的天道義，必須正視禮樂制度的價值。其次，在思想上，當時儒家、道家、陰陽氣化思想，自然交流融合會通，必會激盪出新的學術火花，而儒、道二家已在天道論與禮樂思想上開始會通，自然會進一步在心性論上取得進展，故道家的「天性說」與儒家的「禮樂」思想，相互會通乃成就其「禮樂」新說。

故〈泰族訓〉云：「故無其性，不可教訓；有其性，無其養，不能遵道。……人之性有仁義之資，非聖人爲之法度而教導之，則不可使向方。故先王之教也，因其所喜以勸善，因其所惡以禁奸。」故人之天性中本有「仁義之資」，但有天性還要善「養」之，此即「禮樂之道」教之，乃得因其天性之善惡而勸善禁奸，此即儒、道心性說之會通，既主「天性」之保，又不廢「禮義之教」，此反映漢初學術思想的新風貌。

《禮記》與《淮南子》的思想辯證，《禮記‧樂記》論人之天性，其云：「人生而靜，天之性也；感於物而動，性之欲也。物至知知，然後好惡形焉。好惡無節於內，知誘於外，不能反躬，天理滅矣。……是故先王之制禮樂，人爲之節；衰麻哭泣，所以節喪紀也；鐘鼓干戚，所以和安樂也；昏姻冠笄，所以別男女也；射鄉食饗，所以正交接也。」〔註68〕由上下文義觀之，可看出是〈樂記〉取之於《淮南子‧原道訓》的，二者都在說明心性與外物的感通，但《淮南子‧原道訓》偏向心性受外物的引誘而迷失，落實在不失自然之情。《禮記‧樂記》則在說明心性之善惡之情會受到樂音的影響而感發，故先王制作禮樂使人民有所感、有所節其喜怒哀樂之情發，故君子當習其善

〔註68〕《禮記‧樂記》（十三經注疏 5，臺北：藝文印書館，1976 年），頁 666～667。

音以感其善情。

此外，《淮南子》自然義的氣化宇宙論的建立，架構嚴密而博大，《禮記》〈樂記〉、〈禮運〉諸篇所吸收的氣化論思想，將禮樂由社會規範與人倫秩序之下，擴展至於天道氣化義，提出「禮者，天地之序」、「樂者，天地之和」的天道內涵，或有受《淮南子》自然義的氣化宇宙論的啓發。這樣的禮樂思想會通儒家與道家，將禮樂思想上達天道以論人道，而道家由天道而主「無爲」，儒家由天道而主「禮樂之道」，二家有所交流，亦有所歸結處，此二家之異同處不得不辨明。

《淮南子》「因民之性以爲禮」有幾點特色：一、隨著漢帝國的日益安定富庶，黃老無爲的思想也必須正視具體國家組織的運作，《淮南子》「因民之性以爲禮」正透露黃老思想的逐漸落實化。二、「人民之性」成爲儒、道二家會通的關鍵點，人的心性會感通外物，如何感通而不失其正，成爲二家關注的課題。三、《禮記》〈樂記〉、〈禮運〉由「人性」在上達天道之氣化，以氣化之和與序，作爲「禮樂」的最後根據，似乎是「因民之性以爲禮」的再進一步發展。

四、司馬遷〈禮書〉、〈樂書〉

司馬遷於《史記》作〈禮書〉、〈樂書〉，〈禮書〉的內容多採荀子〈禮論〉之說，由人情之節與社會規範論「禮」，〈樂書〉的內容則多見於《禮記》〈樂記〉之論，可見其說由來已久，司馬遷著〈禮書〉、〈樂書〉，反映禮樂制度對漢代的重要，由司馬遷論「禮」之論，也可一窺漢武帝時代儒者對「禮樂」的看法。

（一）「緣人情而制禮，依人性而作儀」

司馬遷論「禮」由人性論、歷史觀與政治義三層面論之，深遠而博大，可窺漢帝國之禮樂觀。其云：

> 洋洋美德乎！宰制萬物，役使群眾，豈人力也哉？余至大行禮官，觀三代損益，乃知緣人情而制禮，依人性而作儀，其所由來尚矣。人道經緯萬端，規矩無所不貫，誘進以仁義，束縛以刑罰，故德厚者位尊，祿重者寵榮，所以總一海內而整齊萬民也。〔註69〕

〔註69〕〔漢〕司馬遷：《史記‧禮書》（據武英殿影印本，臺北：藝文印書館，1982年），頁458。

司馬遷論「禮」，可分三層面論之：第一點、「禮」的根源面，「禮」的根源在人性、人情之合理滿足與節制，其云：「人體安駕乘，爲之金輿錯衡以繁其飾；目好五色，爲之黼黻文章以表其能；耳樂鐘磬，爲之調諧八音以蕩其心；口甘五味，爲之庶羞酸鹹以致其美；情好珍善，爲之琢磨圭璧以通其意。故大路越席，皮弁布裳，朱弦洞越，大羹玄酒，所以防其淫侈，救其彫敝。是以君臣朝廷尊卑貴賤之序，下及黎庶車輿衣服宮室飲食嫁娶喪祭之分，事有宜適，物有節文。」〔註 70〕其說可溯及荀子〈禮論〉，所謂「先王惡其亂也，故制禮義以分之，以養人之欲，給人之求。使欲必不窮於物，物必不屈於欲。兩者相持而長，是禮之所起也。」〔註 71〕故禮樂的根源在人性合理的滿足與節制。

第二點、爲禮樂制度的歷史義，所謂「其所由來尚矣」，故司馬遷論周衰禮樂廢壞，賴孔子而傳，孔子沒後，弟子門生沉湮四方，禮義漸亡，秦統六國乃雜採諸國禮儀而就，至於漢初，高祖時叔孫通對秦禮增益減損，以爲漢儀，文帝好道家無爲之說，無所更動，景帝時又因七國亂事，諸臣不敢議禮，至於武帝「乃以太初之元改正朔，易服色，封太山，定宗廟百官之儀，以爲典常，垂之於後云。」〔註 72〕此司馬遷論禮樂之制，由先秦以至於漢世演變之迹，此呈現禮樂制度與時興作的變通性。

第三點、司馬遷論漢代禮樂制度的作用，所謂「人道經緯萬端，規矩無所不貫，誘進以仁義，束縛以刑罰，故德厚者位尊，祿重者寵榮，所以總一海內而整齊萬民也。」首先，禮樂屬於人倫世界的規範，乃歸「人道」之事，所有人倫世界的關係與應對，皆賴禮樂爲之規範，故對司馬遷而言，禮樂制度的建立，不僅是人情之節、歷史之迹而已，最重要的作用是對漢帝國的穩定與運作發揮作用，因此「禮樂」的內涵是「仁義」，卻要輔以「刑罰」貫徹其執行的落實，最後的目標爲「總一海內而整齊萬民」，因此先秦以來禮崩樂壞之下，禮樂在漢代得以重建，重新得到朝廷的重視，可以從「總一海內而整齊萬民」此角度來理解，同樣，《禮記》會在漢世集結成書，也可從此處理解之。

〔註 70〕 〔漢〕司馬遷：《史記・禮書》（據武英殿影印本，臺北：藝文印書館，1982年），頁 458。

〔註 71〕 王先謙：《荀子集解・禮論》（北京：中華書局，1981 年），頁 346。

〔註 72〕 〔漢〕司馬遷：《史記・禮書》（據武英殿影印本，臺北：藝文印書館，1982年），頁 459。

故司馬遷論「禮」，基本上由荀子〈禮論〉而來，「禮」爲人情之節度，由人性之規範以言「禮」之作用。其次，由歷史學家的史觀言之，「禮」自三代以來互有損益，歷先秦之廢壞，以至於漢世之重建，「禮」也不斷與時俱進，在適應新的時代需要，此與漢初叔孫通「禮者，因時世人情爲之節文」之說一脈相承。最後，漢代禮樂重新受到朝廷重視的原因，與整個時代、國家的發展，需要一個嚴密、博大的社會與政府架構的理論有關，嚴刑峻法太過嚴峻，不足以表現國家之寬裕，「禮樂」與「刑罰」的相輔相成，似乎更能符合漢帝國的需要，由「總一海內，整齊萬民」的目標可見其用心。

（二）《禮記》與司馬遷論「禮」的辯證

由《禮記》氣論思想觀司馬遷之論「禮」，可以看出司馬遷論「禮」並非由氣論思想詮釋，而是延續叔孫通、賈誼諸儒所論，基本上爲荀學〈禮論〉的角度，是由「人情的合理與節制」論「禮」之源，由君臣、父子、夫婦、朋友之相對規範以論「禮之用」，其大體如此，惟諸儒亦各有所重，如叔孫通強調「因時損益」的變通性，賈誼強調「固國家、安社稷」的政治性。

司馬遷論「禮」，其亦受荀學〈禮論〉之說的影響，但站在史學家的立場，司馬遷尚述及「禮」之歷史，以明「禮樂制度」之因時損益之迹，面對武帝的盛世，司馬遷更強調「禮」具有「總一海內，整齊萬民」的政治社會義，可以說司馬遷論「禮」是延續漢初以來諸儒之說，由「禮」的根源義、時代義與政治義三層面論之。

《禮記》氣論思想與司馬遷論「禮」之說的比較，可以發現《禮記》氣論思想較司馬遷之說更進一步，由「禮樂之源」而言，禮樂不僅止於人情之節，禮樂乃本於天道氣化之節，由天道之和與節乃得落實於人情之和與節，此乃禮樂與人情之同質性的根據；由「禮樂的政治義」而言，由各人之修身成德、以至於治國、治天下，再落實於人倫之郊、社、冠、昏、喪、祭之禮，無不包含在其中，可視作「總一海內，整齊萬民」的理論與實踐的完成，但其內涵爲氣化思想，由氣化貫穿天道、人道、治道與教化之道，司馬遷論「禮」則尚未到達此程度，是爲漢初「禮」說之延續。

五、董仲舒論天道、人道、治道

董仲舒（前 179 年～前 104 年），廣川（今河北棗強）人，少治春秋，景帝時爲博士，武帝時以賢良對策焉，曾任博士、江都相和膠西王相。班固以

爲：「（仲舒）遭漢承秦滅學之後，六經離析，下帷發憤，潛心大業，令後學者有所統壹，爲群儒首。」〔註73〕肯定董仲舒在漢代學術的地位，其學以《春秋公羊傳》爲宗，倡「天人相副」之說，影響漢代學術深遠。

（一）天道：「相生相勝」的自然氣化論

董仲舒的氣化天道論吸收鄒衍、《管子》、《呂氏春秋》之說，構成以陰陽二氣、五行之德爲內涵的氣化天道論，但董仲舒在陰陽二氣與五行關係上皆有所改造，乃爲相生相勝的自然氣化論型態。

> 天地之氣，合而爲一，分爲陰陽，判爲四時，列爲五行。行者，行
> 也，其行不同，故謂之五行。五行者，五官也，比相生而間相勝也，
> 故爲治，逆之則亂，順之則治。〔註74〕

董仲舒的天道觀爲自然義的氣化天道論，其氣化宇宙論由天地之元氣，化作陰陽二氣，由陰陽之消長以論四時之節氣，由四時之寒暑變化以論五行之德。其說深受《呂氏春秋》十二紀的影響。《呂氏》論天道曰：「太一出兩儀，兩儀出陰陽，陰陽變化，一上一下，合而成章，渾渾沌沌，離而復合，合而復離，是謂天常。天地車輪，終則復始，極則復反，莫不咸當，日月星辰，或疾或徐，日月不同，以盡其行，四時代興，或暑或寒，或短或長，或柔或剛，萬物所出，造於太一，化於陰陽，萌芽始震，凝寒以形。」〔註75〕「太一」相當於「元氣」，「兩儀」爲「天地」，配合「陰陽」、「四時」，二者同爲自然義的氣化宇宙論。故董仲舒的天道觀乃自然義的氣化論，近代學者徐復觀以爲：「到了董仲舒，才在天的地方，追求實證的意義，有如四時、災異。更以天貫通一切，構成一個龐大的體系。他這不是直承古代天的觀念發展下來的，而是直承《呂氏春秋》十二紀紀首的格套、內容、發展下來的。」〔註76〕故其說在《呂氏春秋》十二紀的基礎上發展而成。

董仲舒將「陰陽」分爲少陽、太陽、少陰、太陰以與四時配合，其云：「春者少陽之選也，夏者太陽之選也，秋者少陰之選也，冬者太陰之選也。」

〔註73〕〔漢〕班固：《漢書‧董仲舒傳》卷五十六（臺北：鼎文書局，1997 年 10月），頁 2526。

〔註74〕〔清〕蘇輿：《春秋繁露義證‧五行相生》（北京：中華書局，1992 年 12 月），頁 73。

〔註75〕陳奇猷：《呂氏春秋校釋》（臺北：華正書局，1988 年），頁 255。

〔註76〕徐復觀：《兩漢思想史‧先秦儒家思想的轉折及天的哲學的完成》（臺北：學生書局，1974 年 5 月），頁 371。

〔註77〕此外，並結合「五行」之說，分主春、夏、季夏、秋、冬之五德，構成龐大複雜的陰陽五行的氣化體系。

> 天有五行：一曰木，二曰火，三曰土，四曰金，五曰水。木，五行
> 之始也；水，五行之終也；土，五行之中也。此其天次之序也。木
> 生火，火生土，土生金，金生水，水生木，此其父子也。木居左，
> 金居右，火居前，水居後，土居中央，此其父子之序，相受而布。
> 是故木受水，而火受木，土受火，金受土，水受金也。諸授之者，
> 皆其父也；受之者，皆其子也。常因其父以使其子，天之道也。是
> 故木已生而火養之，金已死而水藏之，火樂木而養以陽，水剋金而
> 喪以陰，土之事火竭其忠。故五行者，乃孝子忠臣之行也。五行之
> 爲言也，猶五行歟？聖人知之，故多其愛而少嚴，厚養生而謹送終，
> 就天之制也。〔註78〕

陰陽二氣推爲四時，四時化作五行之氣，五行的次序與四時搭配，木、火、土、金、水配合春、夏、季夏、秋、冬，土德居中最爲貴。五行彼此有「相生相勝」的作用，所謂「天有五行，木火土金水是也。木生火，火生土，土生金，金生水。」〔註79〕「木勝土，土勝水，水勝火，火勝金，金勝木」，此乃根據於自然界的生長滅息，所附會而出的天地之序，由天地之序以名五德之行，故「五行」脫離物質義，而成爲天人共同的行爲價值義，故董仲舒進而提「五官」、「五常」之德。〔註80〕

韋政通先生論董仲舒「陰陽五行說」，云：「在董仲舒的思想中，四時與陰陽五行的配當，不只是靜態的搭配而已，更是一種動態的關係，也就是四時的變化是因有陰陽二氣的作用爲主導、五行爲輔，才會產生變化。」〔註81〕陰陽二氣的消長構成四季的變化，五行之間有相生與相勝的關係，此乃董仲舒吸收鄒衍「五德轉移說」，進一步解釋四季流轉的內在因素，此構成氣化宇宙論乃爲動態的，不斷生化流轉的氣化流行，四季的性格亦是由五行之德來

〔註77〕〔清〕蘇輿：《春秋繁露義證·官制象天》（北京：中華書局，1992 年 12 月），頁 41。
〔註78〕〔清〕蘇輿：《春秋繁露義證·五行之義》（北京：中華書局，1992 年 12 月），頁 321～322。
〔註79〕〔清〕蘇輿：《春秋繁露義證·五行對》（北京：中華書局，1992 年 12 月），頁 315。
〔註80〕五官：司農、司馬、司營、司徒、司寇。五常：仁、智、信、義、禮。
〔註81〕韋政通：《董仲舒》（臺北：東大圖書公司，1986 年），頁 79。

衍申。

　　故董仲舒的氣化天道論乃是自然義的氣化論，他吸收《呂氏春秋》十二紀，《管子》〈四時〉、〈五行〉篇的結構，甚至鄒衍「五德相生」之說，建立以陰陽五行爲內涵的氣化宇宙論，但他進一步將陰陽二氣析分爲少陽、太陽、少陰、太陰以與四時配合，又將五行在相生（木生火，火生土，土生金，金生水）之外，另有相勝（木勝土，土勝水，水勝火，火勝金，金勝木）的關係，進一步解釋其氣化論的內在變化成因，構成嚴密而動態、相生相勝不已的氣化宇宙論。

（二）人　道

1.「天副人數」

> 爲生不能爲人，爲人者，天也，人之人本於天，天亦人之曾祖父也，此人之所以乃上類天也。人之形體，化天數而成；人之血氣，化天志而仁；人之德行，化天理而義；人之好惡，化天之暖清；人之喜怒，化天之寒暑；人之受命，化天之四時；人生有喜怒哀樂之答，春秋冬夏之類也。喜，春之答也，怒，秋之答也，樂，夏之答也，哀，冬之答也，天之副在乎人，人之情性有由天者矣，故曰受，由天之號也。〔註82〕

董仲舒論人道本於天道，並將人之形體、血氣、德行、好惡、喜怒、受命皆比附於天地之象，其云：「人有三百六十節，偶天之數也；形體骨肉，偶地之厚也；上有耳目聰明，日月之象也；體有空竅理脈，川谷之象也；心有哀樂喜怒，神氣之類也；觀人之體，一何高物之甚，而類於天也。」〔註83〕此爲「天副人數說」。

　　先秦儒家以人爲貴，孟子有「人禽之辨」〔註84〕，強調人當存養四端之善性；荀子有「人有氣、有生、有知，亦且有義，故最爲天下貴。」〔註85〕

〔註82〕〔清〕蘇輿：《春秋繁露義證・爲人者天》（北京：中華書局，1992 年 12 月），頁 318。

〔註83〕〔清〕蘇輿：《春秋繁露義證・天副人數》（北京：中華書局，1992 年 12 月），頁 354。

〔註84〕「人之所以異於禽獸者幾希，庶民去之，君子存之。舜明於庶物，察於人倫；由仁義行，非行仁義也。」《孟子・離婁章句下》（十三經注疏8，臺北：藝文印書館，1976 年），頁 145。

〔註85〕「水火有氣而無生，草木有生而無知，禽獸有知而無義，人有氣、有生、有

在形氣內涵上強調人之道德性。但由天以論人,則為〈中庸〉「天命之謂性」〔註86〕之說,言人當「盡性」、「至誠」以上達天道之德,皆屬一種道德的感通上達天道之創造。

惟董仲舒「天副人數」之說,具體明確的指出人為天之所生,由「數」的觀念比附天之道〔註87〕,是以骨節象三百六十日、耳目象日月、五臟象五行、髮象星辰、鼻口呼吸象風氣、喜怒象四時……,關於天人關係,董仲舒不僅止於道德的感受與創造,他就在具體的形體感官喜怒之情中,將天與人的關係作明確的比附,人之形體喜怒正是從天之四時、日月、風氣、星辰所化而來,由人身內在情性與外在感官肢體所透露的「數」去作連結的證明,其反映的思想意義是董仲舒承繼先秦以來「以人為貴」的觀念,只是他是以人身之「數」以對應「天道之象」,來對襯出人之尊貴。

所謂「故莫精於氣,莫富於地,莫神於天,天地之精所以生物者,莫貴於人。人受命乎天也,故超然有以倚;物災疾莫能為仁義,唯人獨能為仁義;物災疾莫能偶天地,唯人獨能偶天地。」〔註88〕董仲舒綜合前賢之說,以明人之所以為貴之處,第一,天地由氣化以生物,人、物皆為氣之所生成。第二,人獨受命乎天,此承〈中庸〉「天命」之說,但〈中庸〉以「性」最為天命的內涵,董仲舒卻吸收荀子之說,以人獨能知仁義而為貴。第三,人除能知仁義,更惟有人獨能「偶天地」,此乃董生「天副人數」之說,以此三點董仲舒肯定人之為貴的價值。

此外,在說明天人關係上,〈中庸〉由「性」連結天與人,孟子進一步提出「盡心、知性、知天」〔註89〕,建立儒家「天人合德」的道德天基礎,荀

知,亦且有義,故最為天下貴也。」〔清〕王先謙:《荀子集解‧天論》(北京:中華書局,1981年),頁164。

〔註86〕「天命之謂性,率性之謂道,脩道之謂教」《禮記‧中庸》(十三經注疏5,臺北:藝文印書館,1976年),頁879。

〔註87〕張德文認為董仲舒的數字系統為:「一」乃指天地之氣,合而為一;「二」乃指陰陽二氣,「三」指天、地、人三才;「四」天之四時,人有四肢;「五」天列五行,人有五臟;「十」天有十端,人懷胎十月;「十二」天有十二月,人有十二節。〈董仲舒的「天人關係」模式及其思維方式〉,《中國文化月刊》第二三九期(2000年5月),頁25。

〔註88〕〔清〕蘇輿:《春秋繁露義證‧天副人數》(北京:中華書局,1992年12月),頁354。

〔註89〕孟子曰:「盡其心者,知其性也。知其性,則知天矣。存其心,養其性,所以事天也。夭壽不貳,修身以俟之,所以立命也。」《孟子‧盡心章句上》(十

子吸收氣化觀念，以氣化的內涵做為天地創造萬物的本質，但卻斷絕天與人的連結。董仲舒則意圖建立天人之間的實然連結，人與萬物為天之所生，其本質為氣化所成，但人獨為貴，人之為貴不僅止於道德的創造以回應天地之德，更在具體的人身性情之「數」，即可見天有所命於人的訊息。雖然，由今觀之，「天副人數」不免牽強附會之處，但由先秦儒家論「天人合德」的思想發展而言，董仲舒將其做到最具體真實的連結，人之內在與外在皆受天之特別造化，以明天與人俱為一體連結。

2.「身有貪、仁之性」

> 任眾惡於內，弗使得發於外者，心也，故心之為名，任也。人之受氣苟無惡者，心何任哉？吾以心之名得人之誠，人之誠有貪有仁，仁貪之氣兩在於身。身之名取諸天，天兩有陰陽之施，身亦兩有貪仁之性；天有陰陽禁，身有情欲任，與天道一也。是以陰之行不得干春夏，而月之魄常厭於日光，乍全乍傷。天之禁陰如此，安得不損其欲而輟其情以應天？天所禁，而身禁之，故曰身猶天也，禁天所禁，非禁天也。必知天性不乘於教，終不能任。察實以為名，無教之時，性何蓫若是？〔註90〕

董仲舒由氣化天道以論人道之心性，所謂「天兩有陰陽之施，身亦兩有貪仁之性」，天道有陰、陽二氣，人身亦有仁、貪二性在其中，人之受氣善、惡皆在心性之內，但天道尊陽而卑陰，不免有時而月厭於日光，乍全乍傷，故人有時不得不損輟其情性，是皆應天之所為，稟天氣化之自然，故人雖有仁、貪在性中，但亦具好仁惡貪之性向，所謂「善善惡惡，好榮憎辱，非人能自生，此天施之在人者也。」〔註91〕故心性雖善惡在其中，但天道尊陽而卑陰，故人亦好善而惡惡，是以對董仲舒而言，人非「性善」，而是有「好善」的天性。

人有仁、貪之性，故性非「善」而須待「教」，始得為善，董仲舒以「禾」與「米」以喻「性」與「教」。

> 善如米，性如禾，禾雖出米，而禾未可謂米也；性雖出善，而性未

三經注疏8，臺北：藝文印書館，1976年），頁228。

〔註90〕〔清〕蘇輿：《春秋繁露義證・立元神》（北京：中華書局，1992年12月），頁168。

〔註91〕〔清〕蘇輿：《春秋繁露義證・竹林》（北京：中華書局，1992年12月），頁63。

可謂善也。米與善，人之繼天而成於外也，非在天所爲之內也；天
所爲，有所至而止，止之內謂之天，止之外謂之王教，王教在性外，
而性不得不遂，故曰：性有善質，而未能爲善也，

「禾」與「米」比喻「性」與「善」，二者有其共同性也有其相異性：第一，
「禾」與「米」的本質相同，即「性」與「善」皆本氣化之質性而言，第二，
「禾」是「米」的本質，但「禾」不是「米」，「禾」要再精鍊才能成「米」；
同理，「性」是「善」的本質，「善」皆由氣質之喜怒哀樂而發，但「性」之
喜怒哀樂卻不是「善」，喜怒哀樂要發而中節方謂之「善」。故「性」爲天之
所生，爲善之質，卻非即是善；「善」爲聖王之教化，爲人之所爲，「善」無
「性」則無以化，「性」無「善」則不爲美。

故董仲舒論「性」較近於荀子之說，荀子云：「性者，本始材朴也。」
〔註92〕「無性則僞之無所加，無僞則性不能自美」〔註93〕，「性」爲氣化材質
義，「僞」乃是對「性」的人爲裁成義，「性」與「僞」本質上相同，只是在
表現上不同，「性」乃自人欲發，「僞」則經過人爲的教化洗禮而發之禮義之
行。只是荀子沒有在天人氣性的連結上多論述，而董仲舒則由天道氣化之「尊
陽卑陰」，下落於心性而論人心之「善善惡惡」，是其理論又較荀子爲嚴密。

天生民性有善質，而未能善，於是爲之立王以善之，此天意也。民
受未能善之性於天，而退受成性之教於王。王承天意，以成民之性
爲任者也。〔註94〕

董仲舒與荀子「性惡說」的人性看法相近，基本上皆自「天生性情」處說性，
即性是天生的氣質，本身不是「善」，「善」要經過後天的教化才能爲善，荀
子爲「化性起僞」，董仲舒曰「成性之教」，此二者是相同的。但董仲舒與荀
子亦有所不同，董仲舒強調人性中有「仁、貪兩性」，且基本上人是「好仁惡
貪」的，具備「好善惡惡」的傾向，即人性中有善質，因爲有善質，所以才
有「教化成善」的可能性，此乃董仲舒承荀子「性惡說」的人性論進一步發
展。

其次，荀子「化性起僞」的方法，透過聖人制禮義的實踐，透過「學」
與「習」，透過「近師友」的「同氣相感」的變化氣質，使過與不及之欲，化

〔註92〕〔清〕王先謙：《荀子集解・禮論》（北京：中華書局，1981 年），頁 366。
〔註93〕同註 92，頁 366。
〔註94〕〔清〕蘇輿：《春秋繁露義證・深察名號》（北京：中華書局，1992 年 12 月），
頁 302。

作有節制且合理之禮法規範。董仲舒也主張要透過外在的教化，使「仁、貪兩性」的心性論轉化為善，但主導的不是聖人、亦非師友，乃轉向君王，君王除了是政治的領袖，也成為教育的領袖，這不能不說是董仲舒的偏向，將政治義的君王賦予更崇高的價值義。

> 君子非禮而不言，非禮而不動，好色而無禮則流，飲食而無禮則爭，流爭則亂。夫禮，體情而防亂者也。民之情，不能制其欲，使之度禮。目視正色，耳聽正聲，口食正味，身行正道，非奪之情也，所以安其情也。〔註95〕

董仲舒論「禮」，基本上承荀子所謂「養人之欲，給人之求」〔註96〕之說，而又有所不同。首先，其論「禮」皆自情欲之規範處言，所謂「好色而無禮則流，飲食而無禮則爭」，與荀子所謂「人生而有欲，欲而不得，則不能無求。求而無度量分界，則不能不爭」的論點相同，此乃所謂「防亂」的規範義。

其次，董仲舒還提出「體情」之說，即「禮」乃本於人性情而作，故言「非奪之情，所以安其情」，荀子「性惡說」最為人所詬病處，即人性本身既全然是情欲，則仁義又何從而出？董仲舒的人性觀則不全然是人欲，人性中有仁、貪兩性，且人基本上為好仁惡貪，而「禮」正是從人性中的好仁之性發出，故非奪人之情，乃能安人之情。

3. 治　道

由「貴陽而卑陰」的天道論，進而論人性之仁、貪兩性，在落實論治道上的「重德而輕刑」，此為董仲舒思想的一貫脈絡。

> 陽天之德，陰天之刑，陽氣暖而陰氣寒，陽氣予而陰氣奪，陽氣仁而陰氣戾，陽氣寬而陰氣急，陽氣愛而陰氣惡，陽氣生而陰氣殺，是故陽常居實位而行於盛，陰常居空位而行於末，天之好仁而近，惡戾之變而遠，大德而小刑之意也，先經而後權，貴陽而賤陰也。
> 〔註97〕

〔註95〕　〔清〕蘇輿：《春秋繁露義證・天地施》（北京：中華書局，1992年12月），頁469～470。

〔註96〕　「禮起於何也？曰：人生而有欲，欲而不得，則不能無求。求而無度量分界，則不能不爭；爭則亂，亂則窮。先王惡其亂也，故制禮義以分之，以養人之欲，給人之求。使欲必不窮於物，物必不屈於欲。兩者相持而長，是禮之所起也。」〔清〕王先謙：《荀子集解・禮論》（北京：中華書局，1981年），頁346。

〔註97〕　〔清〕蘇輿：《春秋繁露義證・陽尊陰卑》（北京：中華書局，1992年12月），

董仲舒由天道以論人道，而曰「天副人數」，由天道氣化之「貴陽賤陰」而論治道之「重德賤刑」。首論天道陽氣之性，陽氣具暖、仁、寬、愛、生、實而盛之性，陰氣具寒、奪、戾、急、惡、殺、空而末之性，故天地萬物之生養乃得陽氣之德，天地萬物之奪殺乃陰氣之刑，陰陽二氣非等質，天好仁而惡戾，故尊陽而賤陰，落實於人道，曰「君臣、父子、夫婦之義，皆取諸陰陽」〔註98〕，如此則孔子所云：「君君、臣臣、父父、子子。」〔註99〕本為相對各盡其職份的人倫關係，在董仲舒「陽尊陰卑」的理論下，成為君尊臣卑、父尊子卑、夫尊婦卑的絕對關係，此影響不可謂不深遠。

　　「陽尊陰卑」的理論，落實在治道上，乃為「重德賤刑」的政治主張。「刑德說」的政治主張，最早見於孔子論「政」，其云：「道之以政，齊之以刑，民免而無恥；道之以德，齊之以禮，有恥且格。」〔註100〕是孔子主張「德、禮」較「政、刑」，對百姓的教化更深刻，此傳統為《禮記》所繼承，觀《禮記》〈樂記〉主「揖讓以治天下」、〈禮運〉主個人、家、國、天下之肥的「大順說」諸篇的政治理想義可知。

　　董仲舒所論「重德賤刑」的政治主張，其「重德」部分雖有承於儒家之論政，但其學說淵源乃直承自戰國以來的政治義氣化論主張，《管子‧四時》及《呂氏春秋》十二紀的政治主張中，便由四時節氣之變化，論述陰陽二氣之消長，再由四時之序搭配五行之德，故春夏主生養，秋冬主刑殺，惟上述二書皆主「刑德並施」，「刑」與「德」當並行不悖，無孰輕孰重之論。

　　董仲舒則主張「尊德賤刑」，此固由「尊陽賤陰」之理論而來，勸勉君王當以「德」為重，以生養萬民為念，此亦儒家以「德」為尊的傳統，但由政治義上而言，董仲舒主張「尊君卑臣」，已經大大提高了君王的地位，自然較能得到君王的接受，此時再進一步提出「重德賤刑」，以扭轉秦漢苛法之刑害，或有其深意焉。徐復觀先生云：

> 此種陰陽善惡的觀念，假定只應用在尚德而不尚刑的政治主張上，雖然近於牽附，亦無大流弊，但仲舒既認定陽善而陰惡，即認為陽貴而陰賤，陽尊而陰卑，由此應用在人倫關係上，將先秦儒家相對

　　　　　　頁 327。
〔註98〕〔清〕蘇輿：《春秋繁露義證‧基義》（北京：中華書局，1992 年 12 月），頁350。
〔註99〕《論語‧顏淵》（十三經注疏 8，臺北：藝文印書館，1976 年），頁 108。
〔註100〕《論語‧為政》（十三經注疏 8，臺北：藝文印書館，1976 年），頁 16。

性的倫理關係，轉變爲絕對性的倫理關係，其弊害便不可勝言了。
〔註 101〕
徐氏所論正由董仲舒的陰陽觀以論其「尙德不尙刑」的政治論，並對其「陽尊而陰卑」落實在人倫關係上，使相對性的關係轉變爲絕對性關係的影響。

（三）《禮記》與董仲舒《春秋繁露》的辯證

董仲舒的氣化論乃承《呂氏春秋》十二紀而來，基本上爲自然義的氣化論，再轉爲政治義的主張，故其氣化宇宙論爲「天有十端，十端而止已。天爲一端，地爲一端，陰爲一端，陽爲一端，火爲一端，金爲一端，木爲一端，水爲一端，土爲一端，人爲一端，凡十端而畢，天之數也。」〔註 102〕其架構爲天、地、陰、陽、金、木、水、火、土、人，其運行的規律爲五行之相生相勝，其價值爲「陽尊而陰卑」，此氣化論架構乃承戰國鄒衍、《管子》、《呂氏春秋》、《淮南子》以來的自然義的氣化宇宙論的發展。

董仲舒的自然義氣化宇宙論對《禮記》而言，沒有直接的影響，只有〈月令〉因承自《呂氏春秋》十二紀，所以〈月令〉的氣化宇宙論屬自然義的氣化宇宙論，與董仲舒的氣論思想較近。但〈月令〉的自然義氣化宇宙論，對《禮記》而言，並非主要特色，《禮記》的氣論思想較具特色者，乃以〈樂記〉、〈禮運〉爲主的「禮樂義的氣化天道觀」，即天道的內涵爲太一、陰陽、四時、五行以氣化成形，但其中有大小殊異之序，有一體氣化之和，此即「天地之序」與「天地之和」的主張，「禮」、「樂」即本於「天地之序」與「天地之和」，故《禮記》亦吸收陰陽五行的元素，建立其氣化天道觀，但其目的在呈現氣化宇宙的倫理性，以之爲「禮樂」思想的天道依據，以之爲「禮樂」制度落實在人倫世界的對應。

此與董仲舒直接由自然義的氣化宇宙論，直由陰陽、四時、五行之性以落實於人道，以論心性論之「仁、貪兩性」，以論治道之「重德輕刑」，顯然是兩路不同的思考路徑，可以說董仲舒的氣化宇宙論乃承自戰國鄒衍、《管子》、《呂氏春秋》、《淮南子》以來的自然義的氣化宇宙論，而進一步發展爲政治義的氣論模型。

〔註 101〕徐復觀：《兩漢思想史・先秦儒家思想的轉折及天的哲學的完成》（臺北：學生書局，1974 年 5 月），頁 376。

〔註 102〕〔清〕蘇輿：《春秋繁露義證・官制象天》（北京：中華書局，1992 年 12月），頁 216～217。

六、《白虎通義》：由氣化論禮樂權威

兩漢爲統一五經之異同，由朝廷召集五經會議有二次，第一次在西漢宣帝甘露三年於石渠閣召開，史稱「石渠閣會議」。《漢書・宣帝紀》載：「（宣帝）詔諸儒講五經同異，太子太傅蕭望之等平奏其議，上親稱制臨決，乃立梁丘易、大小夏侯尚書、穀梁春秋博士。」〔註103〕東漢光武帝後又置顏氏、嚴氏春秋，大、小戴禮博士，惜當時講論五經文件多散佚。

第二次於東漢章帝建初四年，史稱「白虎觀會議」。《後漢書・章帝紀》載：「於是下太常、將、大夫、博士、議郎、郎官及諸生、諸儒會白虎觀，講議五經同異，使五官中郎將魏應承制問，侍中淳于恭奏，帝親稱制臨決，如孝宣甘露石渠故事，作《白虎議奏》。」〔註104〕今有《白虎通義》傳世，對兩漢經學乃重要的發展，對《禮記》而言，當「白虎觀會議」時，大、小戴禮早立爲學官，開始發揮其影響力，觀《白虎通義》論「禮樂」之說，可看出深受《禮記》氣論思想的影響。

（一）「樂以象天，禮以法地」

《白虎通義》論「禮樂」，非承西漢諸儒之說「禮」，乃直承《禮記》氣論思想，由天道氣化義論「禮樂」，「禮樂」乃天地人整體的規範。

> 王者所以盛禮樂何？節文之喜怒。樂以象天，禮以法地，人無不含天地之氣，有五常之性者，故樂所以蕩滌，反其邪惡也。禮所以防淫佚，節其侈靡也。〔註105〕

《白虎通義》論禮樂的作用曰「節文之喜怒」，此乃承荀學〈禮論〉之說，以禮樂來合理滿足情性、節制情性，使各得其所欲而不爭，此亦西漢諸儒自叔孫通、賈誼、司馬遷論「禮」的主要論點。但是《白虎通義》不僅止於情性的節制，更上溯禮樂之天道義，而云：「樂以象天，禮以法地」，此乃承《禮記・樂記》之說，其云：「樂者，天地之和也；禮者，天地之序也。和故百物皆化；序故群物皆別。樂由天作，禮以地制。過制則亂，過作則暴。明於天地，然後能興禮樂也。」〔註106〕此乃由天地氣化之和與序，以論禮樂之法天

〔註103〕〔漢〕班固：《漢書・宣帝紀》（臺北：鼎文書局，1997年10月），頁272。

〔註104〕〔漢〕范曄：《後漢書・章帝紀》（臺北：鼎文書局，1997年10月），頁138。

〔註105〕〔清〕陳立撰，吳則虞點校：《白虎通疏證・禮樂》（北京：中華書局，1994年8月），頁93～94。

〔註106〕《禮記・樂記》（十三經注疏5，臺北：藝文印書館，1976年），頁670。

地之象，天地氣化有所節，故不亂，人之情性亦本天地氣化所生，是當法天地之化以爲禮樂之節，是「樂」法天之和氣，主一體之合暢；「禮」象地之序別，主人倫親疏貴賤之別。

至於「人無不含天地之氣，有五常之性者」，此乃由氣化之五行以論人之仁義禮智信五常之性，正如《禮記·禮運》論「人」曰：「人者，其天地之德，陰陽之交，鬼神之會，五行之秀氣也。」〔註107〕乃合天地、陰陽、鬼神、五行之秀氣等諸義以爲人，故天地氣化因有節而不亂，人身之氣化亦當有節而不過。

故《白虎通義》論「禮樂」乃由天地氣化以論「禮樂」之制作，論「人性」亦由天地、陰陽、五行之氣以論人之氣性，論人之情性當其節制，可謂深受《禮記》氣論思想影響。

> 夫禮者，陰陽之際也，百事之會也，所以尊天地，儐鬼神，序上下，
> 正人道也。〔註108〕

叔孫通論「禮」曰：「禮者，因時世人情爲之節文」，賈誼論「禮」曰：「禮者，所以固國家，定社稷」，司馬遷論「禮」曰：「緣人情而制禮，依人性而作儀」，皆本時世、人情、社會規範義而立論，至於《白虎通義》論「禮」，卻擴大爲陰陽、百事、天地、鬼神、上下以爲人道之正，實乃因《白虎通義》論「禮」乃承《禮記》氣論思想而來，是由天道氣化以論「禮樂」之義，故《禮記·樂記》云：「禮樂偩天地之情，達神明之德，降興上下之神，而凝是精粗之體，領父子君臣之節。是故大人舉禮樂，則天地將爲昭焉。」〔註109〕〈樂記〉論「禮樂」的脈絡很清楚，「禮樂」乃法天地之情狀而作，是以可上達天道、鬼神之德，更可落實爲君臣、父子、夫婦之人道規範，此乃論「禮」包含天地人的整體義。

（二）「三綱六紀」的氣化義

《白虎通義》「三綱六紀」之說，對後世影響深遠，其云：「三綱何謂也？爲君臣、父子、夫婦也。六紀者，爲諸父、兄弟、族人、諸舅、師長、朋友也。」〔註110〕君臣、父子、夫婦、兄弟、朋友之人倫關係，在先秦儒家本爲

〔註107〕《禮記·禮運》（十三經注疏，臺北：藝文印書館，1976年），頁431。
〔註108〕〔清〕陳立撰，吳則虞點校：《白虎通疏證·禮樂》（北京：中華書局，1994年8月），頁95。
〔註109〕《禮記·樂記》（十三經注疏5，臺北：藝文印書館，1976年），頁685。
〔註110〕〔清〕陳立撰，吳則虞點校：《白虎通疏證·禮樂》（北京：中華書局，1994

相對應之關係，即孔子所謂「君君、臣臣、父父、子子」〔註111〕，各在其位，當盡職分，若「君不君」則自然可以「不臣」之，此為相對的人倫關係。而在《白虎通義》中卻將君臣、父子、夫婦、兄弟、朋友之人倫關係，定義為絕對義的人倫關係，其背後的理論，當是氣化思想與董仲舒的「陽尊陰卑」思想的結合。

> 君臣、父子、夫婦，六人也，所以稱三綱何？一陰一陽謂之道，陽
>
> 得陰而成，陰得陽而序，剛柔相配，故六人為三綱。〔註112〕

《白虎通義》論「三綱」之說，乃有取於董仲舒，其云：「君臣、父子、夫婦之義，皆取諸陰陽」〔註113〕，「天為君而覆露之，地為臣而持載之，陽為夫而生之，陰為婦而助之；春為父之生之，夏為子而養之；秋為死而棺之，冬為痛而喪之。王道之三綱，可求於天。」〔註114〕陰陽二氣本無貴賤上下之別，但董氏主「陽尊陰卑」之說，在將其落實在人倫之道，是以是以君臣、父子、夫婦便有貴賤、尊卑、高下、順服的關係，此或董氏出於爭取政治支持的考量。

《白虎通義》亦云：「三綱法天地人，六紀法六合，君臣法天，取象日月屈信，歸功天也。父子法地，取象五行轉相生。夫婦法人，取象人合陰陽，有施化端也。」〔註115〕君臣法天，父子法地，夫婦法人，在《禮記》氣論思想中，「禮樂」法天地，以為人道之則，無論君臣、父子、夫婦皆當合禮樂以為行，君臣父子夫婦各有其禮樂之節以別，是在其職分行儀上做區別，不強調尊卑、貴賤、權威、順服的問題，《白虎通義》則在君臣父子夫婦之根源義上區別，君臣法天，君為天子有最高權威；父子法地，子為父生；夫婦法人，以合陰陽，陽尊陰卑，故「禮，男娶女嫁何？陰卑，不得自專，就陽而成之，故《傳》曰：「陽暢陰和，男行女隨。」〔註116〕是以「三綱六紀」之說，雖有其氣化思想為根據，更正確的說，乃《白虎通義》受到董仲舒「陽尊陰卑」

年8月），頁373。

〔註111〕《論語‧顏淵》（十三經注疏8，臺北：藝文印書館，1976年），頁108。

〔註112〕〔清〕陳立撰，吳則虞點校：《白虎通疏證‧禮樂》（北京：中華書局，1994年8月），頁374。

〔註113〕〔清〕蘇輿：《春秋繁露義證‧基義》（北京：中華書局，1992年12月），頁350。

〔註114〕同註113，頁69。

〔註115〕同註112，頁375。

〔註116〕《白虎通疏證‧嫁娶》（北京：中華書局，1994年8月），頁451～452。

思想影響下的產物。

（三）《禮記》氣論與《白虎通義》論「禮」

漢武帝時，董仲舒以陰陽五行結合「天人感應」之學，而爲群儒所宗，其氣論思想影響漢世深遠，漢宣帝時，大、小戴禮立爲博士，《禮記》在此背景下成書，其中篇章具氣論思想自不足爲怪，因此《禮記》氣論諸篇中的氣論思想可視爲漢儒結合氣論以重新詮釋禮樂思想之作，其直接的影響便是《白虎通義》論「禮樂」之說。

觀漢初儒者陸賈、叔孫通、賈誼、司馬遷論「禮」，皆未嘗由氣論思想論「禮」，乃承荀學〈禮論〉，由時世、人情之節處論之，至於《白虎通義》則全然由天道陰陽氣論思想論「禮」，可視作《白虎通義》論「禮」的特色。

漢代氣論思想淵源於黃老之學，儒家吸收氣論思想以自成一家，始於董仲舒「天人相感」之學，而大、小戴立爲博士東漢光武帝建武中，受董仲舒氣論思想影響是很有可能的，而《白虎通義》成書於東漢章帝建初四年，其受《禮記》氣論思想影響亦屬合理之事，而當時由氣論詮釋「禮樂」思想，似乎已經成爲漢代禮學的主流，而爲朝廷所重視。

其次，《白虎通義》對於〈三綱六紀〉的說法，並不是由《禮記》氣論思想而來，乃是吸收董仲舒「陽尊陰卑」的氣論主張，落實在人倫尊卑貴賤之別，而提出的具時代意義的新觀念。《禮記》氣論主張「樂者天地之和，禮者天地之別」，君臣父子夫婦有所別亦有所同，並沒有君、父、夫爲陽之尊，臣、子、婦爲陰之卑之分，故此承自董仲舒「陽尊陰卑」的觀念下的產物，因應漢帝國龐大嚴密的政治與社會結構，此或有其時代意義。

七、鄭玄注《禮記》

鄭玄（A.D. 127～A.D. 200）字康成，北海高密人，從東郡張恭祖受周官、禮記、左氏春秋、韓詩、古文尚書學，又與盧植同拜馬融爲師，學習古文經學，遂博通今古文經，爲東漢經學大家。鄭玄注《禮記》，亦吸收氣論思想以論「禮」，如《禮記・禮運》：「天秉陽，垂日星；地秉陰，竅於山川。播五行於四時，和而后月生也。是以三五而盈，三五而闕。」之文〔註117〕，鄭玄注：

> 天持陽氣，施生照臨下也，言地持陰氣，出內於山川，以舒五行於
> 四時，此氣和，乃后月生而上配日，若臣功成進爵位也。一盈一闕，

〔註117〕《禮記・禮運》（十三經注疏，臺北：藝文印書館，1976年），頁431。

屈伸之義也。必三五者，播五行於四時也。一曰水，二曰火，三曰木，四曰金，五曰土，合爲十五之成數也。

鄭玄吸收董仲舒自然義的氣論思想，天持陽氣以施生，地持陰氣以出內，配合五行之氣以成四時，春爲木德，夏爲火德，季夏爲土德，秋爲金德，冬爲水德，由陰陽五行之氣的消長，以論月之盈虛。

鄭玄此說可溯於《呂氏春秋》十二紀，但直接所承恐是董仲舒「天道之常，一陰一陽，陽者天之德也，陰者天之刑也。」〔註118〕「天地之氣，合而爲一，分爲陰陽，判爲四時，列爲五行。」〔註119〕之說，因爲在董仲舒以前，論「陰陽二氣」並無上下、天地之氣的分別，皆爲天道之二氣，陰陽二氣相交而成就天地萬物，陰陽二氣基本上是平等的，相生相成的，如《易傳》「一陰一陽之謂道」〔註120〕之說，至於董仲舒乃有「陽尊陰卑」，乃有「陽者天之德，陰者天之刑」的尊卑貴賤的區別。而鄭玄此論「天持陽氣，地持陰氣」，二氣之和乃生五行的看法，正承董氏之說而來。

《禮記・中庸》：「天命之謂性，率性之謂道，脩道之謂教。」〔註121〕鄭玄注曰：

天命爲天所命生人者也，是謂性命。木神則仁，金神則義，火神則禮，水神則信，土神則知。《孝經》說曰：「性者，生之質命，人所稟受度也。」……中爲大本者，以其含喜怒哀樂，禮之所由生，政教自此出也。

鄭玄論「性」，由天之所命爲人之性，人性的內涵有「仁義禮智信」，但「仁義禮智信」非循孟子由「四端之心」存養擴充之，乃由「五行之德」所命於人者賦予之，此將「五行之德」配合「仁義禮智信」，可見於《白虎通義・性情》：「人生而應八卦之體，得五氣以爲常，仁義禮智信也。」〔註122〕可視作漢代氣論思想由天道觀進而詮釋於人性論的內涵，最早由董仲舒由陰、陽二氣論仁、貪兩性，《白虎通義・性情》進一步將五行配合五性，以詮釋人性中

〔註118〕〔清〕蘇輿：《春秋繁露義證・陰陽義》（北京：中華書局，1992 年 12 月），頁 340。
〔註119〕〔清〕蘇輿：《春秋繁露義證・五行相生》（北京：中華書局，1992 年 12 月），頁 73。
〔註120〕《周易・繫辭上》（十三經注疏 1，臺北：藝文印書館，1976 年），頁 148。
〔註121〕《禮記・中庸》（十三經注疏 5，臺北：藝文印書館，1976 年），頁 879。
〔註122〕〔清〕陳立撰，吳則虞點校：《白虎通疏證・性情》（北京：中華書局，1994 年 8 月），頁 382。

之「仁」的內涵，鄭玄承襲於此氣論思潮而來。

至於，鄭玄論及「禮樂」之義，則由「喜怒哀樂」情性之中節，以論「禮」之生，政教之起，此本陸賈、叔孫通、賈誼、司馬遷諸儒論「禮」之說，但鄭玄推溯「禮樂之源」則將其歸於氣化天道。

《禮記·樂記》：「樂者，天地之和也；禮者，天地之序也。」〔註123〕「大樂與天地同和，大禮與天地同節。」〔註124〕「禮樂之極乎天而蟠乎地，行乎陰陽而通乎鬼神；窮高極遠而測深厚。」〔註125〕鄭玄注：

> 言法天地也。
>
> 言順天地之氣與其數。
>
> 言禮樂之道，上至於天，下委於地，則其間無所不之。

鄭玄論「禮樂」之義，由「法天地」思想切入，「法天地」的內涵為天地之「氣」與「數」，故「禮樂之道」實即「天地之道」的落實。此與漢初諸儒論「禮」由順時世、節人情、固社稷有很大差異，卻與《禮記》、《白虎通義》由「天地之序」與「天地之和」的氣化義論「禮」是一脈相承，可以看出兩漢中期以後，由氣論思想論「禮樂之道」，似已成為漢儒的主流，觀《禮記》、《白虎通義》、鄭玄注《禮記》可知。

第二節　《禮記》與漢儒論「禮」辯證的意義

一、漢儒論「禮」之演變脈絡

（一）草創儀法期：陸賈、叔孫通、賈誼

漢儒論「禮」有一脈絡可循，陸賈、叔孫通當大亂之後，漢帝國初創時期，禮樂未洽，故多承舊說以議禮，陸賈由氣化思想而主「天地相承，氣感相應而成」，以論天地之道，由天道而論人道之立，所謂「先聖仰觀天文，俯察地理，圖畫乾坤，以定人道，民始開悟，知有父子之親，君臣之義，夫婦之別，長幼之序，於是百官立，王道乃生。」〔註126〕開啟漢世天人相感思想的淵源。

〔註123〕《禮記·樂記》（十三經注疏5，臺北：藝文印書館，1976年），頁670。
〔註124〕同註123，頁668。
〔註125〕同註123，頁672。
〔註126〕王利器：《新語校注·道基》（北京：中華書局，1997年10月），頁9。

叔孫通因時而制禮，主張「禮者，因時世人情爲之節文者也。」〔註127〕由時勢變化與人情節制以論禮，乃承孔子三代之禮因循損益之說與荀子禮者治人情之論而來，而偏重於因時損益以制禮，乃定漢諸儀法，有其時代之特色。

賈誼處漢世之平治，故賈誼對「禮」極爲重視，上對國家與人倫秩序之規範，下至個人修身之禮容威儀，無不涵攝在「禮」之中，而云：「禮者，所以固國家，定社稷」〔註128〕，故賈誼可謂漢初在「禮」之議題上，探討最深入的儒者，其論「禮」由個人之行止、父子、夫婦之人倫應對，以至於國家、天下之君臣秩序，其宏大之規模，觀《禮記》〈樂記〉「揖讓而治天下」、〈禮運〉「大順說」甚至〈大學〉「修身齊家治國平天下」諸篇，仍可看出賈誼論「禮」的影響，可謂漢代「禮」思想的先驅。

（二）國家禮法建立期：《淮南子》、司馬遷、董仲舒

《淮南子‧泰族訓》提出「因民之性以爲禮」，深具時代特色，即《淮南子》雖以自然義的氣化宇宙論爲主，但卻十分重視「禮」的價值，但強調是立基在人性的自然上，以此試圖結合道家與儒家之說，重新賦予「禮」以新義。

司馬遷論「禮」由人性論、歷史觀與政治義三層面論之：主「緣人情而制禮，依人性而作儀」，論「禮」淵源於三代之損益而來，在政治社會之應用，則爲「總一海內而整齊萬民」，隨著漢帝國日益強大，反映在「禮」思想上漸趨統一體制與注重齊民之規範義。

董仲舒氣論思想承《呂氏春秋》十二紀而來，基本上爲自然義的氣化論，再轉爲政治義的主張，其氣化宇宙論的規律爲「五行之相生相勝」，而其價值義則爲「陽尊陰卑」，在人倫上則尊君、父、夫，而卑臣、子、婦，強化其人倫規範，合此天、地、人之說，乃成其「天人相應」的主要思想。

董仲舒卻沒有將其氣論思想落實在論「禮」上，其論「禮」仍本荀子之主張，而云：「夫禮，體情而防亂者也」〔註129〕，但也吸收《淮南子》「因民

〔註127〕〔漢〕司馬遷：《史記‧叔孫通列傳》（據武英殿影印本，臺北：藝文印書館，1982年），頁1107。

〔註128〕閻振益、鍾夏校注：《新書校注‧禮》（北京：中華書局，2007年10月），頁214～215。

〔註129〕〔清〕蘇輿：《春秋繁露義證‧天地施》（北京：中華書局，1992年12月），頁469～470。

之性以爲禮」之說，而言禮者「非奪之情也，所以安其情」。〔註130〕

以上漢儒論「禮」尚無由氣論思想論之，雖然陸賈、賈誼、董仲舒有氣化思想，但多論述在天道論思想上，其氣論思想受《呂氏春秋》、《淮南子》影響較深。但在「禮樂」思想的論述上，仍多承襲荀子〈禮論〉之說，由治人情與禮法規範上論之，但因時制宜各有所偏重，如叔孫通強調「因時」，賈誼重視國家社稷之禮法，〈淮南子〉由人性上會通儒、道二家之「禮」，司馬遷強調「齊一萬民」之作用，故「禮」在這段期間受到重視，或與國家社會的繁榮富庶的發展有關，故可視作國家禮法建立期。

（三）氣化論「禮」期：《禮記》、《白虎通義》、鄭玄注《禮記》

《白虎通義》成書於東漢章帝時期，其論「禮樂」，非承西漢諸儒由荀學說「禮」，乃直承《禮記》氣論思想，由天道氣化義論「禮樂」，所謂「樂以象天，禮以法地」〔註131〕，又「禮者，陰陽之際也，百事之會也，所以尊天地，儐鬼神，序上下，正人道」〔註132〕，皆可見於《禮記》〈禮運〉、〈樂記〉諸篇，其論「禮樂」由氣論思想來詮釋，「禮樂」之義也不僅止於人情之治，或固國家、社稷之規範，而被擴大至於天、地、人整體的價值規範。

由氣論思想詮釋「禮」的思潮，至於東漢中晚期當爲主流，觀東漢晚期鄭玄注《禮記》可見，其注《禮記・中庸》：「天命之謂性，率性之謂道，脩道之謂教。」〔註133〕鄭玄曰：「天命爲天所命生人者也，是謂性命。木神則仁，金神則義，火神則禮，水神則信，土神則知。」又《禮記・樂記》：「樂者，天地之和也；禮者，天地之序也。」〔註134〕「大樂與天地同和，大禮與天地同節。」〔註135〕鄭玄曰：「言法天地也。」「言順天地之氣與其數。」是全由氣論思想論之。

故觀漢儒論「禮」之說，可見其演變之脈絡，約可分爲三時期：草創儀法期，國家禮法建立期，氣化論「禮」期。草創儀法期以陸賈、叔孫通、賈誼爲代表，多承荀子論「禮」之說，賈誼爲此階段「禮」思想的先驅。國家

〔註130〕同註129，頁469～470。

〔註131〕〔清〕陳立撰，吳則虞點校：《白虎通疏證・禮樂》（北京：中華書局，1994年8月），頁93～94。

〔註132〕同註131，頁95。

〔註133〕《禮記・中庸》（十三經注疏5，臺北：藝文印書館，1976年），頁879。

〔註134〕《禮記・樂記》（十三經注疏5，臺北：藝文印書館，1976年），頁670。

〔註135〕同註134，頁668。

禮法建立期，約當武帝時代，以《淮南子》、司馬遷、董仲舒爲代表，「禮」的思想得到重視，呈現多元的發展。氣化論「禮」期，由西漢宣帝以後，至於東漢晚期，論「禮」幾全由氣論思想切入，呈現漢儒論「禮」的特色，以《禮記》、《白虎通義》、鄭玄注《禮記》爲代表。

二、結　語

由上述漢儒論「禮」的演變脈絡，由氣論思想的角度切入，可以發現草創儀法期的陸賈、賈誼都有氣化天道論的思想，但其氣論思想並未用以詮釋「禮樂」之義，當時「氣化」與「禮樂之道」是割裂的，氣化主天道，禮樂則爲人道規範，分別得很清楚。

國家禮法建立期，「禮」得到諸家的重視，不僅儒者關注，道家的《淮南子》都專文論「禮」，司馬遷〈禮書〉、〈樂書〉的成篇，更有其時代意義，而當時爲儒者宗的是董仲舒，董仲舒大倡「陽尊陰卑」、「五行相生相勝」的「天人相感說」，開創漢世由氣化思想來詮釋天道、人道、治道的天人之學的規模，雖然董仲舒並未在禮樂思想上多作發揮，但其氣論主張對後儒的影響是必然的。

氣化論「禮」期，可以大、小戴《禮記》的成書爲始，至於東漢章帝《白虎通義》幾已成爲主流，至鄭玄注《禮記》則全由氣論釋「禮」，可以看出由氣論詮釋「禮樂之道」，幾乎是漢代中期以後的主要思潮。

此處有二點值得注意：一、由漢初至於董仲舒以前，漢儒論「禮」幾乎都承襲荀學主張，但在董仲舒興起「天人相感」之說後，至於小戴《禮記》便開始出現由氣論以詮釋「禮樂之道」的說法，此或受董仲舒之學的影響。

雖然董仲舒「天人相感」之學沒有在「禮樂之道」上發揮，西漢武帝時后倉立爲五經博士，后倉嘗「說禮數萬言」，后倉的時代便與董仲舒同時期，而《大、小戴禮》的編纂者正是后倉的弟子戴德、戴聖，故《禮記》產生由氣論以詮釋「禮樂之道」的思想，或受董仲舒的「天人相感」之學的啓發。二、就《禮記》而言，在《禮記》之後的《白虎通義》中，大量吸收《禮記》與董仲舒的「陽尊陰卑」之學，以建立其「三綱六紀說」，其論「禮」幾全由氣論來詮釋，此處可看出董仲舒之學與《禮記》的影響力。至於鄭玄注《禮記》，則其氣論主張似已發展得相當成熟，由此可看出《禮記》在漢中期以後，對漢儒論「禮」的深遠影響。三、就《禮記》本身氣論思想的成形而

言，在董仲舒以前，漢儒論「禮」幾無用氣論者，而至於《白虎通義》以後，則漢儒論「禮」幾全由氣論詮釋的特色，似乎可大膽斷言，建構《禮記》氣論思想的漢儒們，有可能是漢武帝時后倉，也可能是大、小戴或其門人，他們在董仲舒之學的啓發下，發展出屬於儒家論「禮」的氣論思想，而成爲《禮記》氣論思想的這一部份，其時代可保守推測而出，約當漢武帝（B.C. 156～B.C. 87）至東漢章帝《白虎通義》成書（A.D. 79）以前，約 230 年間形成的作品。

第十二章 論歷代禮家「由氣說禮」之思想脈絡

此章嘗試由《禮記》「由氣說禮」的角度，檢視〔唐〕孔穎達《禮記正義》、〔宋〕衛湜《禮記集說》、〔明〕王夫之《禮記章句》、〔清〕孫希旦《禮記集解》等諸家，可看出其皆承《禮記》漢儒「由氣說禮」一脈相承，可證「由氣說禮」乃爲後世禮家論禮之一項特色。其次，此諸家論禮雖本《禮記》「由氣說禮」而來，但諸家之氣論亦有其不同之特色，反映其不同之時代思潮。

第一節 孔穎達「禮本元氣之分」

漢代鄭玄《禮記注》之後，其他諸家《禮記》注本多亡佚，南北朝時禮家注本也多亡佚，幸南學皇侃《義疏》和北學熊安生《義疏》，得孔穎達《禮記正義》乃得保存，孔穎達《禮記正義》乃唐代由朝廷頒佈，立於學官，影響深遠的禮學著作，可觀其魏晉南北朝至唐這時期的禮學思想演變。

《禮記》注本，《禮記・禮運》：「夫禮，必本於大一，分而爲天地，轉而爲陰陽，變而爲四時，列而爲鬼神。其降曰命，其官於天也。夫禮必本於天，動而之地，列而之事，變而從時，協於分藝，其居人也曰養，其行之以貨力、辭讓：飲食、冠昏、喪祭、射御、朝聘。」〔註1〕鄭玄以「聖人所以法於天也」注之，孔穎達則云：

> 元氣既分，輕清者爲天在上，重濁者爲地在下，制禮者法之，以立

〔註 1〕《禮記・禮運》（十三經注疏 5，臺北：藝文印書館，1976 年），頁 438。

尊卑之位。天地既分，天之氣運轉爲陽，地之氣運轉爲陰。制禮者
貴左以象陽，貴右以法陰，又因陽時而行賞，因陰時而行罰。陽氣
則變爲春夏，陰氣則變爲秋冬。吉禮則有四面之坐，凶時有恩禮節
權，是法四時也。鬼神，謂生成萬物，四時變化，生成萬物，皆是
鬼神之功。聖人制禮，則陳列鬼神之功以爲教也。

孔穎達雖本鄭玄「法天地」之義而發，顯然具體詳細得多，且全由氣化思想
發揮其說。蓋「元氣」之說，恐本《淮南鴻烈・天文訓》:「太始生虛霩，虛
霩生宇宙，宇宙生元氣，元氣有涯垠。清陽者薄靡而爲天，重濁者凝滯而爲
地。」〔註 2〕而來，此爲自然義的氣化宇宙論，而爲孔穎達所吸收。《禮記・
禮運》言「禮本於大一」，是由氣化天道以論禮制之成，「大一」乃天道主體
之名，孔穎達則以「元氣」詮釋「大一」的內容，天爲氣之輕清者，地爲氣
之重濁者，天之氣運而爲陽，陽氣化爲春、夏，地之氣運而爲陰，陰氣轉生
爲秋、冬，是由元氣而論天地、陰陽、四時之生。

聖人制禮乃法天地之道，本天地而立尊卑之位，貴左右以法陰陽之別，
順四時以列吉凶之位。故禮義之道乃人之效法天地之道，故天地氣化有天地、
陰陽、四時之異，聖人亦制吉禮凶禮，法鬼神之功以爲禮義之道，此乃「由
氣論禮」之模式。

孔穎達《禮記正義》實多本鄭玄之說，如《禮記・禮運》:「天秉陽，垂
日星；地秉陰，竅於山川。播五行於四時，和而后月生也。是以三五而盈，
三五而闕。」鄭玄注:

天持陽氣，施生照臨下也，言地持陰氣，出內於山川，以舒五行於
四時，此氣和，乃后月生而上配日，若臣功成進爵位也。一盈一闕，
屈伸之義也。必三五者，播五行於四時也。一曰水，二曰火，三曰
木，四曰金，五曰土，合爲十五之成數也。〔註3〕

孔穎達以天之氣爲陽，地之氣爲陰，實本鄭玄「天持陽氣」、「地持陰氣」之
說，更可上溯董仲舒自然氣化論〔註4〕。蓋鄭玄言「禮乃法天地之作」〔註5〕，

〔註 2〕 劉文典:《淮南鴻烈集解・天文訓》（臺北:文史哲出版社，1992 年），頁 79
～80。

〔註 3〕 《禮記・禮運》（十三經注疏，臺北:藝文印書館，1976 年），頁 431。

〔註 4〕 「陽，天氣也；陰，地氣也。」〔清〕蘇輿:《春秋繁露義證・天副人數》（北
京:中華書局，1992 年 12 月），頁 356。

〔註 5〕 「大樂與天地同和，大禮與天地同節。」鄭玄注:「言順天地之氣與其數。」

實乃受《禮記》與《白虎通義》「由氣說禮」主張的影響。故孔穎達吸收《淮南子》與董仲舒的氣化論思想，來詮釋鄭玄之論禮之說，可謂上承漢儒「由氣說禮」之一脈。

　　《禮記‧禮運》:「人者，其天地之德，陰陽之交，鬼神之會，五行之秀氣也。」〔註6〕鄭玄注:「言人兼此，氣性純也。」鄭氏由「氣」與「性」論之，以人得氣、性之純者釋之，但「氣」與「性」究指何物？卻無詳論。孔穎達正義云:

　　　　天以覆爲德，地以載爲德，人感覆載而生，是天地之德也。陰陽之交者，陰陽則天地也，據其氣謂之陰陽，據其形謂之天地，獨陽不生，獨陰不成，二氣相交乃生。五行之秀氣者，秀謂秀異，言人感五行秀異之氣，故有仁義禮知信，是五行之秀氣也。故人者天地之德，陰陽之交，是其氣也；鬼神之會，五行之秀，是其性也。故注云兼此氣性純也。

孔穎達承鄭玄以氣、性爲說，但解釋較詳盡。其論人之義，乃由天地陰陽鬼神五行之氣化論，是由氣以論人。天地以覆、載生養爲德，氣化的內涵則爲陰陽相交，人之形爲陰陽二氣所生，人之性乃稟五行之秀氣而知仁義禮智信之德。故天地之德、陰陽之交，乃生人之氣形，是爲人之形質之成；鬼神之會、五行之秀氣乃賦人之情性，爲人之性情之靈。故人者既具血氣之形體，又能知仁義禮知信之德義，乃得氣、性之純者，此由氣以論人之氣質情性與仁義裡智信之性理義。孔穎達《禮記正義序》云:

　　　　夫禮者經天緯地，本之則大一之初，原始要終，體之則人情之欲，夫人上資六氣，下乘四序，賦清濁以醇醨，感陰陽而遷變，故曰人生而靜，天之性也，感物而動，性之欲也，喜怒哀樂之志，於是乎生，動靜愛惡之心，於是乎在，精粹者雖復凝然不動，浮躁者實亦無所不爲，是以古先聖王，鑒其若此，欲保之以正直，納之於德義，猶襄陵之浸，修提防以制之。……禮者體也履也，郁郁乎文哉，三百三千於斯爲盛，綱紀萬物，雕琢六情。……非禮無以事天地之神，辯君臣長幼之位，是禮之時義大矣。〔註7〕

　　《禮記‧樂記》(十三經注疏5，臺北:藝文印書館，1976年)，頁668。
〔註6〕　《禮記‧禮運》(十三經注疏，臺北:藝文印書館，1976年)，頁431。
〔註7〕　〔唐〕孔穎達:《禮記正義序》(十三經注疏5，臺北:藝文印書館，1976年)，頁3。

此〈序〉很清楚的表明孔穎達的禮學思想，其重點有：一、言禮之根源義，禮者本之「大一之初」，禮來自於元氣，元氣化生天地陰陽四時五行，禮制的由來則法天地之氣與數。二、禮之心性義，禮乃本於「人情之欲」，人情的本質來自於六氣，六氣有清濁厚薄之異，故人之喜怒哀樂，感物而發之情各不同，故聖人制禮以納人情於德義，是禮本於人情而爲人情之德義。三、禮之社會規範義，非禮無以事天地鬼神、非禮無以辨君臣長幼倫理之序，是乃禮之社會義。

故孔穎達由元氣以論禮之源，由形氣以論禮之治，由氣之生成聚散以論鬼神之功，由君臣長幼之別以論禮之序，乃「以氣說禮」的思想模式。若與《禮記》氣論思想的特色做一比較，可以發現二家在天道觀及心性論上十分相近，蓋《禮記》氣論思想由氣以論禮樂的根源，而推溯於氣化宇宙的一體與殊異，由喜怒哀樂之六情以論禮樂之治，可以發現孔穎達之說與《禮記》氣論思想爲一脈相承。

故孔穎達在氣化論的內容上，吸收《淮南子》、董仲舒之說，以成其元氣與陰陽二氣的宇宙觀，吸收《白虎通義》與鄭玄之說，成其「由氣說禮」、「由氣論人」之說，在心性論的探討上，由喜怒哀樂之六情，更向上探討人所稟六氣的清濁厚薄的先天差異，此乃孔穎達氣論思想的特色。

第二節　方慤「由氣說禮的體用義」

衛湜撰《禮記集說》，他一方面盡量收羅鄭、孔以來的異說，一方面排斥王安石穿鑿附會的怪論，《四庫全書總目提要》論此書云：「蓋首尾閱三十餘載，故採摭群言，最爲賅博，去取亦最爲精審。」此書可一窺宋儒論禮諸家之學，《禮記集說》所引方慤之論禮，甚具「由氣說禮」之特色，故取以爲代表。

《禮記集說》「夫禮，必本於大一，分而爲天地，轉而爲陰陽，變而爲四時，列而爲鬼神。其降曰命，其官於天也。」引方慤之言：

> 陰極生陽，陽極生陰，陰陽之運，周而復始，故曰轉而爲陰陽。春生夏長，秋斂冬藏，惟其時也，然未始有常，故曰變而爲四時。天地則有上下之位，陰陽則升降之宜，四時則有升降之序，鬼神則有變化之功。聖人體此以命物而在下莫不聽，故曰其降曰命。亦未嘗不本之於自然，故曰其官於天。不曰本而曰官者，以夫禮之命物，

各有所主故也。〔註8〕

方愨論「禮本於自然」，「大一」即是「自然」，自然的內涵為陰陽之氣的流轉，自然之流行有上下之位、升降之宜、升降之序、變化之功的差別相。聖人法自然之序而為「禮」，故禮亦有尊卑、上下、升降、變化之宜，是為「禮本於自然」。

方愨「陰極生陽，陽極生陰」，或本周濂溪「無極而太極，太極動而生陽，動極而靜，靜而生陰，靜極復動，一動一靜，互為其根，分陰分陽，兩儀立焉。」〔註9〕之說而來，惟周濂溪由「無極」、「太極」、「動靜」、「陰陽」所構成的宇宙生化論，顯然較嚴密抽象，方愨吸收其說乃有「陰極生陽，陽極生陰」的主張，但仍基本仍沿襲漢儒氣化宇宙論的具象呈現方式，由陰陽、天地、四時、鬼神的具體面象，而言「禮本於自然」，表現「禮」的先天本體義與差別義的天道根據。此說沿襲《禮記》「由氣說禮」的模式，惟「大一」之說，易之以「自然」之名，「大一」較偏向主體之絕對性，「自然」較偏向客觀事物的呈現，強調事物本身的主體性，透過「禮」的表現來成就。

《禮記集說》「夫禮必本於天，動而之地，列而之事，變而從時，協於分藝，其居人也曰養，其行之以貨力、辭讓：飲食、冠昏、喪祭、射御、朝聘。」引方愨之言：

> 上言禮本大一，則原禮之初而已，此又言禮之用焉，上言禮之初，故言官於天，以見其自然。此言禮之用，故言居人，以見其使然也。方其本於天也，則靜而已，未始或動，一而已，未始有列，及其降而在地，則離靜而向動矣，散而在事，則出一而成列矣，以其有所之，故也，故於地曰動，於事曰列，皆以之言之。〔註10〕

方愨之說承上論而來，「禮本於自然」言其先天本體義，此論「禮」之後天實踐義，值得注意者，方愨在此是由「動靜」來討論「禮」的「本」與「用」，當「禮」本於天，則「靜」而已，及其降而在地，則離靜而向「動」，此點為漢儒所未論及者。

〔註8〕 〔宋〕衛湜：《禮記集說・禮運》（經部111，禮類）（文淵閣四庫全書一一八冊，臺北：臺灣商務印書館），頁216。

〔註9〕 〔宋〕周濂溪《太極圖說》《中國哲學史資料選輯，宋元明之部上》（北京：中華書局，1980年），頁58。

〔註10〕 〔宋〕衛湜：《禮記集說・禮運》（經部111，禮類）（文淵閣四庫全書一一八冊，臺北：臺灣商務印書館），頁216。

蓋周濂溪云：「寂然不動者，誠也；感而遂通者，神也」〔註11〕，又曰：「二氣交感，化生萬物，萬物生生而變化無窮焉，惟人也得其秀而最靈，形既生矣，神發知矣，五性感動而善惡分，萬事出焉，聖人定之以中正仁義而主靜，立人極焉。」〔註12〕周氏以「誠體」名太極，誠體乃「寂然不動」之靜體，當其「感而遂通」乃有氣化生生之神用，氣化乃由陰陽五行之氣，二五相生化生萬物，人得其二氣五行之最靈者，故最為貴，「誠體」乃「寂然不動」者，故聖人乃法誠體而立中正仁義之道，主靜而立人道之極。故以「靜」為天道之誠體，「動」為誠體之感通之神用，並進而以「主靜」作為人極者，乃周濂溪之說。

人為五行之秀氣《禮記‧禮運》本云：「人者，其天地之德，陰陽之交，鬼神之會，五行之秀氣也。」〔註13〕又云：「人者天地之心，五行之端也，食味別聲被色而生者也。」引方慤之說云：「天地散而為五行，故仁之端則木之性所立也，義之端則金之性所立也，以至火之於禮，水之於知，土之於信亦若是而已，故曰五行之端也，五行滋而為五味，人以養其口，感而為五聲，人以養其耳，形而為五色，人以養其目，然後人得而生焉。」〔註14〕故由陰陽氣化以論人物之生，以論人之食味聲色之生，此本《禮記》「由氣說人」的氣論思想。

但方慤受到周濂溪之說的影響，將「大一」的本體以「靜體」言之，遂言「禮」本於天，則「靜」而已，是為「一」而未有「列」，及其降而在地，則離靜而向「動」，則出「一」而有「列」，乃強調「禮」之「本」與「用」，禮之「靜」與「動」，似將「禮」析分為「理」、「氣」二層次，「禮」的「理」層面在天道「寂然不動」之「靜體」，「氣」層面在天道化生之感而通之「神動」。

方慤論「禮」雖仍承《禮記》「由氣說禮」，但方慤所論更強調「禮」的本體義與創生義二層面，「禮」在本體義是「寂然不動」的靜體，「禮」的創生義是「感而遂通」的神用，可看出方慤吸收宋儒性理之學來詮釋「禮」的

〔註11〕〔宋〕周濂溪《通書‧聖第四》《中國哲學史資料選輯，宋元明之部上》（北京：中華書局，1980年），頁61。

〔註12〕同註11，頁58。

〔註13〕《禮記‧禮運》（十三經注疏，臺北：藝文印書館，1976年），頁431。

〔註14〕〔宋〕衛湜：《禮記集說‧禮運》（經部111，禮類）（文淵閣四庫全書一一八冊，臺北：臺灣商務印書館），頁199～200。

本體義的內涵，開拓「禮學」的哲理深度。

第三節　王夫之「由氣說仁體禮用」

　　王夫之乃明末遺老，睹明季之淪亡，避居苗蠻之地，苦心孤詣，重新省察民族文化之得失，誠為明末大儒，所著《禮記章句》之論禮，跳脫宋明理學心學之窠臼，上溯漢儒「由氣論禮」及先秦儒家之學脈，提出「由氣說仁體禮用」，甚具特色。

　　《禮記章句・禮運》：「人者，其天地之德，陰陽之交，鬼神之會，五行之秀氣也。」王夫之云：

> 立天之道曰陰與陽，立地之道曰柔與剛，立人之道曰仁與義，三者一也。仁義者陰陽剛柔之理以起化者也，人道於是而立，以別於萬物之生，是天地之德也。陰陽以撰言，鬼神以用言，張子曰：「鬼神者，二氣之良能也。」「交」謂互相為成而形性皆具也，「會」猶際也，神來而伸，於人息之，鬼屈而往，人之所消，則鬼神往來於兩閒，人居其中而為之際會也。五行之氣用生萬物，物莫不資之以生，人則皆具而得其最神者。鄭氏曰：「木神仁，火神禮，土神信，金神義，水神智。」皆其氣之秀者也，此節承上章天道人情而言，人之有情皆性所發生之機，而性之所受則天地陰陽鬼神五行之靈，所降於形而充之以為用者，是人情天道從其原而言之，合一不閒，而治人之情即以承天之道，故不得歧本末而二之矣。〔註15〕

《易傳》云：「昔者聖人之作《易》也，將以順性命之理。是以立天之道曰陰與陽，立地之道曰柔與剛，立人之道曰仁與義。」〔註16〕王氏引《易傳》之說，以天道為陰陽之氣，地道為剛柔之形，人道則為仁義之德，而天道、地道與人道又為一體相關。蓋天道乃陰陽鬼神妙合生化之理，陰陽為氣化之內涵，鬼神為氣化之屈伸生滅，天道乃蘊含陰陽鬼神聚散萬物之理，地道則為五行之性聚合剛柔之形，仁義則本陰陽剛柔之理而制，是為人道之所立，故人道之仁義源於天地陰陽剛柔之道。

　　王夫之此論，其要點有：一、天、地、人為一氣之流行，天有天之道，

〔註15〕〔明〕王夫之：《禮記章句上・禮運》（臺北：廣文書局，1967年），頁13。
〔註16〕《周易・說卦傳》（十三經注疏1，臺北：藝文印書館，1976年），頁183。

地有地之道，人有人之道，天有陰陽鬼神生生之理，地有五行剛柔形性之理，人有仁義之道，三者實皆爲氣化之條理，在材質上，三者同質於氣；在價值上，天、地、人又同循於氣之理，故爲一體相關。二、人受天地陰陽鬼神五行之靈以成其形，得五行之秀氣而具仁義禮智信以成其性，故循仁義禮智信之性以發其仁義之情，則爲人道之所生。故論人之形性之源，形得之於天道陰陽氣化之生，性得之於五行氣化之靈，故推本人形性之源與天地氣化之道，其源一也，皆本氣化之所生。

王夫之之說，可謂融合漢儒氣論與宋明性理之學而爲一爐，表現儒家道德義的氣論思想的完整理論。對天道論而言爲「理氣合一」，即天道的內涵爲陰陽五行之氣，陰陽五行氣化生生之表現即爲理，「理」非有別於「氣」之外的本體，「理」即爲「氣之理」，是爲「理氣合一」。對心性而言爲「心性情合一」，心爲陰陽五行降生之靈，性爲五行之氣所稟之仁義禮智信之德，情爲喜怒哀樂之發，故心感物之來，循性而發，表現仁義禮智信之德，是曰「心性情合一」，合一於內在之性理與外在之理氣合一，由內外之表現而言亦爲「心氣合一」。

王夫之論《禮記・禮運》：「禮必本於天，動而之地，列而之事，變而從時，協於分藝」，其云：

> 闔闢之朕，初無二幾，清者生而濁者自降，是大一之生眾理者皆具於天，而地者其動之所成也。禮所自生，存中而發外，因用而成體，其用者天之德，其成而爲體則效地之能，是本於天而動於地也。由是而事之，序時之宜，分藝之各效，酬酢萬變而不窮，皆以行其中和自然之節，而爲仁之所自顯，斯一本而萬殊之實也。〔註17〕

此由「體用中和」以論「禮」法「大一」之理，蓋「大一」生眾理而具於天，乃爲「寂然不動」之靜體，是爲天之德者，乃禮之所生之本體，其內涵則爲「中」；當「大一」本體感而遂通，是爲地者動之所成，萬物乃得形生，此爲地之能，乃禮之發用，是爲中節之情，乃爲「和」。就人之心性義而言，心性之中和自然之節，其統體即曰「仁」，其分殊即爲「禮」，故仁者本天地氣化之德而生，禮者乃人心之發用之中節者，乃仁心感而遂通，發而爲外的表現。是以「大一」有體用動靜之義，落實於人心，「仁」爲人心之體，「禮」爲人情之發而有節者，是爲仁心之發用。此王夫之由「大一」、陰陽氣化以論人心

〔註17〕〔明〕王夫之：《禮記章句上・禮運》（臺北：廣文書局，1967 年），頁 512。

之「仁體禮用」之義。

《禮記・禮運》：「禮也者，義之實也。協諸義而協，則禮雖先王未之有，可以義起也。義者藝之分、仁之節也，協於藝，講於仁，得之者強。仁者，義之本也，順之體也，得之者尊。」〔註18〕王夫之云：

> 反復推原，聖王修德以行禮之本，而極之於仁。蓋仁者，大一之縕，天地陰陽之和，人情大順之則，而爲禮之所自運，此一篇之樞要也。〔註19〕

王夫之論「禮」本於「仁」，乃本孔子「人而不仁，如禮何？人而不仁，如樂何？」〔註20〕之說，孔子在「禮」的形式中，體悟到「仁」的善意，作爲「禮」的內在心性本體，以「仁」作爲「禮」的精神內涵，此乃王夫之繼承先秦儒家「由仁著禮」的道德精神。但對王夫之而言，「禮」雖本於內在之「仁心」，但此「仁心」則來自於「大一」天道之德，所謂「大一之縕，天地陰陽之和，人情大順之則」，此說則本於《禮記》氣論思想：「大一之縕」是就本體而言，「禮本於大一」之義；「天地陰陽之和」是就氣化流行而言，「禮者，天地之別」，「樂者，天地之和」，禮樂者，氣化之條理；「人情大順之則」是就心性而言，「禮者，人情之節」「樂者，人情之感」，乃指心性之感物，發而中節之情。

故王夫之雖論「禮本於仁」，但「仁」的內涵與先秦儒家之仁心已大不同，王夫之的「仁」，明確的說，指的是氣化宇宙的條理，它通貫於「大一」本體，遍行於天地氣化流行，成物於人之心性之德，此乃「仁」涵蓋的所有層面，而「仁」的表現即是「禮」，「禮」的表現自然也有心性層、氣化流行層與本體層三層次。故王夫之可謂「由氣說仁」，再「以禮著仁」，「由氣說仁」乃由「天命之謂性」而言，乃「仁」之先天義；「以禮著仁」則由「率性之謂道」而言，乃後天之實踐義。

第四節　孫希旦「由理氣說禮的實踐義」

孫希旦《禮記集解》在名物制度的考證上，吸收清代考據之學的成就，而對於宋明義理之學亦不偏廢，乃嘗試結合考據與義理，融合漢學與宋學而

〔註18〕 《禮記・禮運》（十三經注疏5，臺北：藝文印書館，1976年），頁439。
〔註19〕 〔明〕王夫之：《禮記章句上・禮運》（臺北：廣文書局，1967年），頁515。
〔註20〕 《論語・八佾》（十三經注疏8，臺北：藝文印書館，1976年），頁26。

爲一爐，在清儒論禮諸家中，誠爲代表作。

《禮記‧樂記》云：「樂者，天地之和也；禮者，天地之序也。和故百物皆化；序故群物皆別。樂由天作，禮以地制。過制則亂，過作則暴。明於天地，然後能興禮樂也。」此乃漢儒論禮樂的天地氣化義，孫希旦曰：

> （劉氏曰）天地之和，陽之動而生物者也，氣行而不乖，故百物皆化。天地之序，陰之靜而成物者也，質具而有秩，故群物皆別。樂者，法乎氣之行於天者而作，故動而屬陽。禮者，法乎質之具於地者而制，故靜而屬陰……愚謂上言「樂者天地之和，禮者天地之序」，下又以樂專屬天，以禮專屬地者，蓋天地各有自然之和、序，而樂之動而屬乎陽，禮之靜而屬乎陰，於天地又各有所專屬焉，猶之立天之道曰陰與陽，立地之道曰柔與剛，而分而言之，則陽與剛屬乎天，陰與柔屬乎地，雖若各爲一理，而實則相通也。〔註21〕

漢儒由氣化的自然秩序論禮樂的天地氣化義，而言「樂者，天地之和也」、「禮者，天地之序」，天地之和由一氣流行處論，天地之序由形氣之殊異處論，至於宋儒開始由「大一」天道的體用處論，而吸收周濂溪「寂然不動」及「感而遂通」之動靜處論，強調天道本體的體用義，深化禮樂的本體義。

孫希旦自然吸收宋明性理之學的影響，其天地之和的內涵較〈樂記〉原文豐富許多，其論「天地之和」的內涵，乃爲「陽之動而生物，氣行而不乖，百物皆化」，此仍承襲漢儒由氣化論天地之和的說法，但氣化的內涵更細膩，即天道本體創造萬物的作用在陽氣的發動，萬物皆由此生生之氣所化而生，此乃陽氣之動而生物；而萬物之具體成形，則待陰氣之靜凝而成物，故萬物乃得其形具而大小殊異有別，是爲天地之序，可以發現宋儒方慤強調的是禮樂的本體義，可是清儒孫希旦卻強調禮樂的發用義。

〈樂記〉云：「禮樂之極乎天而蟠乎地，行乎陰陽而通乎鬼神；窮高極遠而測深厚。樂著大始，而禮居成物。著不息者天也，著不動者地也。一動一靜者天地之間也。故聖人曰禮樂云。」〔註22〕孫希旦曰

> 樂者陽之動，故氣之方出而爲物之大始者，樂之所著也。禮者陰之靜，故質之有定而爲物之已成者，禮之所居也。著不息者，天之動

〔註21〕〔清〕孫希旦：《禮記集解‧樂記》（臺北：文史哲出版社，1990年8月），頁990。

〔註22〕〔清〕阮元：《禮記‧樂記》（十三經注疏5，台北：藝文印書館，1976年），頁672。

也。著不動者，地之靜也。一動一靜，充周乎天地之間，以始物而
成物者，自然之禮樂也。惟天地之禮樂如此，故聖人之治天下，亦
必曰『禮樂』云。」〔註23〕

《易傳》曰：「乾知大始，坤作成物。」〔註24〕乃以「乾」、「坤」二卦象天地
生物、成物之德。〈樂記〉吸收其說以天地陰陽氣化之「大始」爲「樂」德之
顯，以陰陽氣化之「成物」爲「禮」德之顯，此由天地氣化之德以論禮樂之
義，所謂「天地之禮樂」者，是爲「禮樂」之氣化天道義。

　　孫希旦此論禮樂之先天本體義，很明顯與宋儒方慤不同，方慤重點在禮
之「本於天也，則靜而已，未始或動，一而已，未始有列」〔註25〕的「主靜」
思想，孫希旦則強調在氣化流行處，所謂「著不息者，天之動也。著不動
者，地之靜也。一動一靜，充周乎天地之間，以始物而成物者，自然之禮樂
也。」即天道本體不爲「主靜」之本體，而是不息創生的氣化流行的實體，
靜的不是天，天是不息、始物生物的氣化實體，地才是靜的，乃氣化凝結的
成物之所，此乃自然之禮樂義，即禮樂的氣化天道義。故禮樂之道不再強調
其本於天道主靜之本體，而論自然之禮樂由始物、生物、成物以言其體用不
息之德。

　　〈禮運〉：「故人者，其天地之德，陰陽之交，鬼神之會，五行之秀氣
也。」〔註26〕孫希旦云：

　　　　天地之德以理言，陰陽鬼神五行以氣言，人兼此而生，周子所謂「太
　　　　極之眞，二五之精，妙合而凝也。」魂者神之盛，魄者鬼之盛，陰
　　　　陽之交，指其氣之初出於天地者而言。鬼神之會，指其氣之已具於
　　　　人身者而言。天地之生人物，皆予之理以成性，皆賦之氣以成形。
　　　　然以理而言，則其所得於天者，人與物未嘗有異。以氣而言，則惟
　　　　人獨得其秀，此其所以爲萬物之靈，而能全其性也。〔註27〕

〔註23〕　〔清〕孫希旦：《禮記集解・樂記》（臺北：文史哲出版社，1990年8月），頁
　　　　　994。
〔註24〕　〔清〕阮元：《周易・繫辭上》（十三經注疏1，台北：藝文印書館，1976年），
　　　　　頁144。
〔註25〕　〔宋〕衛湜：《禮記集説・禮運》（經部111，禮類）（文淵閣四庫全書一一八
　　　　　冊，臺北：臺灣商務印書館），頁216。
〔註26〕　〔清〕阮元：《禮記正義・禮運》（十三經注疏，台北：藝文印書館，1976年），
　　　　　頁431。
〔註27〕　〔清〕孫希旦：《禮記集解・禮運》（台灣：蘭臺書局，1973年），頁298。

孫希旦由「理」、「氣」論人物之生，以天地之德爲理，陰陽鬼神五行爲氣，並引周敦頤〈太極圖說〉：「無極之眞，二五之精，妙合而凝」〔註28〕，以太極爲理，陰陽五行妙合爲氣以證。孫氏析分「陰陽之交」爲天地初分之氣，「鬼神之會」乃具於人身以後言，萬物皆受天地之理以成性，受陰陽五行之氣以成形，惟人獨得其氣之秀，而得聰明睿智，故爲萬物之靈，能全其性之德。

鄭玄注：「言人兼此，氣性純也。」孔穎達正義云：「天以覆爲德，地以載爲德，人感覆載而生，是天地之德也。陰陽之交者，陰陽則天地也，據其氣謂之陰陽，據其形謂之天地，獨陽不生，獨陰不成，二氣相交乃生。五行之秀氣者，秀謂秀異，言人感五行秀異之氣，故有仁義禮知信，是五行之秀氣也。故人者天地之德，陰陽之交，是其氣也；鬼神之會，五行之秀，是其性也。故注云兼此氣性純也。」〔註29〕是漢儒以來皆由人之氣性義釋之，人感天地之德而生，生的內容爲陰陽之交，乃得其形，鬼神之會、五行之秀乃得仁義禮智信之性，乃得其性，是論人之氣性之所來。

孫希旦則分天地之德爲性理之賦予萬物者，陰陽之交爲天地初生之氣，鬼神之會爲人受形於人身之氣，五行之秀爲人聰明之獨得，故萬物皆得天地之理而爲性，但惟人得其聰明睿智而能全幅彰顯其性德之全體。蓋孫氏之說並不悖漢儒氣性之說且更嚴密細膩，分理、氣二層次論之，「天地之德」爲「理」之道德價值義，「陰陽之交、鬼神之會」屬「氣化」階段，此氣化又分作初生與既生兩層面論之，即分天與人兩方面陳述，「陰陽之交」屬先天之一氣，「神鬼之會」屬後天之形質組成。

故「天地之德」普遍賦予萬物以「理」在其中，此爲「天理」之普遍性。「陰陽之交」乃氣化初生之始物，「鬼神之會」則爲氣化之成物階段，「五行之秀氣」則凸顯人與萬物之不同，在價值之「理」上，人與萬物皆據「理」於其中，人與萬物皆爲天地之所生，在價值義上皆當肯定尊重其主體性。在材質義上說，人與萬物皆爲氣化之所生，是皆爲氣化之同質，故在價值與材質上，人與萬物實爲同體，惟人因獨得五行之秀，乃知仁義禮智信，乃得聰明睿智，而得彰顯性理之全體，故人之爲貴，不在先天之道德賦予，不在形質之殊異，乃在實踐道德性理上，其他物種只能彰顯一二性理，惟人獨能彰

〔註28〕〔清〕黃百家：《宋元學案》（上）（台北：廣文書局，1979 年），頁 245。
〔註29〕《禮記‧禮運》（十三經注疏，臺北：藝文印書館，1976 年），頁 431。

顯全體之性理，此乃人之可貴，因此「彰顯全體性理之德」的實踐道德的能力，乃爲人之價值。

論〈禮運〉「人者，天地之心也，五行之端也，食味、別聲、被色而生者也。」孫希旦云：

> 天地之心，謂天地所主宰以生物者也，即上文『天地之德』也。人物各得天地之心以生，而惟人之知覺稟其全，故天地之心獨於人具之，而物不得與焉。端，緒也。五行之性不可見，自人稟之，以爲仁義禮知信，然後其端緒可見也。五味、六和，物不能備也，而人則盡食之；五聲六律，物不能辨也，而人則能別之；五色六章，物不能全也，而人則兼備之。天地之心，五行之端，溯其有生之初，而言其稟義理之全。食味別聲被色而生，據其既生之後，而言其得形氣之正也。不言陰陽鬼神者，五行一陰陽也，而陰陽之良能即鬼神也，言五行則陰陽，鬼神在其中矣。〔註30〕

此說乃續上文「人者，其天地之德，陰陽之交，鬼神之會，五行之秀氣也」而論，以「天地之心」即「天地之德」，天地以生養萬物爲德，故人物皆稟天地之心而生，而惟人得其知覺之全，能食味、別聲、被色，故言惟人得形氣之正；又惟人得知仁義禮知信之理，故人亦稟義理之全，此乃論人之形氣義與性理義。人兼具形氣義與性理義而在一身，此乃人身之理氣義，故要彰顯人身理氣之全體，乃使人情感物而能發而中節。

〈禮運〉「何謂人情？喜怒哀懼愛惡欲七者，弗學而能。何謂人義？父慈、子孝、兄良、弟弟、夫義、婦聽、長惠、幼順、君仁、臣忠十者，謂之人義。講信修睦，謂之人利。爭奪相殺，謂之人患。故聖人所以治人七情，修十義，講信修睦，尚辭讓，去爭奪，舍禮何以治之？飲食男女，人之大欲存焉；死亡貧苦，人之大惡存焉。故欲惡者，心之大端也。人藏其心，不可測度也；美惡皆在其心，不見其色也，欲一以窮之，舍禮何以哉？」孫希旦云：

> 愚謂愛，如父愛子，子愛父是也。欲，謂貪欲，如目欲色，耳欲聲是也。《中庸》言「喜、怒、哀、樂」，《左傳》言「喜、怒、哀、樂、好、惡」爲六情，此言「喜、怒、哀、懼、愛、惡、欲」七情。蓋人值所好則喜，值所惡則怒，值所愛則樂，失所愛則哀，而

〔註30〕〔清〕孫希旦：《禮記集解・禮運》（台灣：蘭臺書局，1973年），頁612。

於所怒所哀之將至而未至也則懼，故總之爲四，析之則爲六，又析之則爲七也。十義先父子而後兄弟夫婦，先尊而後卑也。先兄弟而後夫婦，先天合而後人合也，先閨門而後鄉黨，先鄉黨而後朝廷，先近而後遠也。情不治則亂，義不治則壞，信睦非講且脩則廢，爭奪非尊尚辭讓則不能去，此四者，非禮無以治之。……情者，心之所發；心者，情之所具。情雖有七，而喜也、愛也，皆欲之別也；怒也，哀也，懼也，皆惡之別也。故情七而欲惡可以該之，故曰：「欲惡者，心之大端也」。人心之欲惡不可見，而惟禮可以窮之。蓋見其所爲之合禮，則知其情之美矣；見其所爲之悖禮，則知其情之惡矣。窮之而後能治之，情治則人義無不脩，信睦之風敦，而爭奪之患息矣。〔註31〕

蓋《禮記》氣論諸篇論人性情，皆自人喜怒哀樂之發處論，《禮記》氣論諸篇之論人之性情，多承《左傳》「六情」〔註32〕之說，即「人有好、惡、喜、怒、哀、樂生於六氣」，「六氣」爲「陰、陽、風、雨、晦、明也」〔註33〕，奠定「由氣論情」的主張。〈中庸〉倡喜怒哀樂發而中節之「中和之道」，〈樂記〉則主「禮樂之道」以調和節制人情，〈禮運〉諸篇由「七情」、「十義」的探討中，逐步完成其「禮樂以治人情」的氣論主張，故統而論之，《禮記》在心性論上的氣論主張爲「氣性人情的禮樂化」。

孫希旦沿襲《禮記》「氣性人情的禮樂化」的思想特色，而對喜怒哀樂之情作更嚴密的分析，其吸收宋明心性之學〔註34〕，析分心爲情發之主，情爲心之內容，七情可歸爲欲、惡之別，欲惡二端皆藏於心，人之心情隱而不見，故待十義以節，使各得其情分，此即爲「禮」。

故「禮」者爲人情之中節，此爲七情之理，括而曰之爲「十義」。「十義」按對象而言，先尊後卑，是以先父子後兄弟；先天後人，先兄弟後夫婦；由近而遠，先閨門、鄉黨、朝廷、天下，此爲人倫之理。「心」感「十義」的不

〔註31〕 〔清〕孫希旦：《禮記集解‧禮運》（台灣：蘭臺書局，1973年），頁608。
〔註32〕 「民有好惡、喜怒、哀樂，生于六氣」《左傳》（十三經注疏，臺北：藝文印書館，1976年），頁888。
〔註33〕 同註32，頁709。
〔註34〕 朱子云：「性是未動，情是已動，心包得已動未動。蓋心之未動則爲性，已動則爲情，所謂『心統性情』也」。《朱子語類‧性理二》（臺北：文津出版社，1986年12月），頁93。

同人倫關係，皆能發而爲中節之情，行之以合宜之「禮」，以至於至善，此爲性理之全體的實踐。

〈樂記〉：「樂者天地之命，中和之紀，人情之所不能免也。」孫希旦曰：

> 天地之命，以其本於性者而言。中和之紀，以其發於情者而言，紀，言其各有條理也。〔註35〕

孫希旦論「禮」由理、氣二層次涵攝之：「理」的層次爲「禮」的先天義，是爲「天地之理」的價值義，「氣」的層次則爲初生之氣與受形之氣二階段，此天道義的理氣觀，即爲孫希旦所謂「自然的禮樂義」。

此理氣觀落實於萬物之成形，則天地之理賦予於萬物之中，初生之氣分而爲形氣之化，惟人得五行之秀氣，故獨能彰顯性理之全體，人之彰顯性理須待內在之「七情」與外在之「十義」合而爲「禮」乃得，七情者喜怒哀樂愛惡懼，十義者父子兄弟夫婦長幼君臣之倫。故喜、怒、哀、樂、愛、惡、懼之情感父、子、兄、弟、夫、婦、長、幼、君、臣之倫，發而爲慈、孝、良、弟、義、聽、惠、順、仁、忠之義，而行之以貨、力、辭讓、飲食、冠、昏、喪、祭、射、御、朝、聘之禮，是爲性理之全體，此爲「人文的禮樂義」。

故〈禮運〉：「夫禮，必本於天，殽於地，列於鬼神，達於喪祭、射御、冠昏、朝聘。故聖人以禮示之，故天下國家可得而正也。」引孫希旦云：「承天之道者，本其自然之秩序，禮之體所以立也。順人之情者，示以一定之儀則，禮之用所以行也。禮者人之所恃以生，失禮則失其所以生矣。」〔註36〕

故漢儒論「禮」可以「達天道，治人情」釋之，天道的內容爲陰陽五行之氣化，人情爲喜怒哀樂之中節，故禮者上達天地氣化之理，下治人情喜怒哀樂之節。孫希旦則「由理氣說禮」，由理氣論天地之氣化，理氣之下落則爲七情與十義的人倫世界，七情乃就人之心性情的內容而言，十義則就人倫關係之應對而言，「七情」與「十義」之合宜應對是爲「禮」，故「禮」爲人倫世界中性理價值的實踐表現，因此孫希旦強調人內在心性情的中節與外在人倫關係的合宜應對，而「禮」是合內外、合性理人情、合人我以及合天人的

〔註35〕〔清〕孫希旦：《禮記集解‧樂記》（臺北：文史哲出版社，1990年8月），頁1035。

〔註36〕〔清〕孫希旦：《禮記集解》（臺北：文史哲出版社，1990年8月），頁585。

道德實踐，此乃孫希旦論「禮」的特色。

第五節　結　語

　　此乃初步嘗試由《禮記》「由氣說禮」的角度，檢視歷代禮家之說，約略可理出幾點特色：一、「由氣說禮」乃爲《禮記》中漢儒論「禮」的思想特色，此特色不僅影響在漢世《白虎通》及鄭玄注《禮記》諸說中，其影響更及於後世之禮家。二、由〔唐〕孔穎達《禮記正義》、〔宋〕衛湜：《禮記集說》、〔明〕王夫之《禮記章句》到〔清〕孫希旦《禮記集解》諸家，可以看出其皆承《禮記》漢儒「由氣說禮」一脈，是「由氣說禮」確爲禮家說禮之一脈特色，當可成立。三、孔穎達、方慤、王夫之、孫希旦諸家，雖皆有「由氣論禮」的論禮模式，但各家之同中仍具其各自之特色，如孔穎達吸收更多《淮南子》、董仲舒的自然氣化論思想，方慤則偏禮之先天本體義之動靜問題，王夫之則先由氣說仁之本體，再由禮之用來詮釋仁體之本，試圖將禮重新連結於儒家「仁」的主體價值，甚具特色，孫希旦則由宋明性理之學的理氣觀來詮釋「禮」的體用義，而更強調人情之節與人倫之宜的「禮」之用，強調「禮」正是詮釋性理之全體的道德實踐。以上乃初步條理歷代「由氣說禮」一脈之諸家特色，實屬粗略，尚待他日進一步之研究。

第十三章 《禮記》氣論思想的定位與價值

　　本章主要以三條脈絡來定位《禮記》氣論思想的價值，一、由先秦氣論思想的發展與先秦儒家禮樂思想的發展脈絡來看《禮記》氣論思想之所承，二、由漢儒論禮諸家之脈絡，來觀察《禮記》氣論思想有所承亦有所傳。最後，由《禮記》氣論「由氣說禮」的思想特色，下落於歷代禮家之論禮諸說，以考其影響。由以上三條脈絡，來衡定《禮記》氣論思想的定位與價值。

第一節　《禮記》氣論思想淵源於先秦

　　氣論思想淵源於先秦，發展於戰國中期，至漢代而大盛。由家派來分：主要有儒、道二家，旁及鄒衍、《管子》、《呂氏春秋》等諸子；由其路徑來看，可分主要有四種不同的路徑：自然義的氣化論、道德義的氣化論、卦爻義的氣化論與政治義的氣化論。自然義的氣化論乃以自然天道氣化的規律為主體，道德義的氣化論則將天道氣化的內容，賦予道德意義，成為道德修養的目標，卦爻義的氣化論則以卦爻的排列展現氣化的內容，而歸納其天人合德之義，政治義的氣化論則是將自然義的氣化論，轉向作為政治主張的模式。

　　漢儒自《淮南子》即建立起一套博大嚴密的自然義的氣化天道論，至於董仲舒《春秋繁露》更吸收陰陽五行之說，建立屬於儒家「天人相應」的天道思想，因此成書於其後的《禮記》，自然會受其思潮影響，反映在《禮記》

氣論思想中的天道觀，其吸收〈月令〉及道家的自然義的氣化論，而云：「禮本於太一」，其內涵則為陰陽二氣之消長、四時五行之更迭不已，在天道的運行上依循〈月令〉春夏秋冬之節氣盛衰不已，在地道之變化上，則有蟲魚鳥獸之生息繁衍，在此氣化之生生不息中呈現「天地之序」與「天地之和」，而此自然義的「天地之序」即為「禮」的根據，此自然義的「天地之和」即為「樂」之根據，此乃由氣化天道以論「禮樂之道」之所源。

先秦氣論的心性觀，主要為道家或儒家，皆自氣化人情處言，修養工夫亦有所不同。道家主「存養守氣」，儒家較偏「變化氣質」。《禮記》氣論的修養工夫為「氣性人情的禮樂化」，其論人之性情，多承《左傳》「六情」〔註1〕之說，即「人有好、惡、喜、怒、哀、樂生於六氣」，「六氣」為「陰、陽、風、雨、晦、明也」〔註2〕，是即「天之六氣以生人之六情」的說法，也是先秦儒、道二家論「性」之所本，只是道家主回復情性之純樸，儒家則主節制六情之發用。《禮記》修養工夫主張：「氣性人情的禮樂化」，可謂融合儒道二家之修養主張，「氣性人情」乃道家自然義的人性觀，「禮樂化」卻是儒家變化氣質的工夫路徑，故《禮記》氣論的修養工夫是由「禮樂之道」來變化氣質，是為「氣性人情的禮樂化」。

先秦氣論思想政治義氣論以《管子》、《呂氏春秋》為主，其由自然義的氣論中發展出「順時施政」的政治主張。《禮記》氣論思想的政治特色在「禮樂之治的理想」，可以看出《禮記》由氣化天道論禮樂之源，由氣化論禮樂之用，由氣化論成德之君子，再由氣化以論治國平天下，這是一套由天而人，再由人而達天的完整架構，則是由政治義的氣化論衍申而來。

觀《禮記》氣論思想的特色：禮樂義的氣化天道觀、氣化人情的禮樂化、成德之道：天人學行禮樂之一體、禮樂之治的理想，《禮記》氣論思想吸納先秦氣論的主張，並自成一家之言，開出「由氣說禮」的新氣論路徑，成其氣論思想在漢代的新發展。

第二節　開創漢儒「由氣說禮」的新氣論模式

《禮記》氣論思想承襲先秦以來的氣化思潮，加上西漢中期《淮南子》、

〔註1〕 「民有好惡、喜怒、哀樂，生于六氣」《左傳》（十三經注疏，臺北：藝文印書館，1976年），頁888。
〔註2〕 《左傳》（十三經注疏，臺北：藝文印書館，1976年），頁709。

董仲舒氣化思想的影響，發展出「由氣說禮」的氣論新路徑，它吸收自然義的天道觀，由陰陽二氣與五行之德詮釋天地之道，以之詮釋天地氣化有秩序與條理，而此天地氣化之秩序和條理，正是天地之禮樂，亦是人倫「禮樂之道」的根源，是由天地氣化之序與別，作為「禮樂之道」的天道依據，繼而由禮樂之諸禮來詮釋氣化之天道、地道與人道之殊別，可以說是用禮樂來詮釋天地人物之殊異，「禮樂之道」就像是氣化流行的具體彰顯，故「由氣說禮」可謂是《禮記》氣論思想的開創。

先秦儒家論禮樂思想，孔子多論三代之禮，而云：「殷因於夏禮，所損益可知也；周因於殷禮，所損益，可知也；其或繼周者，雖百世可知也。」〔註 3〕此從文化義上論禮之傳承。荀子曰：「禮起於何也？曰：人生而有欲，欲而不得，則不能無求。求而無度量分界，則不能不爭；爭則亂，亂則窮。先王惡其亂也，故制禮義以分之，以養人之欲，給人之求。」〔註 4〕是從人性與社會規範義論「禮」之所起。〈禮運〉曰：「夫禮之初，始諸飲食，其燔黍捭豚，汙尊而抔飲，蕢桴而土鼓，猶若可以致其敬於鬼神。及其死也，升屋而號，告曰：「皋！某復。」然後飯腥而苴孰。故天望而地藏也，體魄則降，知氣在上，故死者北首，生者南鄉，皆從其初。」〔註5〕則是從初民生活論「禮」之起源。

《禮記》氣論思想則是由「達天道順人情」論禮樂思想，「順人情」則由喜怒哀樂之情的節與和論「禮樂之行，此可謂延續荀學，「禮」在「養人之欲，給人之求」之說的發展，順人情而制冠、昏、喪、祭之禮，使喜怒哀樂之情發而中節，此部分乃《禮記》氣論思想承襲前賢之處。

「達天道」則是《禮記》氣論思想對儒家禮樂思想的新詮釋，這是一套將禮樂之道貫通天道、地道、人道的博大學說，透過「氣化」為連結，將禮樂之道的根據提升至天道之化，以「禮樂之道」詮釋天道、地道、人道之殊異，可以說是在禮的文化義、社會規範義、情性義與初民義之外，另一種對禮樂思想的新詮釋，乃由漢儒吸收當時氣論思潮，因應新的時代國家的需要，所發展出的新的禮樂觀，在禮樂思想的發展上，是很重要的里程碑。

〔註 3〕　《論語・為政》（十三經注疏 8，臺北：藝文印書館，1976 年），頁 19。
〔註 4〕　〔清〕王先謙：《荀子集解・禮論》（北京：中華書局，1981 年），頁 346。
〔註 5〕　《禮記・禮運》（十三經注疏，臺北：藝文印書館，1976 年），頁 416。

第三節　開創後世論禮「由氣說禮」一脈

　　「由氣說禮」乃為《禮記》中漢儒論「禮」的思想特色，此特色不僅影響在漢世《白虎通》及鄭玄《禮記注》諸家，其影響更及於後世禮家。由唐孔穎達《禮記正義》，宋衛湜《禮記集說》，明王夫之《禮記章句》到清孫希旦《禮記集解》諸家，可以看出其皆承《禮記》漢儒「由氣說禮」一脈而來，是「由氣說禮」確為後世禮家說禮特色之一。其次，孔穎達、方慤、王夫之、孫希旦諸家，雖皆有「由氣論禮」的論禮模式，但各家仍各其特色，如孔穎達吸收更多《淮南子》、董仲舒的自然氣化論思想，方慤則偏禮之先天本體義之動靜問題，王夫之則先由氣說仁之本體，再由禮之用來詮釋仁體之本。孫希旦則由宋明性理之學的理氣觀來詮釋「禮」的體用義，而更強調以「禮」詮釋性理之全體的道德實踐。

第四節　結　論

　　綜合上述，筆者對於「《禮記》氣論思想研究」的定位與價值的結語，主要有四點：

　　一、探討先秦氣論思想的發展，分兩方面論述之：由學派入手，分論道家、儒家及其他諸家的氣論主張；由氣論思想路徑分析，可分為自然義、道德義、卦爻義與政治義等四種不同的氣論模式，此四種氣論模型可謂《禮記》氣論思想的淵源。基本上《禮記》氣論思想對先秦氣論諸家都有所吸收，〈月令〉吸收自然義的天道觀，〈樂記〉由自然義的氣化論詮釋禮樂之道，〈禮運〉由禮樂之道推展為禮治主張，只有對卦爻義的氣化論吸收較少。故除卦爻義路徑外，其他如自然義、道德義、政治義的氣論模型，皆給予《禮記》氣論思想深刻影響。

　　二、是關於《禮記》氣論本身，透過四十九篇的分析與歸納，可得出〈中庸〉、〈月令〉、〈鄉飲酒義〉、〈祭義〉、〈樂記〉、〈禮運〉、〈禮器〉、〈郊特牲〉等八篇的氣論思想特色，有其相承性與共通性，代表《禮記》全書的氣論思想者，有禮樂義的氣化天道觀、氣化人情的禮樂化、成德之道：天人學行禮樂之一體、禮樂之治的理想義四種，歸結其說，名之為「由氣說禮」，即「由氣說禮」可視作《禮記》氣論思想的特色。

　　三、論述漢儒自陸賈、叔孫通、賈誼、《淮南子》、司馬遷、董仲舒、《白

虎通義》、鄭玄注《禮記》等八家論「禮」之學，推展其演變之脈絡，可分爲草創儀法期，國家禮法建立期，氣化論「禮」期。草創儀法期以陸賈、叔孫通、賈誼爲代表。國家禮法建立期，約當武帝時代，以《淮南子》、司馬遷、董仲舒爲代表。氣化論「禮」期，由西漢宣帝以後，至於東漢晚期，論「禮」幾全由氣論思想切入，呈現漢儒論「禮」的特色，以《禮記》、《白虎通義》、鄭玄注《禮記》爲代表，可以說「由氣說禮」乃漢儒論「禮」的時代特色，而其開創者正是《禮記》。

在漢儒論「禮」的系統中，可以看出漢儒對「禮」的詮釋，由繼承先秦的文化義論「禮」，到深受荀學的情性義與規範義論「禮」的影響，終於在武帝、宣帝時期，《禮記》發展出屬於漢儒「由氣說禮」的氣論特色。此乃氣論思想貫注在禮樂思想中的重要成果，也表現漢儒在儒家禮樂思想上的創造性。就氣論思想的發展而言，「由氣說禮」也成爲先秦氣論發展的四種氣論模式（自然義、道德義、卦爻義與政治義）之外，另一種新的氣論思想模式，故「由氣說禮」在學術上乃具承先啓後之功，當肯定其價值。

四、透過唐孔穎達《禮記正義》，宋衛湜《禮記集說》，明王夫之《禮記章句》到清孫希旦《禮記集解》諸家對《禮記》的詮釋，可看出皆承襲《禮記》「由氣說禮」模式而來，此可肯定《禮記》氣論思想對後世禮家的深刻影響，但此諸家雖本「由氣說禮」而生，但各家之所重並不相同，此各家「由氣說禮」之異同，其背後反映的學術意義，值得進一步再探究。

引用文獻

檢索說明：

（一）古籍文獻，首列專著，其次依中國傳統經史子集四部分類。

（二）同部類之著作，原則上按《四庫全書總目提要》分類排序。

（三）今人文獻則分專著、期刊、學位論文三類，各類著作分別按姓氏人名筆畫排序。

壹、專　書

一、禮　類

1. 《儀禮注疏》，〔漢〕鄭元注，〔唐〕賈公彥疏，臺北：藝文印書館《十三經注疏》影印嘉慶二十年江西南昌府學開雕本，1989 年。

2. 《禮記正義》，〔漢〕鄭元注，〔唐〕孔穎達等正義，臺北：藝文印書館《十三經注疏》影印嘉慶二十年江西南昌府學開雕本，1989 年。

3. 《禮記集說》，〔元〕陳澔，臺北：世界書局，1967 年。

4. 《禮記纂言》，〔元〕吳澄撰，臺北：藝文印書館，四庫全書珍本五。

5. 《禮記章句》，〔明〕王夫之撰，臺北：廣文書局，1967 年 7 月。

6. 《禮記訓纂》，〔清〕朱彬撰；饒欽農點校，北京：中華書局，影印咸豐元年宜祿堂校刻本，1996 年。

7. 《禮記集解》，〔清〕孫希旦撰，臺北：文史哲出版社，影印咸豐庚申瑞安孫氏盤古草堂本，1990 年 8 月。

8. 《大戴禮記》，〔漢〕戴德，叢書集成初編，臺北：商務印書館，1967 年。

9. 《大戴禮記解詁》，〔清〕王聘珍撰，王文錦點校，北京：中華書局，據清光緒十三年廣雅書局刻本，咸豐元年家刻本，1983 年。

10. 《續經解三禮類彙編》，金鶚等著，臺北：藝文印書館，1986 年。

貳、古籍文獻（按經、史、子、集及時代先後排序）

一、經　部

（一）易　類

1. 《周易正義》，〔魏〕王弼、韓康伯注，〔唐〕孔穎達等正義，臺北：藝文印書館《十三經注疏》影印嘉慶二十年江西南昌府學開雕本，1989 年。

2. 《易本義》，〔宋〕朱熹撰，臺北：世界書局，1993 年。

（二）書　類

1. 《尚書正義》，〔漢〕孔安國傳，〔唐〕孔穎達等正義，臺北：藝文印書館《十三經注疏》，影印嘉慶二十年江西南昌府學開雕本，1989 年。

（三）詩　類

1. 《毛詩正義》，〔漢〕毛公傳、鄭元箋，〔唐〕孔穎達等正義，臺北：藝文印書館《十三經注疏》，影印嘉慶二十年江西南昌府學開雕本，1989 年。

（四）春秋類

1. 《春秋公羊傳注疏》，〔漢〕何休注，〔唐〕徐彥疏，臺北：藝文印書館《十三經注疏》，影印嘉慶二十年江西南昌府學開雕本，1989 年。

2. 《春秋繁露義證》，〔漢〕董仲舒撰，〔清〕蘇輿，北京：中華書局，2007 年 10 月。

3. 《春秋左傳正義》，〔晉〕杜預注，〔唐〕孔穎達等正義，臺北：藝文印書館《十三經注疏》，影印嘉慶二十年江西南昌府學開雕本，1989 年。

（五）五經總類

1. 《經典釋文》，〔唐〕陸德明撰，臺北：鼎文書局，1972 年 9 月。

2. 《經學通論》，〔清〕皮錫瑞撰，臺北：河洛圖書出版社，1974 年 12 月初版。

（六）四書類

1. 《四書章句集注》，〔宋〕朱熹，北京：中華書局，1995 年。

2. 《論語注疏》，〔魏〕何晏等注〔宋〕邢昺疏，臺北：藝文印書館《十三經注疏》，影印嘉慶二十年江西南昌府學開雕本，1989 年。

3. 《孟子注疏》，〔漢〕趙岐注〔宋〕孫奭疏，臺北：藝文印書館《十三經注疏》，影印嘉慶二十年江西南昌府學開雕本，1989 年。

（七）小學類

1. 《說文解字》，〔漢〕許慎撰，〔清〕段玉裁注，〔民國〕魯實先正補，臺北：黎明文化事業公司，印經韻樓藏版，1991 年 8 月八版。

二、史　部

（一）正史類

1. 《史記》，〔漢〕司馬遷撰，〔宋〕裴駰集解，臺北：藝文印書館，影印清乾隆據武英殿刊本，1982 年。
2. 《漢書》，〔漢〕班固撰，〔唐〕顏師古注，〔清〕王先謙補註，臺北：藝文印書館影印清乾隆據武英殿刊本，1996 年 8 月。
3. 《後漢書》，〔漢〕范曄，臺北：鼎文書局，1997 年 10 月。
4. 《隋書》，〔唐〕魏徵撰，臺北：藝文印書館影印清乾隆據武英殿刊本，1996 年 8 月。

（二）傳記類

1. 《宋元學案》，〔清〕黃百家撰，臺北：廣文書局，1979 年。

（三）目錄類

1. 《四庫全書總目提要》，〔清〕永瑢撰，臺北：藝文印書館影印清乾隆據武英殿刊本，1968 年 3 月臺一版。

三、子　部

（一）儒家類

1. 《荀子集解》，〔戰國〕荀子撰，〔唐〕楊倞注，〔清〕王先謙，北京：中華書局，1981 年。
2. 《新語校注》，〔漢〕陸賈撰；王利器校注，北京：中華書局，1997 年 10 月。
3. 《新書校注》，〔漢〕賈誼撰；閻振益、鍾夏校注，北京：中華書局，2007 年 10 月。
4. 《論衡校箋》，〔漢〕王充撰；楊寶中校箋，石家庄：河北教育出版社，1999 年。
5. 《朱子語類》，〔宋〕朱熹，臺北：文津出版社，1986 年。

（二）道家類

1. 《帛書老子校注》，高明撰，北京：中華書局，1996 年。
2. 《老子道德經河上公章句》，王卡點校，北京：中華書局，1960 年 8 月。
3. 《南華真經注疏》，〔戰國〕莊周撰，〔晉〕郭象注，〔唐〕成玄英疏，

北京：中華書局，1998 年。

（三）法家類

1. 《管子校注》，〔民國〕黎翔鳳撰，梁運華整理，北京：中華書局據〔宋〕楊忱本，2006 年重印。

2. 《韓非子集解》，〔清〕王先慎集解，臺北：藝文印書館，1983 年 6 月。

（四）雜家類

1. 《呂氏春秋》，〔漢〕高誘注，〔清〕畢沅校，上海：上海古籍出版社，1996 年 12 月。

2. 《白虎通疏證》，〔清〕陳立撰，吳則虞點校，北京：中華書局，1994 年 8 月。

3. 《淮南子注釋》，〔漢〕劉安撰，〔漢〕高誘注，臺北：華聯出版社，1968 年 5 月。

4. 《淮南鴻烈集解》，〔漢〕劉安撰，〔民國〕劉文典集解，臺北：文史哲出版社據莊逵吉校本，1992 年。

（五）小說家類

1. 《翁注困學紀聞》，〔宋〕王應麟，〔清〕翁元圻等注，上海：上海古籍出版社，2008 年 12 月。

四、集　部

（一）別集類

1. 《觀堂集林》，〔清〕王國維，臺北：世界書局，1961 年。

2. 《戴震集》，湯志鈞校點，上海：上海古籍出版社，1980 年 5 月。

3. 《嘉定錢大昕全集》，陳文和主編，南京：江蘇古籍出版社，1997 年。

（二）總集類

1. 《全三國文》，〔清〕嚴可均輯，影印清光緒王氏刻本，西安：陝西人民出版社，2007 年。

參、近人文獻（按人名姓氏筆畫排序）

1. 勾承益：《先秦禮學》，成都：巴蜀書社，2002 年。

2. 方俊吉：《禮記之天地鬼神觀探討》，臺北：文史哲出版社，1985 年。

3. 王啓發：《禮學思想體系探源》，鄭州：中洲古籍出版社，2005 年 1 月。

4. 王夢鷗：《禮記校證》，臺北：藝文印書館，1976 年 12 月

5. 王鍔：《《禮記》成書考》，北京：中華書局，2007 年 3 月。

6. 向晉衛：《《白虎通義》思想的歷史研究》，北京：人民出版社，2007 年 2

月。

7. 任繼愈：《中國哲學發展史》（秦漢卷），北京：人民出版社，1985 年。

8. 李曰剛等：《三禮論文集》，臺北：黎明文化事業公司，1982 年 10 月再版

9. 李存山：《中國氣論探源與發微》，北京：中國社會科學出版社，1990 年。

10. 李安宅：《儀禮與禮記之社會學的研究》，成都：四川人民出版社，1991 年。

11. 李杜：《中西哲學思想中的天道與上帝》，臺北：聯經出版事業公司，1991 年。

12. 李漢三：《先秦兩漢之陰陽五行學說》，臺北：維新書局，1968 年 1 月。

13. 李澤厚：《中國古代思想史論》，臺北：谷風出版社，1987 年 9 月再版。

14. 周何：《禮學概論》，臺北：三民書局，1998 年 1 月。

15. 金春峰：《漢代思想史》，北京：中國社會科學出版社，1987 年 4 月。

16. 林秀英：《古代生命禮中的生死觀：以《禮記》爲主的現代詮釋》，臺北：文津出版社，1997 年。

17. 林素玫：《禮記人文美學探究》，臺北：文津出版社，2001 年初版。

18. 林素英：《古代祭禮中的政教觀：以《禮記》成書前爲論》，臺北：文津出版社。

19. 林素英：《喪服制度的文化意義：以《儀禮·喪服》爲討論中心》，臺北：文津出版社，2000 年。

20. 唐君毅：《中國哲學原論》原道篇，臺北：學生書局，1986 年 10 月。

21. 唐君毅：《中國哲學原論》原性篇，臺北：學生書局，1986 年 10 月。

22. 唐君毅：《中國哲學原論》原教篇，臺北：學生書局，1986 年 10 月。

23. 高明：《禮記概說》，臺北：黎明文化事業公司，1978 年。

24. 高明：《禮學新探》，臺北：學生書局，1978 年 9 月年。

25. 高明：《高明經學論叢》，臺北：黎明文化事業公司，1986 年 9 月三版。

26. 韋政通：《中國思想史》，臺北：水牛出版社，1979 年。

27. 徐復觀：《中國人性論史》，臺北：臺灣商務印書館，1969 年。

28. 徐復觀：《兩漢思想史》，臺北：學生書局，1974 年 5 月。

29. 徐復觀：《中國經學史的基礎》，臺北：學生書局，1982 年。

30. 容肇祖：《月令的來源考》，《齊魯書社》，1989 年 9 月，

31. 孫廣德：《先秦兩漢陰陽五行說的政治思想》，臺北：台灣商務印書館，1994 年。

32. 陳來：《古代宗教與倫理──儒家思想的根源》，北京：生活‧讀書‧新知三聯書店，1996 年 3 月。

33. 鄒昌林：《中國古禮研究》，臺北：文津出版社，民國 81 年（1992）。

34. 黃俊傑：《孟子》，臺北：東大圖書公司，1993 年。

35. 陳飛龍：《荀子禮學之研究》，臺北：文史哲，1979 年。

36. 陳鼓應：《管子四篇詮釋──稷下道家代表作解析》，北京：商務印書館，2006 年。

37. 陳榮捷編著：《王陽明傳習錄集詳註集評》，臺北：學生書局，1983 年 12 月。

38. 陳遵媯：《中國古代天文學簡史》，臺北：木鐸出版社，1982 年 4 月。

39. 陳麗桂《戰國時期的黃老思想》，臺北：聯經出版事業公司，1991 年。

40. 陳麗桂：《秦漢時期的黃老思想》，臺北：文津出版社，1997 年。

41. 張自慧：《禮文化的價值與反思》，上海：學林出版社，2008 年 9 月。

42. 張岱年：《中國哲學史史料學》，北京：三聯書局，1982 年 6 月。

43. 張秋升：《天人糾葛與歷史運演──西漢儒家歷史觀的現代詮釋》，濟南：齊魯書社，2003 年 8 月。

44. 勞思光：《中國哲學史》（二），臺北：三民書局，1981 年 1 月

45. 曾春海：《兩漢魏晉哲學史》，臺北：五南，2003 年。

46. 楊天宇：《經學探研錄》，上海：上海古籍出版社，2004 年 11 月。

47. 楊向奎：《宗周社會與禮樂文明》，北京：新華書店，1997 年。

48. 楊秀宮：《孔孟荀禮法思想的演變與發展》，臺北：文史哲出版社，2000 年。

49. 楊華：《先秦禮樂文化》，武漢：湖北教育出版社，1996 年。

50. 楊寬：《古史新探》，北京：中華書局，1965 年。

51. 楊寬：《古禮新探》，北京：中華書局，1965 年。

52. 楊儒賓主編：《中國古代思想中的氣論及身體觀》，臺北：巨流圖書公司，1993 年。

53. 葉國良：《古代禮制與風俗》，臺北：臺灣書店，1997 年。

54. 劉丰：《先秦禮學思想與社會的整合》，北京：中國人民大學出版社，2003 年 12 月

55. 蒙文通：《經史抉原》，四川：巴蜀書社，1995 年 9 月初版

56. 趙中偉：《道者萬物之宗──兩漢道家形上思維研究》，臺北：洪葉文化事業有限公司，2004 年 4 月。

57. 歐陽照：《禮記人文思想之研究》，臺北：臺灣書店，1985 年。

58. 錢穆：《中國學術思想史論叢》（二），臺北：東大圖書公司，1981 年再版。

59. 錢穆：《靈魂與心》，臺北：聯經出版社，1994 年。

60. 鄺芷人：《陰陽五行及其體系》，臺北：文津出版社，1992 年。

61. 謝德瑩：《禮記孝親之禮研究》，臺北：臺灣書店，1997 年。

62. 羅根澤：《管子探源》，臺北：里仁書局，1981 年 11 月。

63. 龔建平：《意義的生成與實現：《禮記》哲學思想》，北京：商務印書館，2005 年。

肆、期　刊

1. 王夢鷗：〈小戴禮記考源〉，《國立政治大學學報》第三期，1961 年 5 月，頁 87～148。

2. 王夢鷗：〈讀月令〉，《國立政治大學學報》第二十一期，1961 年 5 月，頁 1～12。

3. 王夢鷗：〈禮記思想體系試探〉，《國立政治大學學報》第三期，1961 年 12 月，頁 21～64。

4. 王夢鷗：〈禮記月令斠理〉，《學術論文集刊》第一期，1971 年 12 月，頁 1～48。

5. 孔德成：〈禮記成書時代及其在經典中之性質〉，《孔孟月刊》十八卷十一期，1980 年 7 月，頁 22～26。

6. 王鍔：〈戰國楚簡的發現和《禮記》研究的反思〉，《圖書與情報》，2006 年第三期，頁 124～131。

7. 江美華：〈從「禮記‧冠義」論儒家成人禮的意義〉，《鵝湖學誌》第三十二期，2004 年 6 月，頁 143～172。

8. 江乾益：〈后倉與兩漢禮文化〉，《興大中文學報》十九期，2006 年 6 月，頁 145～167。

9. 李杜：〈禮記言禮的本源及其與人生政制的關係〉，《人生》二十八卷八期，1963 年 9 月，頁 8～16。

10. 李杜：〈《大學》的天道〉，《哲學與文化》十九卷第六期，1992 年 6 月，頁 562～564。

11. 林合華：〈《禮記‧樂記》的人性論之再反思〉，《船山學刊》，2008 年 1 月，頁 45～48。

12. 林素玟：〈《禮記‧樂記》神聖空間的審美治療〉，《華梵人文學報》十期，2008 年 7 月，頁 1～35。

13. 林繼平：〈禮運大同思想之形成與發展：兼論大學、中庸思想構成因素及著作年代〉，《哲學年刊》第六期，1988 年 10 月，頁 125～142。

14. 胡丹:〈由《禮記‧祭義》看祭祀活動中的理念及其社會作用〉,《科教文化》,2008 年 1 月,頁 162～162。

15. 孫少華:〈漢初《禮記‧樂記》的材料與成書問題〉,《孔子研究》,2006 年 6 月,頁 101～104。

16. 黃俊郎:《小戴禮記之喪禮理論研究》,《中華學苑》二十七期,1983 年 6 月,頁 107～173。

17. 黃意明:〈《荀子‧樂論》與《禮記‧樂記》思想比較〉,《戲劇藝術》,2008 年 1 月,頁 97～100。

18. 陳鼓應:〈從《呂氏春秋》到《淮南子》論道家在秦漢哲學史上的地位〉,《國立臺灣大學文史哲學報》第五十二期,2000 年 6 月,頁 41～91。

19. 張永雋:〈儒家禮樂教化之宗教與人文理想〉,《東吳哲學傳習錄》,1994 年 5 月,頁 47～63。

20. 傅玲玲:〈由《禮記》之"天"觀念論其中之人文精神〉,《哲學與文化》三十四卷十期,2007 年 10 月,頁 97～113。

21. 鄔昆如:〈從禮記論儒家社會哲學思想〉,《哲學與文化》一六六期,1987 年 11 月,頁 26～32。

22. 楊祖漢:〈大同與小康〉,《鵝湖》一卷十一期,1976 年 5 月,頁 41～46。

23. 楊祖漢:〈中庸的作者問題、成書年代及其思想之衡定〉,《鵝湖》九卷十期,1984 年 4 月,頁 6～12。

24. 楊寬:〈月令考〉,《齊魯學報》第二期,1941 年 7 月,頁 1～36。

伍、學位論文

1. 王茁:《「禮記‧樂記」之道德形上學研究》,臺北:中國文化大學哲學系博士論文,2000 年。

2. 林文琪:《「禮記」中的人觀》,臺北:中國文化大學哲學系博士論文,1998 年。

3. 陳德興:《兩漢氣化宇宙論之研究》,臺北:輔仁大學哲學所博士論文,2005 年。

4. 黃嘉琳:《揚雄《太玄》《法言》之氣論思想研究》,臺北:中國文化大學中文研究所碩士論文,2008 年 1 月。

5. 楊婉羚:《《淮南鴻烈》氣論思想研究》,臺北:中國文化大學中文研究所碩士論文,2009 年 1 月。

6. 劉振維:《論先秦儒家思想中禮的人文精神》,臺北:臺灣大學哲學系博士論文 2001 年。

7. 蔡翼隆:《禮記中的陰陽五行思想研究》,臺北:玄奘大學中國語文學系碩士論文,2007 年

8. 譚澎蘭：《禮記理想政治研究》，高雄：高雄師範大學中國文學系博士論文，2001 年。

9. 蕭又寧：《董仲舒《春秋繁露》氣論思想研究》，臺北：中國文化大學中文研究所碩士論文，2009 年 1 月。